Olympic Education

オリンピック教育

ローラント・ナウル＝著
筑波大学オリンピック教育プラットホーム＋つくば国際スポーツアカデミー＝監訳

大修館書店

Olympic Education

by Roland Naul

Japanese translation rights arranged with
MEYER & MEYER VERLAG UND BUCHHANDEL GmbH
through Japan UNI Agency, Inc., Tokyo

Taishukan Publishing Co., Ltd.
Tokyo, Japan, 2016

発刊によせて

ドイツ・オリンピック・スポーツ連盟（DOSB）は、50年以上続いたドイツ・オリンピック委員会（NOK）とドイツ・スポーツ連盟（DSB）が、2006年に合併して1つのオリンピックに関わる組織になって開設された。母体となった2つの組織は、ともにオリンピック教育の推進の長い伝統をもっていた。さかのぼって1964年には、ドイツ・スポーツ・ユースから選抜された青年のチームが、東京オリンピックに際して開催されたオリンピック・ユース・キャンプに参加した。そして、NOKは1988年以降、オリンピックが開かれるたびに学校の児童・生徒のためにオリンピック教育の教材を出版してきた。また1990年以降、教師や学生スポーツ競技者を対象にした教育とトレーニングの会合が、オリンピアの国際オリンピック・アカデミー（IOA）やドイツ国内で定期的に開催されてきた。近年では、ヨーロッパ諸国からの多くの大学生が、NOKやDOSB主催のオリンピック教育に関するコースに参加している。

オリンピック・ムーブメントの歴史や教育的意義についての近年の文献やセミナーは、オリンピック教育の課題や目的について、国際的な情報や意見の交換の必要性を強調している。

ローラント・ナウルによるこのテキストブックの題名は『オリンピック教育（Olympic Education）』という簡単なものだが、そのなかの15の章は極めて広範な話題を扱っている。その範囲は、オリンピック・ムーブメントの「祖父たち」の歴史的なルーツに始まり、現代の状況から2010年に計画されているユース・オリンピックの将来展望にまで及んでいる。本書は、学校スポーツや青少年スポーツの一環としてのオリンピック教育と、大学教員養成課程のトピックとしてオリンピック教育が推進されている状況を、ヨーロッパだけではなく他の諸国、諸大陸についても扱っている。また、オリンピック教育の推進に対するＩＯＣとＩＯＡによる役割の重要性と、その成果を強調するとともに、各国を代表するオリンピック委員会とオリンピック・アカデミーの貢献も強調している。パリにおけるオリンピック１００周年記念集会（１９９４年）に始まり現代にいたるまでの間に、われわれはオリンピック教育の目的・目標の持続的推進と、たえざる普及の努力を認めることができる。この動向は多くの国において、オリンピックの価値と美徳を体育、スポーツ教育の国家的カリキュラムや体育教師養成の教科に入れることにつながった。また本書は、将来オリンピック教育の考え方をより効果的に発展させることと、青少年スポーツのコーチ養成のなかに統合することの重要性を明確にしている。

ＤＯＳＢは本書によって、オリンピック教育についての経験とアイディアの継続的・国際的な交換が促進されることを希望するとともに、オリンピック教育の考えが国や文化によって違うことの多様な例示が、世界的なオリンピック・ムーブメントを豊かにすることにつながることを希望する。オリンピック教育を推進し続け、オリンピックの理想である世界的な連帯を強固なものにするために、同志としてまたサポーターとして働く個人や団体すべてにとって、本書が役に立つことを期待する。

ドイツ・オリンピック・スポーツ連盟会長

ミヒャエル・フェスパー博士

フランクフルトにて、２００８年５月

まえがき

本書が２００８年のオリンピックイヤーに発行されるまでに20年以上の歴史があったと、いま振り返って考える。その理由として、本書の５つの部は、それまでに行われたさまざまな国内および国際的プロジェクト、オリンピック関係の資料の研究、筆者の大学で行われたオリンピズムに関する授業のさまざまなトピックス、あるいは学会での講演などをもとにして書かれている。外国での講演は、プレ・オリンピック科学会議、ギリシャの国際オリンピック・アカデミー（ＩＯＡ）、ヨーロッパ内外のさまざまな機会において行われた。

現在の「オリンピック教育」の形成過程をみると、特に１９９４年のパリでのヨーロッパ・オリンピック会議以降、国際オリンピック委員会（ＩＯＣ）、各国のオリンピック委員会とオリンピック・アカデミーは、若者のオリンピック教育推進のために多大な努力をし、多様なプロジェクトやイベントを行ってきた。この活動の重要な内容の１つとして、オリンピック教育推進のため、教師とコーチのトレーニング・コースが五大陸の高等教育機関で開催されてきた。その中には、世界的スケールでオリンピック教育のイニシアティヴをとったオリンピアのＩＯＡや、東西・南北のさまざまな国や地域レベルでの活動もあった。

本書の意図は、オリンピック教育の発展における歴史的・教育学的・教授学的側面に加えて、教育科学的な調査結果を紹介することである。さらに、筆者の語学力の許す範囲で文献を参照し、いまや教育と研究の学問的対象となっているオリンピック教育のさまざまな側面を国際的かつ比較文化的に紹介することである。

『オリンピック教育』というタイトルの本書は、多くの同僚、友人の助力とサポートなしには書くことができなかっただろう。さらに、原稿の準備、書き上げた英文原稿のネイティヴ・スピーカーの目によるチェック、出版社との交渉の協力などの手助けをしてくれた人たちがいた。なかでも研究助手のウタ・シュミッツ、英文のアドバイスをしてくれたローズマリー・ロバーツ、原稿の準備を手伝ってくれたディルク・ホフマン、ウヴェ・ヴィックには、特別な謝意を表する。メヤー・アンド・メヤー出版社の「スクール・スポーツ」叢書の共同編集者だったハインツ・アッシェブロック博士の協力にも感謝している。最後にハンス・ユルゲン・メヤーには、彼の出版社の国際部門の出版に本書を加えてくれたことに感謝する。

本書に示したオリンピック教育の研究が、学校の新しい体育の進歩と若者のスポーツクラブ活動の包括的な教育のために、真のオリンピズムのメッセージを普及させるのに役立つことを願って。

ローラント・ナウル

エッセンにて、２００８年３月

謝辞

この本は、過去20年にわたる多くの素晴らしい同僚や友人の協力と助言なしには完成しなかっただろう。この20年間に、私は多くの論文、書籍、パンフレットを送ってもらった。また学会などに招待され、そこで私の研究に関して貴重な情報に接し、意見を交換することができた。オリンピック教育のさまざまな問題に関して共同研究をする楽しさを共有させてくれた、すべての同僚と友人にここで感謝の意を表する。

特に、カナダのディアナ・ビンダーには、オリンピック教育の教授法について彼女の考えを聞き、ＩＯＣのオリンピックの価値教育プログラムとその教材ツール・キットの開発に私を加えてくれたことに感謝したい。チェコ・オリンピック・アカデミーの会長であるアントニン・リキテキーは長年の友人であり、オリンピック教育の実証的研究のよい協力者であった。ポーランドのゾフィア・ズコウスカ、ロシアのウラディミール・ロディチェンコは東ヨーロッパの事情を知る助言者であった。これらの友人にも感謝の意を表したい。

書店やネット上では入手できない重要な本やパンフレットを、スペイン・オリンピック・アカデミーと中南米の各国オリンピック・アカデミーの会長であるコンラッド・デュランテスからいただいた。オリンピアの国際オリンピック・アカデミー（ＩＯＡ）からは、学会の講演・発表論文集の貴重なコレクションを送ってもらった。ＩＯＡの事務局長のコスタ・ゲオルジアディス、ギリシャの代表者のテミス・レイニス、パラスケヴィ・リオウンピには、出版された資料や未出版の資料の提供を受けたことに感謝の意を表したい。

20年以上もわたってさまざまな機会に、オリンピックの理想を教育する考え方や経験について意見を交換した2人の名前を記しておきたい。ポルトガル人でヨーロッパ・フェアプレー・ムーブメント（ＥＦＰＭ）現会長のカルロス・ゴンサルヴェスと、オリンピック教育用の教材開発プロジェクトの協力者だったドイツ人のロルフ・

ゲスマンである。またオランダの仲間のファビエンヌ・ヴァン・リーウェン、ベルト・ベテスの名前を忘れてはならない。

最後に、オリンピック教育関連の多様なセミナーやワークショップでかかわった国内・国外の学生との出会いを忘れることはできない。オリンピック教育の歴史的・教育学的・教授学的背景と実証的研究に対する、彼らの質問や理解と誤解は、われわれに与えられたピエール・ド・クーベルタンの教育的思想とメッセージの意図と内容を、今日のスポーツ世界に生かしていく指針を与えてくれた。

Contents

序論

オリンピック教育は多くの側面をもっている。その発展の歴史は、少なくとも近代オリンピックの誕生、すなわちフランスのピエール・ド・クーベルタン男爵（Courbertin）にまでさかのぼる。しかし、クーベルタンが近代オリンピックで成し遂げたいと望んだことの背後にある教育的目的や思想は、体育の歴史のいっそう深いところに根ざしている。近代オリンピックの歴史のなかで、オリンピック・ムーブメントはさまざまな問題に取り組み発展をとげてきたが、オリンピズムの教育という側面は過去も現在も細々としたものである。教育を通してのオリンピズムの普及は、学校の体育授業のなかでも課外活動における若者のスポーツクラブでも、今日十分には行われていないようである。

20世紀後半から現在までのオリンピック教育は、子どもや青少年のスポーツ活動によってもたらされる望ましい社会性や道徳的価値に力点を置いてきた。これらの社会性や道徳的価値は、「矛盾した状況」でのスポーツ活動を通しての教育と学習によって、成就されなければならない。「矛盾した状況」という言葉は次のような状況を意味している。つまり、競争心をもって対戦相手と競い合うなかで、個人として自分の最善の結果を目指すことや、社会のよきパートナーとして対戦相手を尊敬しながらフェアプレーのルールを実行することや、身体的・社会的・精神的な調和と均衡のとれた理想の人間を目指して努力することなどの、必ずしも同時には達成できない目標を目指してスポーツは行われている、ということである。

オリンピック教育には、スポーツ教育学としての理論的要素と体育授業としての実践的要素の両面があるが、理論的側面と実践的側面では、目的・目標や教え方の点で共通するところと異なるところが出てきた。オリンピック教育の内容の教授や伝達には教育実施プログラムが必要であり、それは多くの国の国内オリンピック・アカデミー（NOA: National Olympic Academy）によって推進されてきた。本書で紹介されるいくつかの国では、そのような教育の実施は国や地方の体育カリキュラムや教員養成によって支援されるだけではなく、スポーツコーチの正式な訓練に責任をもつ各種スポーツ連盟によっても支援されてきた。

もちろん、オリンピック教育の普及は、さまざまな実践活動の支援を必要とするが、その効果についての評価も必要である。評価をすることで、われわれは教育の方法が成功したかどうかを知ることができ、教師やコーチ、生徒の学習に必要なことに気づき、オリンピック教育のさまざまな目標に向かう教育のプロセスと成果を向上させることができる。

本書は、オリンピック教育に関する次のような問題に焦点をあてている。それらは、オリンピック教育の歴史的発展過程と現状、オリンピック教育のさまざまな振興活動における方法の考え方、そして、オリンピック教育の実践と成果を評価する研究などである。

第Ⅰ部「オリンピック競技大会―オリンピック教育―オリンピック教育学」では、現在「オリンピック教育（Olympic education）」と呼ばれるピエール・ド・クーベルタンの古典的な考え方を紹介し、現代のオリンピック・ムーブメントの重要な問題についての議論も行う。次の段階では、国際オリンピック委員会（IOC: International Olympic Comittee）がオリンピック教育の発展を主導し、オリンピック教育学を支持したクーベルタンによって提唱された考えを振り返る。２０１０年に計画された第1回ユース・オリンピックに際して、ＩＯＣはオリンピック教育を支持し、クーベルタンの古典的な思想と言葉をよみがえらせ、オリンピック教育振興の歴史のなかに新たな一歩を進めた。

第Ⅱ部「オリンピック教育の歴史」では、クーベルタンのオリンピズムを教育する考え方について2つの面から論評する。最初に、英国パブリック・スクールの教育のなかにみられた歴史的源泉にさかのぼり、オリンピック教育の「祖父」と言われるトーマス・アーノルド（Arnold）の著作を考察する。アーノルドは、ドイツの汎愛主義者であるヨハン・クリストフ・フリードリッヒ・グーツムーツ（GutsMuths）と、宗教教育の教義について共通する考えをもっていた。

オリンピック教育の歴史的発展の第二の論評は、１８９０年代の近代オリンピックの開始から１９９０年代に至るドイツにおけるオリンピック教育の伝統的考えと、その後の発展に焦点をあてる。クーベルタンがカール・ディーム(Diem)を後継者に推薦したこともあり、ドイツを研究することは重要である。第二次大戦後、２つのドイツ(西ドイツと東ドイツ)はオリンピックの政治的対立の小宇宙となり、スポーツ教育の目的の思想的対立を生み出し、オリンピズムの教育的メッセージは東ヨーロッパと西ヨーロッパでは異なるものになっていった。

第Ⅲ部「オリンピック教育の推進」では、オリンピック教育の開始と支援に貢献した世界の機関・組織とそのさまざまな活動を振り返る。ここでは、ＩＯＣとそのオリンピック教育の実施に対する使命、「オリンピック休戦財団」や「世界アンチ・ドーピング機構(WADA: World Anti-Doping Agency)」などについて話を進める。国際オリンピック・アカデミー(IOA: International Olympic Academy)とその組織のさまざまなオリンピック教育のプログラムや、この問題についての過去30年以上にわたる考え方や思想の変化に焦点があてられる。この部の後半では、20か国のオリンピック委員会(NOC: National Olympic Comittee)について、オリンピック教育のプログラムや活動の実例を紹介する。そのなかには国内諸組織との協力的ネットワークづくりの努力を紹介することなども含まれる。オリンピック教育が研究においても教育の実践においても、どの程度関心を向けられているか分析するために、いくつかの優れた高等教育機関とオリンピック研究センターが選ばれた。

第Ⅳ部「オリンピック教育の教育学的概念と教授法」では、体育とスポーツ教育の関係、そしてスポーツ教育とオリンピック教育の関係について検討する。多くの国では、オリンピック教育が国の体育カリキュラムの必修内容あるいは選択内容になっている。ニュージーランドの「健康教育と体育のカリキュラム」は1つの優れた例であり、そのなかにはオリンピックの理念を実現するための「態度と価値観」が詳しく書かれている。そこでは、オリンピック教育に関する5つの教育学的概念と5つの教授方法が紹介されており、それに続いて、次の4つの領域でオリンピック教育を教授するための考え方が書かれている。

その4つの領域とは、(1)スポーツで努力すること、(2)社会的な品行、(3)道徳的行動、(4)オリンピックについての知識である。

第Ⅴ部「オリンピック教育の評価研究」では、世界から集められたオリンピック教育に関する実証的研究についての議論を行う。実証的研究は体育教師によるオリンピック教育の評価や、生徒や大学生が習得したオリンピック・ムーブメントについての知識などに基づいて行われたものである。評価研究の重要なポイントはいくつかあり、1つはオリンピックの理念を生徒たちが達成したいと評価するかどうかを指標とし、もう1つのポイントはオリンピック・チャンピオンが生徒たちのスポーツキャリアの「よい目標」になっている程度の評価である。最後に、この部では実践活動、その戦略、教材などの評価研究を展望し、教師訓練コースや生徒の教育において、オリンピック教育が要求される水準に達しているかどうかを検証する。

各部の最後には、本文に関する5つの「質問」が付けられており、討論と評価に役立つように構成されている。さらに、関連文献の一覧が示されている。

最後に、「結論」の項では最も本質的な結論を要約し、オリンピック教育の将来の発展に要請されることについて述べる。

第Ⅰ部

オリンピック競技大会──オリンピック教育──オリンピック教育学

オリンピック競技大会（以下、オリンピック）は世界最大のスポーツの祭典となり、競技者、ボランティアや観衆、そして特に若い人々の心をひきつけている。１９８４年のロサンゼルス大会以来、メディアのオリンピック報道は増大し、その経済的価値は想像を超えて拡大した。しかし、この発展のなかで、オリンピックの歴史的起源と、近代オリンピックの創始者であるフランスのピエール・ド・クーベルタン男爵によって提唱された教育的意義は、背景に押しやられ、薬物使用で摘発された競技者や汚職を働いた国際オリンピック委員会（ＩＯＣ）委員などのスポーツマンらしからぬ行為によって、オリンピックは著しく汚されてきた。

本書の最初の章では、オリンピックとその教育的意義との関係を、批判的な立場から考察する（第１章）。そこでは、近代オリンピックの発展と、クーベルタンがその教育的意義を考えるうえで心に描いたオリンピックの起源の比較を行う。近年この間の不一致・矛盾がＩＯＣの委員のみならず、多くの競技者、教育者やコーチによっても意識されることが多くなった。

現在、オリンピックの理念（Olympic ideals）やオリンピズムの原則（principles of Olympism）を通した教育の役割は、「オリンピック・ファミリー」のなかで大きな関心事となっている。この問題は教育と教育学の広い観点から議論される（第２章）。

２０１０年に開かれる「ユース・オリンピック」で、ＩＯＣはオリンピック教育を推進する新たな50年の歴史に第一歩を踏み出そうとしている（第３章）。

この第一歩は、国際オリンピック・ムーブメントのための文化的・人文学的基盤を与えることになる。

＊＊＊

第1章 オリンピックとオリンピック教育

ドイツ再統合後の1991~1993年にかけて、ベルリンは2000年のオリンピック開催に立候補していた。そのとき市民の意見は、賛成と反対に分かれた。少なからぬ数の人たちは、オリンピックを商業的メディアのショーであるとみていた。彼らは、国際オリンピック委員会（IOC）が1996年のオリンピック開催地をアテネではなく、コカ・コーラ社の本拠地であるアトランタに決定したことを指摘して、商業主義への批判を強めた。1996年には、近代オリンピックの創設100周年を記念して、アテネで開かれることが期待されていた。

そして、たくさんのドーピング・スキャンダルもオリンピックへ暗い影を投げかけていた。1988年のソウルでのベン・ジョンソン、1992年のバルセロナでのカトリン・クラッベなどのドーピング問題が起こった。

以来十年間、オリンピックの表彰式前後で展開される薬物摂取に対する取り締まりは、長期的な対応を求められる問題となってきた。より厳格な検査が行われるようになったにも関わらず、２００８年の北京オリンピックでは、さらなるドーピング問題が生起することが心配されている。

２００２年にソルトレイクシティーで開催された冬季オリンピックにおいても、人々はＩＯＣによる開催地決定の際に収賄があったことを知った。オリンピックに関して言うならば、現在、ヨーロッパにおいてだけではなく、多くの人々は、薬物使用の競技者や収賄スキャンダルを起こしたスポーツ関連の役職者たちのことで、心を痛めている。

ドーピングや汚職の防止、違反者の処分を、各種スポーツの国際競技連盟やＩＯＣが熱心に進めてはいるが、現在のところ、「オリンピック」という考えそのものへの疑念と、オリンピックの祭典という言葉のネガティブな側面に対する疑いを払しょくすることができないでいる。

このような理由で、オリンピック教育（Olympic education）という言葉は、学校、スポーツクラブ、スポーツ競技団体に関わっている親たち、教師、コーチたちには耳慣れないものであるか、オリンピックに関するスキャンダルとの連想で、悪い意味合いをもつ言葉として受け止められているかもしれない。また、オリンピック教育は、オリンピックに付随する悪い側面を擁護するにすぎないものと誤解された。

しかし、オリンピック教育は、その意味、その教育学的意義と機能、青少年の発達に資する役割と目的に関して、独自の内容をもっている。それらは、現代のマスメディアがオリンピックに対して向けている一般的態度によって、影響を受けることもない。

オリンピックの問題点を批判する人たちは、オリンピックやオリンピックの理念に対して批判的であるとはいえ、オリンピック教育を推進する人たちと必然的に対立するわけではない。

オランダで行われたオリンピックに関する調査では、14〜65歳までの3500人に、「オリンピックに参加しようとする競技者にとって最も重要な動機」を問う設問が設定され、5つの動機をあげるように求められた。その結果、選ばれた項目は、「お金」と「選手自身の市場価値を高める」が、それぞれ2位と4位であった。また、「よい手本を示すこと」「健康な身体に健全な精神」という項目が1位と3位であった（Timmers & de Knop, 2000, p.164）。この結果は、オリンピックの思想と結びついた教育的理念と、現実に認知された商業主義との間に、矛盾した緊張関係があることを示している。

しかし、オリンピックの理念とオリンピックの経済的現実の間に存在するこの緊張関係は、オリンピック創始者のクーベルタンから引き継いだ歴史的遺産ではないし、オリンピックの理念とオリンピックの現実の不調和の状態が、将来のオリンピックのなかに永続する必然性があるわけでもない。なぜならば、IOCは、ジャック・ロゲ会長（Rogge）のリーダーシップによって、2010年に初のユース・オリンピックを開くというような試みに着手しているからである。このような試みは、高い理想をもって近代オリンピックを創設したクーベルタンの文化的原点と教育的根源に戻ろうとする認識と、理想と現実が現代のように乖離していなかった時代へ回帰しようとする意図のもとで行われている。

しかしながら、近代オリンピックは、その創設以来、スポーツに関連する技術や経済の発達、世界の社会的・政治的変化に影響を受けてきており、この状態が変化することはない。すなわち、オリンピックはこのような変化からの影響を免れていたことはなく、将来もそうであろう。第二次大戦後の40年にわたって北半球の東西を分断した「鉄のカーテン」のように、戦争と平和はオリンピックの歴史にその痕跡を残した。そして、南半球のアフリカのアパルトヘイト政策や、アフリカやアジアの人々の自由への闘争が、オリンピックの歴史に痕跡を残した。

21世紀を迎え最初の10年の最後になって、われわれは再び、世界化されたオリンピック・スポーツのなかで新たな転換点に立っていることに気づかされる。そこでは、オリンピックの理念の伝統的・歴史的道徳規範の再生がみられると同時に、普遍的と考えられてきた旧来の価値観に抗議を示す新たな民族的・宗教的世界観が台頭している。

オリンピック・ムーブメントの歴史におけるさまざまな画期的出来事は、オリンピックの理念の方向が、ときに現実とかけ離れていても、磁石が常に南北を示すように、個人が一貫した倫理・道徳的判断基準をもつことの大切さを示している。そのような判断基準が存在することにより、個々人の考えているオリンピックのあり方だけではなく、他の人々の目指している方向や世界の潮流を理解することが可能になる。ヨーロッパの例が示すように、オリンピックの理念に代表される普遍的判断基準は、国内や大陸（地域）内に大きな社会的変動が起こったときに特に重要となる。そのような普遍的判断基準は、国や社会やスポーツにおける価値体系の変化を認識し、どこに普遍的判断基準からの偏差（ずれ）が生じたのかを特定することを可能にする。

残念なことに、オリンピックの運営方法だけではなく、オリンピックの理念も常に変化し続けてきた。オリンピックの理念には、理念からの逸脱を防止したり罰したりする条項が含まれていない。このことはオリンピックの理念のもつ1つの弱点のようにも思われるが、これは将来も変わらないだろう。純粋に現実的観点からこの状態を眺める人々からみれば、オリンピックの理念の現実へのよりよい指針としての不適切な面のみが目につくであろう。しかし、ピエール・ド・クーベルタンの考えに同調し、現代のジャック・ロゲを支持している人たちは、オリンピックの理念は、宗教や政治体制を越えて、他者に対する公正さと相互の敬意を通して、全人格的に調和のとれた個々人の人格の完全な発達を目指す、絶えざる努力の現れと考える。その人たちはオリンピックの理想はそれが達成されたかどうかを実証的に示すことはできないが、これに向かって進んでいく目標だと考える。その目標は現実のなかで完全に成就することはできないが、生涯を通して達成すべき努力目標である。このように、ピエール・ド・クーベルタンの思想では、オリンピックは彼の教育的目標（pedagogical objects）の「最終的到達目標」ではなく、むしろ彼の目標を達成するための「手段」であった。大会そのものは、目標が達成されたかどうかの「中間試験」あるいは一種の「試金石」であった。

このことは、クーベルタンがオリンピックの理念を要約した有名な言葉によって述べようとした。それは、「オリンピズムというのは1つの体系化された思想ではなく、精神の状態である（Olympism is not a system, it is a state of mind）」（Coubertin, 2000, p.548）というものである。この「精神の状態」は「人生哲学」の一部をなすという彼の説明は、現在のＩＯＣのオリンピック憲章のなかにも取り入れられている。スポーツにおける見苦しい事件やオリンピックの理想から逸脱した競技者の行為を引き合いに出して、オリンピックの理念を非現実的なものと述べる人もいる一方で、理想と現実の違いは教育によって完全には防ぐことのできないものであり、人間の弱点と過ちを犯しやすいことに原因があるのであって、オリンピックの理念そのものが誤っているのではないと主張する人もいる。

長年にわたって主張されてきたことは、クーベルタンは古代オリンピックを復興させることと同時に、古代ギリシャの体操のなかにあった、調和のとれた心身の発達という、全人格的教育の理想を引き継いだ、ということである。また、クーベルタンは教育的模範となる人格像を探し求め、トマス・アーノルド（１７９５～１８４２）と彼の生徒や後継者によって始められた英国パブリック・スクールの改革運動のなかに模範的人格像を見いだした。つまり、オリンピックを近代的な形で復興する決心をする以前に、クーベルタンの教師としての特別な関心と熱意は、フランスの中学校教育の改革にあったことも知られるようになった。

クーベルタンとその協力者たちの目標は、アモロス（Amoros）の方法を基礎とした軍隊的で柔軟性に欠けたフランスの退屈な体操を改革し、英国の競技的で教育的なスポーツを取り入れることであった。クーベルタンは英国の競技的学校スポーツのなかに理想を見いだしていた。彼の理想は古代の競技を文化的に洗練させた英国のジェントルマンのレジャースポーツであったと言われることがあるが、そうではなかった。英国パブリック・スクールを理想的モデルとすることは、同時に、オリンピック復興のためのモデルでもあった。競走、クリケット、フットボールや漕艇のような純粋なスポーツ活動に加えて、クーベルタンは特に英国の学校で行われている生徒参加や自分で自分を律する教育システムを尊重し、彼のオリンピック理念の中核となっている「スポーツをする教育」（sporting education）のなかでも同様なことが尊重された。これらのスポーツ活動は最高のパフォーマンスのためには意図的な努力が必要であって、レースや試合で勝つことは最重要事項ではなく、教育的目標の1つは「ゲームをプレーすることは、試合に勝つことよりも重要である」という言葉で明確に表現されていた。スポーツはパブリック・スクールの倫理・道徳的人格の訓練の一環であり、英国国教会の教義に従えばクリスチャンの教育の1つの原理だった。ここでわれわれは、クーベルタンの考える「古代の競技者」と「現代の競技者」との間に共通の要素を見いだす。それは、彼の言葉で言えば「競技的宗教性（religio athletae）」であり、後に彼は「古代オリンピックの精神の主要でかつ基本的な特徴は、現代オリンピックの精神でも同じであり、それは宗教的であることである」（Coubertin, 2000, p.580）と述べている。

オリンピックの理念の要点は、そのようなわけで、オリンピックの大会よりも、むしろオリンピック教育と関係があった。クーベルタンにとってオリンピックは、4年に一度、世界の若者がオリンピックの理想のもとに行われた教育の成果を示すように外的に動機づけるものであった。大会そのものは教育的課題の成就の途上にある若者が他の競技者と公の場で競い、個人によって達成された成功を記録する機会にすぎないと考えた。その教育的課題とは、オリンピックの原則を行動のなかに実現することであった。クーベルタンは、オリンピックの原則を青年の人格形成の過程で発達させることと、青年の社会的行動と倫理・道徳的行動を継続的に強化していくことに関心をもっていた。クーベルタンが追求した普遍的な教育学的目標は、現在のオリンピック憲章の文面のなかにその基本原則を読み取ることができる（IOC, 2004, p.9 & 2007a, p.11）。

オリンピック憲章の基本原則は、オリンピックの教育的課題を世界に伝えるために書かれた3つの文章を含んでいる。

「オリンピズムというものは1つの人生哲学であり、それは、肉体と意志と知性の資質を高揚させ、均衡のとれた全人のなかにこれを結合させることを目的としている。オリンピズムが求めるのは、文化や教育とスポーツを一体にし、努力のうちに見いだされる喜び、よい手本となる教育的価値、普遍的・基本的・倫理的諸原則の尊重などをもとにした生き方の創造である（1条）。

オリンピズムの目標は、あらゆる場でスポーツを人間の調和のとれた発育に役立てることにある。またその目的は、人間の尊厳を保つことに重きを置く平和な社会の確立を奨励することにある（2条）。

スポーツの実践は、人間の権利の1つである。何人もいかなる差別をも伴うことなく、友情、連帯、フェアプレーの精神をもって相互に理解し合うことを求めるオリンピック精神に基づいてスポーツを行う可能性をもたなければならない。スポーツの組織と運営は独立したスポーツ組織によっ

て管理されなければならない（4条）」*（IOC, 2007, p.11）

*訳注：2011年版は次のようになっている。

（4）スポーツを行うことは人権の1つである。すべての個人はいかなる種類の差別もなく、オリンピック精神によりスポーツを行う機会を与えられなければならず、それには、友情、連帯そしてフェアプレーの精神に基づく相互理解が求められる（JOCのホームページより）。

これらの文章には、スポーツのなかの教育ならびにスポーツを通しての教育の目標が記されている。これらはいずれもが個人の行動の3つの領域に触れている。それらは、（1）体育としての運動・スポーツの発達の領域、（2）スポーツにおける社会的・感情的行動や人間関係の領域、そして（3）社会やスポーツで一定の価値観や規範に従って個人の行動を方向づけるような倫理・道徳的態度の育成の領域である。これら3つの行動領域のすべてを、学習、持続的訓練、そしてスポーツでの応用を通して、同時に、そして絶え間なく発達させることは、結果として青年の身体と意志と精神の全体的かつ調和のとれた育成につながる。

これら3つの文章のなかには、独自の目標を読み取ることもできる。先に示したオランダの研究では2つの原則的目標が見いだされた。つまり「よい手本を示すこと」と「健康な身体に健全な精神」である。これらに対して、われわれは友情、平和、努力する喜び、連帯、意志の鍛錬、相互の敬意、生まれ育ちや皮膚の色や宗教で人を差別しないこと、公正さとフェアプレーの精神に基づく振る舞いや行動、などを原則的目標に加えることができる。

この多様な基本原則は、近年では、さまざまな方法でまとめられてきた。このようにまとめられた基本原則の組合せはその内容に違いはあっても、「オリンピックの価値（Olympic values）」という名のもとに集められた。そのような組合せの1つは、オリンピック教育の5つの中心的原則を、5つのオリンピック・リング（五輪）に当てはめていた。オリンピックの価値教育のために選ばれた5つの原則とは、「学ぶ意欲」「能力の開示」「公正な行為」「相違の尊重」「連帯」で、2012年にドイツ国内で行われたオリンピック招致都市競争の際に展示会のカタログで示された（WGI, 2003）。

オリンピックの原則に関する2つの組合せが、IOCから2006年と2007年に出版されている。それらは、その方向性と範囲について違いがみられる。

IOCによるオリンピックの価値教育プログラム（OVEP: Olympic Values Education Programme）の3部門のうち1つを代表して、ビンダーは、オリンピック教育教材キットを開発した（Binder, 2007）。その教材では価値の内容として5つの原則が強調されていた。それらは「努力の喜び」「フェアプレー」「他者の尊敬」「卓越性の追求」「バランスのとれた身体・意志・精神」などである。2007年には、IOC自身がオリンピックの価値（values）とオリンピックの原則（principles）を区別した2つの組合せを出版している。

『オリンピック・レビュー（*Olympic Review*）』誌の63号（2007年）で、スティーブン・マースは「卓越性と友情と尊敬」を「中核的価値」としてあげている（Maass, 2007, p.30）。また、同じ号で「価値＋原則＝行為」であるという興味深い公式を示している。マースによってここに引用された6つの「オリンピズムの原則」は、「差別の排除」「持続性」「ヒューマニズム」「普遍性」「連帯」そして「スポーツと教育と文化の統合」であった（Maass, 2007, p.39）。

これらの原則は、個人的に対応すべき文化的課題として示されたものではなく、今日のオリンピック憲章には欠かすことのできないスポーツ政策上の目的を示すものであった。しかし、ＩＯＣはこれらの原則を発展させ、純粋に教育的課題に対して新しい概念を導入するとともに、ＩＯＣの新しい社会政策上の行動原理をつくっていった。

同じ頃出版された、14〜18歳を対象にしたＩＯＣによる第1回ユース・オリンピックのプログラム（IOC, 2007b）には、「この企画は、青少年を考慮したＩＯＣの活動の最も重要なものである」と記されている。特有の「価値」と「原則」を統合した内容は、プログラムの最初の部分に次のように掲げられている。「ユース・オリンピックの目的は、……若い世代のエリート競技者が、強固な価値（卓越性、友情、尊敬）と原則（普遍性、持続性、差別のないこと）をもって、スポーツに道徳的に参加する場を与えることである」（p.5）。

ＩＯＣの考えでは、新しく始められるユース・オリンピックは、オリンピックの価値を広めるための「第二の政策」であった。この政策は、若い男女の競技者を直接の対象にしたものであった。これに対して、「第一の政策」は、そのなかにＯＶＥＰとそれに関するさまざまな教材の開発や、インターネットの整備などが含まれ、レクリエーションとしてスポーツを楽しむすべての青少年を対象にしたものであった。

オリンピック憲章のなかから、どの原則を現代の「中核的価値」として選び出すのかに関しては、さまざまな議論があり、わずか3つの原則だけでよいのかという議論もあろう。同様に、われわれがオリンピック教育の課題や目的を示そうとしても、その目的が重複してオリンピック教育の行動規範を定めたりしているために、「価値」と「原則」の定義とその違いが明確ではなく、学問的な裏づけを欠いている。たとえば、新しくつくられた「持続性」の原則は、すでにコスタリカやガーナにおける国内オリンピック・アカデミー（ＮＯＡ）のオリンピック教育プログラムのなかに取り上げられた目標である。しかし、それらの「原則」は多くの場合、「差別のないこと」や「連帯」といったマースによって提唱された原則を含んでおらず、現代のオリンピック憲章のなかにみられる教育的原則と対応していない。

それにもかかわらず、これらの新しい原則はＩＯＣの社会政策およびスポーツ政策上の行動ルールを含んでおり、オリンピズムの伝統的基盤から発展した内容を示している。

ＩＯＣの新しい活動方針の1つが、ユース・オリンピックである。この活動方針は、彼らの手本である「年長」の競技者のなかにみられなくなり始めていると多くの人が感じているものへ、若い競技者を近づけることを目指している。それらは、オリンピックの理想の教育、オリンピックの価値や原則に則ったライフスタイルの実践などである。ＩＯＣは、オリンピックの理想の考えをオリンピックの現実に結びつけるために実行しなければならないことや、オリンピズムの理論と実践をオリンピック・ムーブメントのなかに復活させることを自覚するようになってきた。そしてこのことが、オリンピックの価値と原則の推進という「二面的活動方針」をとらせるようになっている。

しかし、ＩＯＣの新しい活動方針は、青少年や若い競技者に対する教育過程において効果的であるという確信をもたせるものでなければ、十分なものとはならない。そのようなわけで、この部の最後で、われわれはオリンピックの教育的使命の提唱者であるクーベルタンと、彼の思想の継承者であるジャック・ロゲについて再考することになる。オリンピックの価値や美点の教育に関するクーベルタンによる旧来の考えに対して、ロゲは21世紀のオリンピック・ムーブメント改革のために、長い間待ち望まれた刺激を教育的側面から与えたのである。

第2章
オリンピック教育とオリンピック教育学

オリンピックの価値と原則を実行に移す際の成功と失敗は、オリンピック・ムーブメントの発展においてさまざまな形で現れた。クーベルタンも、彼の初期の著作や1918~1919年の「オリンピック・レター」のなかで、このことを書いている。また、われわれは、1925年にプラハで行われた会議で、彼が国際オリンピック委員会（IOC）会長を辞任したときの言葉を注意深く読んでみる必要がある。

「今日の要求に適合するように組織の教育的部門を構築するときが、すでに来ている。会議の話題にとどめることを越えて、この問題の詳細について論ずることが望まれる」(Coubertin, 2000, p.559)

当時のIOCの人々も、クーベルタンの支持者たちも、彼の言葉に困惑した。後に生まれたオリンピックに関する歴史家たちも、この言葉をいまなお十分には理解できないでいる。1912年のストックホルム大会までには、オリンピックは困難な時期を乗り越え、1900年以来の問題を克服していた。そして、1924年のパリ大会では、第一次大戦時とその後の混乱を乗り越えて、オリンピックは新しい命を自覚し始めていた。しかし、パリ大会の1年後にプラハで開かれた会議で、クーベルタンは彼の支持者、友人やスポンサーに満足し感謝するのではなく、辞任してしまった。彼は会長の職を辞し、極めて真剣に「オリンピック復興にあたって私の望んだことは、まったく誤解されている」と述べた。

確かに、クーベルタンは彼が努力して成し遂げたことの欠陥と、世界がその欠陥に注意を向けないことに目をつぶることができなかったのだろう。しかし、もし行事としてのオリンピックの現状が、彼が理解されないと不満に感じた理由でないとすると、何が原因だったのだろうか？

1925年には、クーベルタンは辞任の理由を語らなかった。しかし、われわれは、彼がローザンヌで書いた「オリンピック・レター」のなかに辞任の理由と思われることを読み取ることができる。第一次大戦の後にIOCはパリからスイスに移転しており、ローザンヌの新聞『ラ・ガゼット（*La Gazette*）』に1918年11月に掲載された「オリンピック・レター」の第5号で、彼は次のように書いている。

「私が最近申し上げたオリンピック教育学というものは、努力の崇拝と同時に調和と均衡の崇拝に基づいており、したがって卓越性への愛とともにバランスを重んじる中庸の愛にも基づいています。この教育学は4年に一度のオリンピックで世界に向かって称賛されるだけでは、十分に行われたことにはなりません。それは永続的な場を必要とします。古代社会のオリンピックの〝工場〟は体育場（ギムナジウム）でした。オリンピアードは復活されましたが、古代の体育場はまだ復興されていません。復興されるべきです」(Coubertin, 2000, p.217)

現代英語の「体育館（gymnasium）」の意味はそれに近いとはいえ、古代の体育場は、単に古典的な体操と武器の使用法を学ぶ場所であったのではない。古代の体育場は、身体、意志、精神を訓練する手段としての調和と均衡を崇拝する文化的場の機能を強くもっていた。クーベルタンは、オリンピックの復興と同様に、若者の調和のとれた全人的教育のために現代文化を「向上」させる工場として、古代の体育場を復興することに関心をもっていた。新しいオリンピックの教育施設の名前として、「工場」という言葉が適切かどうかについては議論のあるところだろう。しかし、クーベルタンも、古代の体育場が単なるトレーニング場ではないことを知っていたから、実際の工場を考えていたのではない。クーベルタンの考えにあったのは、オリンピックとは別に、努力への崇拝と調和と均衡への崇拝を若い人々に普及させる教育のための新しい恒久的施設であった。

この「オリンピック・レター」のなかで、「市立施設」について言及し、「そのような施設は、第一次大戦後の時代の世界で重要な役割を果たす」と述べている。そして実際に、多くのヨーロッパの国々で、1920年代には学校やスポーツクラブは、身体活動やスポーツ教育のための「恒久的な工場」になっていった。そしてそこは、努力への崇拝を普及する場にはなった。オリンピックの基本原則としての「努力」は、今日では「努力のなかに発見される喜び（joy found in effort）」と表現したほうがよいだろう。また、調和と均衡の原則も、「心身の調和のとれた発達」というような表現がよいだろう。1920年代以降、これら2つの原則はオリンピック教育の主要な柱になってきた。

図1／ピエール・ド・クーベルタン（1863〜1935）
写真提供：Getty Images

1925年5月プラハのシティーホールにおけるクーベルタンの別れの挨拶と、それに続く1925年以降の彼が設立した「ユニヴァーサル教育協会」での仕事をみると、彼がＩＯＣの外で追い求め復興させたいと望んだことは、古代の体育場で育まれていた教育的な遺産の完成であったことを示している（Coubertin, 2000, p.556 & p.558）。

しかしながら、１９２０年代中葉には、多くのヨーロッパの国々は教育改革に向けた近代的な政策を進めており、人格形成を目標としたスポーツ教育を推進させていたことは指摘されねばならない。しかし、第一次大戦以前とは異なって、オリンピック・ムーブメントの主唱者や、ドイツのカール・ディームのようなメンバーは、このような発展にあまり関わっていなかった。

その当時、学校やスポーツクラブにおいて若者のスポーツの振興に関わった人のなかで、「オリンピック教育学（Olympic pedagogy）」や「オリンピック教育（Olympic education）」について語る人はいなかった。このような考えの記述はクーベルタンの著作のなかに点在しており、「オリンピック・レター」のなかにもみられるが、クーベルタンはオリンピックの教育的事柄について述べるときには、別の言葉を好んで用いた。彼の初期の著作では「競技者にふさわしい教育（athletic education）」、あるいは「英国式の教育（English education）」という言葉が用いられている。これは、彼がスポーツを教育の道具として使う際に、当時の英国をモデルとしていたことを示している。

しかし、クーベルタン自身は、オリンピック教育やオリンピック教育学とは何かを検討するシステムを開発したわけでもなく、それらに定義を与えたわけでもなかった。１９２０年代に彼は「スポーツ教育学」という言葉を頻繁に使っていた。これは彼の体育に関する有名な本のタイトルと同じである（１９２２年）。彼が「スポーツ教育学」という言葉を使うようになるのは、ＩＯＣの会長を辞任した１９２５年以降である。では、なぜクーベルタンは、オリンピック教育学を理論化したり体系化したりしなかったのであろうか？「オリンピック教育」という言葉でさえ、「スポーツ教育」という言葉より使用される機会が少なかったのである。このことは1918～1919年にローザンヌの新聞『ラ・ガゼット』に掲載された「オリンピック・レター」をみても明らかである。第4号には彼の有名な言葉が載っている。

「オリンピズムというものは1つの体系ではなく、精神の1つの状態である。それをつくり上げていくための方法は数多く存在する。オリンピズムに関して、1つの人種や1つの時代が他の考えを排除するような独占的立場をとることはできない」(Coubertin, 2000, p.548)

もしオリンピズムが、1つの哲学的仮説の体系でもなければ教育学的仮説の体系でもないならば、われわれがクーベルタンのオリンピック教育学の基本となる理論的構造を見いだせないのも、驚くべきことではない。もしオリンピズムが多様な内容を含み、さまざまな考え方を受容するならば、時代とその文化的な背景によって変化することもありうるから、オリンピック教育学もまた、時代の文化や社会の変化による異なった考え方の影響を受けない独自の体系をもつことはできない。

しかし、それにもかかわらず、クーベルタン自身は、彼のオリンピズムに基づく教育の基本的考えと、オリンピズムの教育的意義の要点を、われわれに残していった。

1918年10月の「オリンピック・レター」第3号で、クーベルタンは心身の調和ある発達に関する教育の4つの課題を次のように簡潔に記している。

「身体と精神というだけの区分はあまりにも単純な二分法である。むしろ、肉体、理性、人格、良心という区分が望ましい。これは教育の4つの使命に対応したものである」(Coubertin, 2000, p.547)

そして、心身の調和の原則に従う教育は、スポーツを通して身体、社会性、道徳性、知性の4領域が互いに関わり合う統合的教育を必要とするようになる。

クーベルタンは死の2年前である1935年に、オリンピズムの1つの哲学的基盤として5つの原則をほのめかした。彼はそのことについて、著名な1935年のラジオ放送で語っている(Coubertin, 2000, pp.580-583)。

最も重要な第一の原則は、「競技的宗教性(religio-athletae)」と呼ばれるものである。クーベルタンはオリンピックに参加する競技者たちを「現代教育の大使たち」として、その重要性を評価した。オリンピックの競技者は、文明国家を代表する大使として評価された。その文明国家では、道徳的人格形成の方法としてスポーツに内在する宗教的精神が認められている。このスポーツの宗教的思想は、競技者の意識を高めるものと考えられた。彼らは「新しい人類社会」の代表者たちであり(Coubertin, 2000, p.580)、文明化された人々の教育の大使に違いない、と考えられた。

第二の原則は、すべての人類の「平等性(equality)」に基づいている。その原則は、「より速く、より高く、より強く」という標語にまで発展する。この標語は、「秀でることの自由」と記録を更新する意気込みで、競技者個人が自己完成を目指して永続的努力を行うことを意味するものであった。これらの競技者は「コスモポリタン(国際人)」であり、彼らの間には差別はなく、身体的優秀さのために彼らはそれぞれの国において「エリート」ではあったが、すべての者は平等であった。彼らは成長・発達の過程で、「より速く、より高く、より強く」という標語に従った（Coubertin, 2000, p.581）。ここでクーベルタンが言おうとしていることは、オリンピック種目における記録の絶えざる向上ではなく、個々の競技者が自らの全人的で調和のとれた教育の実現を目指して、その身体的・知的・文化的能力を絶えず発達させる使命があることであった。

第三の原則は、「騎士道（knighthood）」という言葉で特徴づけられる。この言葉は、昔の騎士のように友愛の精神をもって互いに競い合う競技者の行動パターンを意味している。クーベルタンは、著作の他の部分で、騎士道の意味を説明するために「フェアプレー」という言葉も使っている。クーベルタンが考える個人の人格の継続的な発達のなかには、競技者間の友愛の精神の発達も含まれていた。彼はこの精神を時として「騎士道（chivalry）」と呼んで、相互援助という意味をもたせた。「騎士道においては、競争や、努力そのものを愛するがための努力と対極にある努力や、礼儀正しくはあるが乱暴な格闘は、友愛を基盤においた相互の援助という意味をもっている」（Coubertin, 2000, p.581）。クーベルタンは、その広範な著作の他の部分で、騎士道を意味する言葉として「フェアプレー」について語り、能力の発達に代わって「努力の喜び」を論じている。これらの2つの考えは現在、オリンピック教育の最も重要な原則のなかに含まれている。

第四の原則は、「休戦（truce）」である。これは、4年ごとのオリンピックの祭典という特別な時間間隔の「リズム」を伴っている。リズムの考えは、休戦への希求と結びついている。つまり、すべての競技者がオリンピックに参加できるように国家間の争いを中断することの願いである。近代オリンピズムの特徴の1つとして、クーベルタンは「休戦の思想」を取り上げた。この思想は「リズムの観念と密接に関連している」（Coubertin, 2000, p.581）。持続的で、そのため計算可能な4年ごとのリズムで回ってくるオリンピックの周期は、彼にとっては重要なものであった。彼は、このリズムが人々の争いや戦争を、一時的にでも停止する呼びかけを可能にすることを期待した。

オリンピックのリズムは、「敵意、論争や誤解の一時的休止」をもたらしうるだろう、とクーベルタンは述べた（Coubertin, 2000, p.581）。オリンピズムのこの側面は、平和の思想という言葉で表現されている。

第五の、そして最後の原則は「美（beauty）」である。オリンピックの祭典には、美術や詩が含まれている。この原則は、調和と均衡を教育の調和のとれた発展を生み出す重要な要素とみなすクーベルタンの考えを反映している。クーベルタンは「美、すなわち芸術と心を競技のなかに組み込んだ」（Coubertin, 2000, p.583）。知的側面を強化するために、特に文学や歴史などをオリンピックの祭典のなかに加えた。１９１２年のストックホルム・オリンピックから１９４８年のロンドン・オリンピックまでには、クーベルタンの特別な教唆によって、オリンピックの祭典プログラムに音楽、美術、文学が含まれていた。彼は、オリンピズムにとって歴史は極めて重要な意味をもっていると考えており、「オリンピックを祝うためには歴史を必要とする。歴史を知ることはまた、平和への最良の保障である」と述べた（Coubertin, 2000, p.583）。

これら５つの原則をまとめてみると、クーベルタンにとってのオリンピック教育、あるいはオリンピック教育学には明確な体系は存在しないようである。そこにあるものは、オリンピック競技者の教育と発達のための倫理的・人道的価値、オリンピックへの参加のための規則や、オリンピックの祭典の儀式のたくさんの重要な要点などが混合しているものである。

そのために、多くの学者たちはオリンピズムを折衷主義だと評している。つまり、哲学あるいは教育学のしっかりした体系のなかに合理的に組み込むことのできない異質な要素の集まりであると考えられた。学問的哲学はこのことを弱点とみなすだろうが、そのような意見をもつ人はクーベルタン自身の主張を見落としてはならないだろう。これまでの引用でも明らかなように、彼はオリンピズムを公理と論理をもった厳格な1つの理論体系とは考えていなかった。むしろ、時代（時）の変化と、異なる文化的脈絡（場所）に適応していくものとして構想していた。

このことは次のことを意味している。クーベルタンの定義に従えば、オリンピズムというものは変化し、時代の状況に順応しうるものであり、そうすることでその普遍的な価値と原則を更新し強化することを可能にしている。そのように変化に対して開かれていることは、時代とともに変化するスポーツと社会のなかで、オリンピズムがその実現に成功するために適切なことであった。オリンピックの価値と原則が、このように継続的に更新され、再検討されることは極めて重要であり、そのことはその価値や原則が単なる理想論であると疑われることを防止するのである。同時に、そのような理念が時代遅れになったにもかかわらず、依然として具体的な教育目標として頑なに追い求められることを防止する。

オリンピズムを「体系化」することをクーベルタン自身が重要と考えていなかった。このことは、オリンピック教育やオリンピック教育学という言葉を、現代のわれわれがどのように理解したらよいかということを明確に決定することを困難にしている。

オリンピック教育という概念の定義は数多く存在する。これらの概念は、クーベルタンが考える「努力の崇拝」と、心身の調和的教育あるいは文化とスポーツの調和的教育の根底にある「調和と均衡」という伝統的原則に基づいている。

今日、国際的にみると、オリンピック教育には広範な教育学的概念や教育学的方法が含まれていることが分かるが（第4章参照）、オリンピック教育とオリンピック教育学の間の関係の専門的議論は始まったばかりである。しかし、オリンピック教育学という言葉は、クーベルタンが述べた努力の崇拝と調和と均衡の崇拝という2本の柱だけではなく、それ以上の教育的課題を含意している。

オリンピック教育学は、オリンピック教育のさまざまな目標・目的の理論的あるいは哲学的基礎となるもののように思われるかもしれない。しかし、クーベルタンが著作のなかでオリンピック教育学という言葉を使ったときには、この言葉をそのような意味とまったく同じように理解していたわけではなかった。今日、オリンピック教育学の共通の定義は存在していないし、この言葉のすべての意味を詳細に論じ、オリンピック教育学の諸目的のすべての側面を記述した文献も見当たらない。「オリンピック教育学」という言葉自体が、世界の学者・研究者たちによって、「オリンピック教育」という言葉ほどには使われなくなっている（Binder, 2001）。オリンピック教育は、オリンピック精神やオリンピックの理想の教育・学習に関するものであるのに対して、オリンピック教育学はオリンピック教育の理論、あるいはその哲学的・教育学的基礎と理解されている。スポーツ活動と身体活動のなかで身体的技能、社会的技能、倫理的・道徳的価値の学習と訓練を目的としたオリンピック教育の理論的背景を研究するものが、オリンピック教育学であると考えられている。

第3章 国際オリンピック委員会によるオリンピック教育推進のための5つの段階

第二次大戦後、国際オリンピック委員会（ＩＯＣ）はオリンピックの理念をさまざまな方法で推進してきた。その際、オリンピックの教育的意義を広める多様な方策を用いてきた。特に１９８０年代の初期、１９８１年バーデン・バーデンでのオリンピック・コングレス以降、比較的短期間にさまざまな方策が個々に出現した。それらは特にオリンピックについて教えることを中心的課題としており、それを表す言葉として「オリンピック教育(Olympic education)」という言葉が定着した（第6章参照）。

オリンピック教育の推進に極めて効果的であったＩＯＣによる初期段階の方策は、１９６１年にオリンピアで国際オリンピック・アカデミー（ＩＯＡ）を開設したことであった (Georgiadis, 1995; Müller, 1995)。このアカデミーは開設以来、世界的に組織されたさまざまな教育と訓練セミナーを多くのグループに対して行ってきている。定期的に行われたそのセミナーは、スポーツ団体の役員、コーチ、学生などを対象にしてきた。ＩＯＡの最近20年の活動は、オリンピック教育に関する問題への関心を高めることに貢献してきた。この詳細は第7章で論じる。

オリンピック教育を推進する第二段階は、オリンピックと並行して行われるＩＯＣ公認のオリンピック・ユース・キャンプの開催であった。この企画のアイディアの提起は、１９１２年のストックホルム大会にまでさかのぼる。そのとき、スウェーデン国王グスタフは、オリンピック・スタジアムに隣接して１５００名のボーイスカウトの少年たちにテント場を開くことを許可した。しかし、そのようなユース・キャンプがオリンピックのたびに開かれるようになるのは、１９６４年の東京大会を待たねばならなかった。例外は１９８４年のモスクワでの「ボイコット大会」であった (Adams, 2007)。このようなユース・キャンプは、開催都市の自由選択に任されている。

オリンピック教育の第三段階は、ＩＯＣが１９８３年に、各国のオリンピック委員会（ＮＯＣ）に対して、オリンピック教育を普及・推進するために国内オリンピック・アカデミー（ＮＯＡ）の開設を決定したことである。現在のところ、全世界でおよそ１４０のオリンピック・アカデミーが存在している（第8章参照）。このようなＮＯＡの主たる課題の1つは、国内の学校やスポーツクラブでのオリンピック教育を奨励するさまざまな方法を用いること、教師やコーチのためのセミナーやトレーニング・コースを開くことであった。

１９９０年代になると、数多くの方策が行われるようになった。まず、２０００年には「文化・オリンピック教育」委員会が新たに組織された。これはＩＯＣ内にすでに存在していた「文化委員会」と「国際オリンピック・アカデミーとオリンピック教育委員会」が統合されたものであった。

オリンピック教育を推進する第四の段階は、ＩＯＣ創設１００年を祝うための１９９４年のパリ総会で始まった。そのときＩＯＣはオリンピックの発展と同時に、オリンピックの理念を長期にわたって推進することを強く訴えた。

１９９４年以降、オリンピック招致に立候補する都市が申請書を作成するのを助けるためにＩＯＣから出版されたマニュアルは、文化的プログラムの計画のなかに教育的要素を含めることを特に強調してきた（Naul, 2004）。２００２年の冬季オリンピック以降、立候補都市は実際の競技開催中に教育的なプログラムの提供を要求されているだけでなく、それに先立って開催都市決定からオリンピック開会式の間の7年間にも、そのような企画を行うことが要求されている。たとえば、ギリシャは２００４年のアテネ大会に先立って、１９９８〜１９９９年に特別な広報活動と学校でのプログラムを実施している（Kellis, 2001）。北京も同様で、２００１年の開催決定から開催までの期間にさまざまな活動を行っており、それらの１つとして５５０以上の学校でオリンピック教育を行った。

１９９５年には、立候補都市の申請手続きのなかに、大会に先立ってオリンピック教育を奨励する方策が定着し、ＩＯＣはその年を「文化と教育のためのＩＯＣイヤー（IOC Year of Culture and Education）」と宣言した。この年に始まった1つの方法は、「国際スポーツ科学・体育協議会（ICSSPE: International Council of Sport Science and Physical Education）」に5万ドルの研究費を与えることであった。この研究費はヨーロッパの12〜15歳の少年少女を対象にして、オリンピックの理念の発達を研究する目的にあてられた（Naul et al., 1997; Telama et al., 2002）。同年、ＩＯＣの「国際オリンピック・アカデミーとオリンピック教育」委員会は、オリンピック教育推進のための「教育者ハンドブック」の作成を初めて専門家に依頼した。このハンドブックは、専門家グループ（Deanna Binder, John Lucas et al.）によって編集され、『精神を生き生きと保とう（*Keep the Spirit Alive*）』というタイトルで出版された（１９９５年）。

（第五の段階の）最初のステップとして、２００７年7月5日にグアテマラ・シティーにおいて開催された第１１９回総会で、ＩＯＣは14～18歳の優れた男女競技者のために独立したオリンピックを始める決定をした。この第1回「ユース・オリンピック（Youth Olympic Games）」は、２０１０年に夏季大会、２０１２年に冬季大会を開くことも決定された。そして２００８年2月には、２０１０年のユース・オリンピックをシンガポールで開催することを決定した。

ドイツでは、マスコミの論調も、いくつかのスポーツ連盟（特に陸上競技と体操競技）の見解も、評論好きなスポーツ社会学者（例えばディゲやエムリッヒ）の型にはまった論評も、ユース・オリンピックを開くというＩＯＣの決定には完全に批判的であった。しかし、他の国ではそのような反対の言葉は現れなかった。このことは、２００７年のクリスマスを前にして、ドイツの有名日刊紙のインタビューに応えたジャック・ロゲによっても確かめられる。彼は「このような反対意見に出会うのはドイツにおいてだけである」と語った（Die Welt, 24th December 2007, p.20）。わずかにドイツ・オリンピック・スポーツ連盟（ＤＯＳＢ）だけが穏健な立場をとり、ユース・オリンピックの開催に向けられた反対意見に異議を唱えた。ところで、ユース・オリンピックとは、どのようなものであったのだろうか？

ＩＯＣにとって、ユース・オリンピックは2つの戦略のうち第一の戦略であった。第二の戦略はすべての青少年に対して直接にオリンピック教育を推進するための新旧の方法を統合することであった。その明確な例の１つは、標準教材のキット、メディアを通してのキャンペーン、そして特別なウェブサイトをオリンピック教育のために組み合わせた「オリンピックの価値教育プログラム（ＯＶＥＰ）」にみることができる。

ユース・オリンピックは、若い競技志向の男女競技者を対象にした。しかし、彼らのスポーツの競い合いは全体のプログラムのなかの一部にすぎなかった。全体のプログラムは、「教育と文化プログラム」と名づけられていた。この新しいユース・オリンピックが若い競技者たちにオリンピック教育を推進する新しい道のなかで、どのように位置づけられたのかを理論的に検討するため、「教育と文化プログラム」という見出しのもとに記された3つの文章を以下に示すことにする。

文化的活動―「文化的プログラムは、オリンピズムとその価値を伝達する重要なオリンピック・シンボル（聖火リレー、国歌演奏、国旗掲揚）のすべてを統合する。加えて、ポスターや広告や壁絵などの街の芸術、音楽・映画・美術を伴った街頭の祭りも、ユース・オリンピックの普遍性を映し出すものとする。そこでは、すべての参加者は―その場にいる者も、メディアを通して参加する者も―強い経験を共有することになろう」

教育的活動―「オリンピックの価値、健康的ライフスタイルとアンチ・ドーピングについての教育的交流ワークショップは、競技者が真のオリンピアンになる準備をする。このワークショップは、有名な競技者、専門家、芸術家や、教育・文化・スポーツの世界の関係者によって主催される。彼らは新しい世代の競技者に、社会的問題やスポーツの実践に関わる問題についての意識を高めるように指導する。ワークショップでは、インターネットのブログなどを通して外の世界とも交流できるようにする」

レガシー（遺産）―「ユース・オリンピックはさまざまな異なったスポーツ種目に光をあて、若者に〝活動的になり〟、またオリンピズムを身につけるよう動機づける舞台を提供する」

(IOC, 2007b, p.11)

前述のような目的に従って、ユース・オリンピックは、若い競技者のオリンピック教育のために提供される教育的・文化的プログラムの代表的なものになっている。オリンピック教育を推進する第一歩として、ユース・オリンピックは特に競技スポーツを行う若者を対象とした。一方で、第二歩目ではオリンピック教育を推進する多くの方策が採択され、それらはすべての若者を対象にすることを目指しており、健康的で活動的なライフスタイルや倫理・道徳的行動の育成などを目的とする。これらの目的は、オリンピックの理念に合致する。

歴史的に振り返ると、ユース・オリンピックはＩＯＣによるオリンピック教育推進の５番目の方策である、と考えられる。

■問題

（１）ピエール・ド・クーベルタンが考えたオリンピズムの５つの原則とは、どのようなものであったでしょうか？

（２）ピエール・ド・クーベルタンは、「調和と均衡」の原則にはどのようなことがあると考えていたでしょうか？

（３）オリンピックの価値の復興は、ユース・オリンピックの発展にどのように関連しているでしょうか？

（４）国際オリンピック委員会（ＩＯＣ）は、どのような方法で若者たちにオリンピックの価値を伝えようとしているでしょうか？

（５）ＩＯＣは、オリンピック教育の主な目的をどのようなものと考えているでしょうか？

参考文献

- Coubertin de, P.（2000）. *Olympism. Selected Writings*（pp. 527-584）. Lausanne: IOC.
- MacAloon, J.（1981）. *This Great Symbol: Pierre de Coubertin and the Origin of the Modern Olympic Games*. Chicago: University of Chicago Press.
- Lucas, J.（1992）. *The Future of the Olympic Games*. Champaign/ Ill.: Human Kinetics.
- Guttman, A.（1992）. *The Olympics. A History of Modern Games*. Urbana / Chicago: University of Illinois Press.
- IOC（2007c）. *Vth World forum on sport, education and culture*. Lausanne: IOC.

第II部
オリンピック教育の歴史

「オリンピック教育」という言葉には短い歴史しかないが、オリンピック教育を通して達成しようとした教育的思想、目的、目標は、すでに述べたように、オリンピック・ムーブメントの長い歴史のなかに含まれていた。もちろん、オリンピック教育は、１８９０年代に始まった近代オリンピック・ムーブメントのなかから生まれたものである。しかし、この教育概念の考えと理念は、その50年前の英国のパブリック・スクール改革に遡るだけでなく、18世紀末のヨーロッパの汎愛主義学校の教育において正規科目だった体育の成立にまで遡る。

本書の第Ⅱ部では、歴史的展望の最初に、ピエール・ド・クーベルタンからさらに１００年前のオリンピック教育の実際のルーツに遡る（第４章）。

第二の歴史的展望として、国際オリンピック委員会（ＩＯＣ）の発足から１９９０年代までの１００年の発展過程を、ドイツを事例にした研究の形で辿ることにする（第５章）。この事例研究は、第二次大戦後の２つの支配的政治システムの間での長期にわたる争いの１つの例を示すことになる。西側のスタイルである民主主義と東側のスタイルである共産主義社会の分裂は、ソ連のペレストロイカと東欧の「ベルベット革命」を経て、１９９０年に２つのドイツは再統合された。

＊　＊　＊

第4章
オリンピック教育の父と祖父——19世紀

4-1 ピエール・ド・クーベルタンからトマス・アーノルドへ

ピエール・ド・クーベルタンは12歳のとき、トマス・ヒューズ（Hughes）の『トム・ブラウンの学校生活（*Tom Brown's Schooldays*）』（1857年）のフランス語訳をすでに読んでいた。この本は、1834～1842年にラグビー校でトマス・アーノルドの生徒であったヒューズ自身の自伝的成長物語である。20歳になったクーベルタンは、ほとんど毎年のようにパリから海峡を越えて英国へ旅行した。1880年代に彼は十数回にわたって有名なパブリック・スクールを訪問した。そこで、彼は校長や寮監たちと懇談し、考え方を交換した。そのなかには、もちろんラグビー校も入っていた。その当時、英国のパブリック・スクールでは、ゲームとスポーツは正規の教科ではなかったが、日々の生活における活動の1つになっていた。クーベルタンは、トマス・アーノルドを尊敬していた。アーノルドはその死後数十年経って、学校教育の改革者であり、スポーツの推進者であると認められるようになった。その理由の1つは、ヒューズの有名な著書が国際的に読まれるようになったことにもあった。われわれはトマス・アーノルドに感謝すべきだと言われている。スポーツ、特にクリケットやフットボールのようなチームゲームが、倫理的・道徳的人格形成のための教材として学校生活のなかに入ってきたことはアーノルドの貢献であり、アーノルドの教えを受けた卒業生たちが校長や寮監になり学校でのスポーツを普及させていった。「学校生活のなかでゲームやスポーツほど生徒の自治が発展した領域はない」(McIntosh, 1965, p.182)という言葉が残されている。

実際に、1828年にアーノルドが校長に任命される以前に、ラグビー校ではクリケットがプレーされ、少年たちはボールを追いかけ回していた。しかし、アーノルドは午後のゲームやスポーツにおける生徒の自治活動を黙認しただけではなく、自治的な組織を学校のなかにつくることでゲームやスポーツを積極的に促進したことも事実である。アーノルドにとってゲームやスポーツは生徒の身体的発達にとって重要であるばかりでなく、社会的に責任のある行動や道徳的行動の訓練にもつながるものと考えられた。アーノルドの学校改革は、英国の体育を高潔なクリスチャンの道徳性を育成する教育的活動にした。ラグビー校を訪問しスポーツへの関心を示す訪問者に、アーノルドは運動場でプレーしている自分の生徒を胸を張って見せた。アーノルドの長年の友人であり、当時のプロシア大使であったブンゼン卿(Bunsen)はそのような訪問者の1人であり、彼の息子がフットボールをプレーするのをみるためにラグビー校へやってきた。同じ年にヴィクトリア女王(Victoria)も、ラグビー校でゲームをみたいと望んだ。

図2/トマス・アーノルド(1795〜1842)
写真提供:Getty Images

クーベルタンのオリンピックの原理である近代の「競技的宗教性」という教育的概念は、英国国教会の教義のなかの倫理にその根源を見いだすことができる。アーノルドはラグビー校の校長であっただけではなく、「トマス・アーノルド師」という英国国教会に属する聖職者でもあった。彼の教育における力点は二面性をもっていた。「知的卓越」に関しては、古典語とギリシャ・ローマ史の学習が強調され、「道徳的原則」は教会での講話によるキリスト教の教義の学習とともに、日常の学校生活のなかでの実践的学習や振る舞いによって習得されるべきであると考えられていた。ゲームやスポーツはこの学校での実践的学習の一部であり、クリスチャンとしての「高潔な行為」の教育の要素になっていた。ゲームやスポーツは、一種の世俗的な宗教儀式と言ってもよいものであった。ルーカスの研究はあまり知られてはないが、オリンピック教育の歴史の核心を的確にとらえ、その原理はアーノルドの「筋肉的キリスト教」にまでさかのぼると述べている(Lucas, 1975, 1976)。ルーカスは、クーベルタンがオリンピックを始めるときの思想を研究した結果、次のような結論に達した。「精神的には英国人の血を受け継いだこのフランス人は、心情的にも知的にも途方もない夢に突き動かされた。つまり、束縛のない〝筋肉的キリスト教〟を世界に広める使徒となることであった」(Lucas, 1976, p.52)。

1888年、クーベルタンは数年にわたる英国における研究と旅行の結果を『英国の教育(*L'Education en Angleterre*)』という著書にまとめた。この著書のなかで、彼はパブリック・スクールの2つの原則について語っている。1つはスポーツによる身体の強化であり、それと同時に人格の発達が語られた。この彼の最初の教育的思想は、クーベルタンの後継者たちが後年「オリンピック教育」の中核的課題と認める概念と、基本的に同じものだった。しかし、今われわれはクーベルタン自身が「オリンピック教育」という言葉をなぜつくらなかったのかについて、次のように推測できる。

彼のオリンピック教育の考え方は、伝統的なスポーツ教育の考え方に根ざしていた。そのために、彼にとって「スポーツ教育」は「オリンピック教育」と同じものであり、いずれもが英国式のスポーツ教育を意味していた。

そこで、オリンピック・ムーブメントの初期においては、クーベルタンは常に「英国式の教育（l'éducation anglaise）」あるいは「競技者にふさわしい教育（l'éducation athlétique）」という言葉を語った。なぜならば、彼の頭のなかにあったものは、厳密には英国の体育であった。それはランニングやクリケット、フットボール、テニスなどのゲームや漕艇を含んでおり、英国を訪れたクーベルタンを魅了し彼の考えを刺激した。

この英国スタイルのスポーツ教育が、いかにしてクーベルタンを精神的にも道徳的にもキリスト教の教育的理念に近づけていったかが、1894年のパリにおける国際オリンピック委員会（IOC）設立と1896年のアテネでのオリンピックの後になって明らかになってくる。彼は1894年のソルボンヌにおける評議会で、オリンピックのスローガンになる「より速く、より高く、より強く」という言葉を、長年の友人であり助言者だったヘンリー・ディオン神父（Didon）から借用した。ディオン師はフランスのノルマンディーで英国式の寄宿舎学校を経営していた。1897年にルアーブルで開かれたオリンピック評議会では、オリンピック・ムーブメントの教育的意義を論じるために彼が召集された（Naul, 1998b）。アテネ大会に続いて、ディオン師は「競技スポーツの道徳性への影響」について語った。また、パブリック・スクールの校長たちによる英国校長協議会は、オリンピック評議会で「スポーツを通しての人格の陶冶と性格の発達」という話題について話すように依頼されていた。校長協議会の代表としてラファン師（Laffan）が、オリンピック評議会の行われるルアーブルに派遣された。ラファン師は当時、英国のチェルトナム・カレッジの校長であった。

クーベルタンは、この評議会でラファン師に最初に出会っている。完璧なフランス語で行われたラファンの挨拶にクーベルタンは感動し、この新しい友人は評議会の閉会の前にIOCの委員に推挙された。ラファン師は、30年以上にわたるクーベルタンの親密な友人となり助言者となった。英国ではオリンピックの問題に関して長年まとまりがなかったが、1905年、ラファンの熱心な働きによって、「英国オリンピック協会（BOA: British Olympic Association）」が結成された。スティーヴ・ベイリーは、ラファンを英国における国際オリンピック・ムーブメントの「福音伝道者」であると書いている（Bailey, 1998, p.73）。

もしわれわれがクーベルタンをオリンピック教育の父というのであれば、彼はその名誉を友人であり教育学的助言者であったディオン神父とラファン師とともに分け合わねばならない。そのことは、彼の提唱者としての貢献を軽視することにはならない。しかしクーベルタンを含む３人の教育者たちの共通の司祭にあたる人物は、明らかにラグビー校の校長のトマス・アーノルド神父（博士）であった。このような理由から、われわれがトマス・アーノルドをオリンピック教育の思想的祖父であると呼ぶのは許されるだろう。

4―2 アーノルドからグーツムーツへ

クーベルタンがオリンピック教育の父であることの名誉を他の人々と分け合わねばならないのと同じように、アーノルドも彼一人がこの考えの祖父であることはできない。１８２０年代、アーノルドはオックスフォードで勉強し、１８１７年に修士号を取得、大変な苦労の末に聖職者にも任命された。その過程でアーノルドはドイツ語をまじめに勉強した。オックスフォード時代の彼は「よく散歩をし、泳ぎ、運動を自慢した」と記録されている（Bamdord, 1960, p.11）。卒業の年（１８１７年）、彼は初めてドイツへ旅行している。船でモーゼル川をコブレンツまで下り、さらにケルンまで足を伸ばした。英国国教会の牧師に任命された後、彼はロンドンから16マイル離れたレイルハム村に転居した。そこで、バセドウ（Basedow）の「汎愛学校」に基づく少年のための小さな寄宿学校を開いた。彼は、自分の息子たちと生徒たちを定期的に散歩に連れ出し、水泳を教えた。アーノルドは、庭につくった体操器具でよく運動をした。その器具は「鉄棒」みたいなものだった、と最初に彼の伝記を書いた英国のスタンリー（Stanley）は記述している（１８６０年）。これと同じ器具は、ペスタロッチ（Pestalozzi）が子どもたちに体操を教えたイウェルドン（スイス）の体操場にもあった。このような体操器具が、どのようにして英国に渡ったのだろうか？　また、英国国教会の牧師が、どのようにして体操やドイツ式運動を知るようになったのだろうか？

図3／ヨハン・クリストフ・フリードリッヒ・グーツムーツ(1759〜1839)
出典：著者資料

１８２２〜１８２８年にかけてアーノルドは、短い距離ではあったがレイルハムとロンドンの間を行き来した。これは息子の病気のためでもあった。ロンドンには、パブリック・スクールのチャーターハウス校で体育教師として長年教えているボストン生まれのポキオン・ハインリッヒ・クリアス（Clias）がいた。彼はスイスからの移民の子どもである。クリアスは、自分の名前でグーツムーツの『青少年の体操（*Gymnastics for Youth*）』やペスタロッチの『初歩の体操（*Elementary Gymnastics*）』などの抜粋を英語で紹介していた。彼の著書の『体操運動の初級コース（*An Elementary Course of Gymnastic Exercise*）』（１８２３年）には、水泳の推奨とともに、体操器具の挿絵が入っていた。

クリアスの本はベストセラーになりロンドン以外でも売れ、わずか3年で4刷まで版を重ねた（１８２５年）。グーツムーツの『青少年の体操』の初版本（１７９３年）は１８０１年に英語に翻訳されていたが、ドイツのシュネプフェンタールにある汎愛学校の校長のザルツマン（Salzmann）による翻訳で、不完全なものであった。

アーノルドがロンドンでクリアスと直接知り合いになったのか、その著書を読んだだけなのか、よく分かってはいない。それにしても、いったいどこで彼は体操器具をつくる方法を学んだのだろうか？　さらに分からないことは、アーノルドがロンドンでカール・フェルカー（Voelker）によってつくられた体操場を訪問して、そこでなんらかのアイディアを得たのかどうかということである。

しかし、現在分かっていることは、レイルハムの寄宿学校で教師をしていたトマス・アーノルドは、ドイツの体操に精通し、彼自身で定期的に練習し、近くのテムズ川で水泳をしており、同じやり方を息子たちや生徒たちの重要な教育法として勧めたことである。マッキントッシュは彼の論文のなかで、グーツムーツはアーノルドの教育上のモデルであったと明確に述べている（McIntosh, 1968, p.28）。

また、アーノルドはフランツ・リーバー（Lieber）の教育に関する論文をよく読み、それを評価していたことも知られている（Armytage, 1969, p.23）。

ところで、フランツ・リーバーというのは、どのような人物なのだろうか？　フランツ・リーバーは、ヤーンの最愛の弟子の1人であった。彼はウォータールーでナポレオンと戦った同盟軍に加わっていた。体操クラブ（Turnverein）運動で政治的追放にあい、ドイツで数度にわたる投獄の末にロンドンに現れ（1825・1826年）、そこで旧友のカール・フェルカーに会った。リーバーはロンドンで生活費を稼ぎ、1827年に米国に渡る資金をつくった。この年に、彼はボストン近郊のケンブリッジにあるハーバード大学の体育館の管理を任された。そして、ベック（Beck）やフォーレン（Follen）とともに、米国におけるドイツ体操の3人の先駆者の1人になった。

この時代にアーノルドは、ドイツ語の知識を深めていった。その目的はボンの学者で、当時ヨーロッパで有名になっていたニーブール教授（Niebuhr）の著作を読んで、自分のローマ史の研究を完成させることであった。

ニーブールはボン大学のエルンスト・アルント・カレッジで教壇に立っていたが、体操の支持者でもあった。ニーブールは彼自身体操家であり、ベルリンに住んでいるときにはヤーン（Yahn）と親交があり体操クラブにも出入りしたが、ヤーンの闘争的な態度を共有することはなかった。アーノルドは長年にわたってニーブールと文通し、１８３０年の3度目のドイツ旅行ではボンを訪問している。

彼の伝記作家であり生徒であったスタンリーは次のように述べている。「アーノルドはラグビー校に職を得る直前に2度目の訪独をしている。その旅行は、１８２８年の夏に教育的目的をもって数週間にわたって行われた。アーヘンとケルンを経て、彼の旅行は中部ドイツのドレスデンやピルナまで達した。１８２８年6月9日の旅行日誌に彼はドイツについて次のように書いている。「これまで世界がみたことのないような最も道徳的な人々の誕生の地には、最も堅実な法律があり、狂気はなく、公正で家庭を愛する礼儀正しい美徳がある」(Stanley, 1860, vol.2, p.328)。

アーノルドは、彼の生涯にわたって、教師としても親としても個人としても、ドイツ式の身体運動に対する初期の情熱に影響を受けた。バンフォードは、アーノルドの性格を次のように記している。「彼は基本的には気性の激しい性格だった。多くの運動の信奉者であり、休むことがなく、他者にも激しい運動を期待した。彼と一緒に生活することは、身体的にも道徳的にも努力を必要とするストレスがかかるものだった。そして毎日欠かさずに散歩を行った」(Bamford, 1960, p.208)。

クーベルタンがパブリック・スクール訪問の間に英国のスポーツに見いだした教育学的基盤は、英国式スポーツに固有のものではなく、トマス・アーノルドの教育原則と彼の博愛主義モデルに基づいたものであり、さらにはグーツムーツの教科書と教育学的原則に基づいたものであった、ということができる。グーツムーツも彼の教育学的体操では、敬虔な倫理観によって「調和のある完成」や道徳的で「社会的に有用な」人間を目指していたので、オリンピック教育の先駆者はグーツムーツであったかもしれない、と考えることも可能である。結局のところ、アーノルドの目標も「人間の完成」であり、そこでは3つの要素が統合されることが目的だった。それらは、(1)誠実な道徳的キリスト教徒であること、(2)学術的能力の向上、そして(3)社会に役立つ技能の習得であった。

1793年、後年世界的な注目を集めることになる『青少年の体操』をグーツムーツが出版した際、彼はすでにシュネップフェンタール汎愛学校で、彼の考案した教育的体操を数年にわたって教えていた。その学校はチューリンゲンの森のはずれに位置するシュネップフェンタールにあり、1784年にアンハルト‐デッサウのフランツ・レオポルド王子(Leopold)によってつくられた2番目の汎愛寄宿学校であった。校長のC・G・ザルツマンは1785年に個人教師のグーツムーツを雇い、彼にいくつかの教科と体操を任せた。グーツムーツはそこで『デッサウの5種競技(*Pentathlon of Dessau*)』という本を発見した。この体操の教科書は、デッサウで働いた経験のあるザルツマンによって、すでにその学校に持ちこまれていた。

デッサウは、バゼドウによってフランツ・レオポルド王子の最初の汎愛学校がつくられた場所である(1774年)。バゼドウはデッサウの汎愛学校に、シモン(Simon)とデュ・トロア(du Toit)という2人のフランス人学者を雇った。この2人は、古い騎士の運動を新しい時代のものにすることに貢献した。彼らはフェンシングや騎馬に代えてバランスや運搬などの作業課題を取り入れるとともに、古代の体操の5種競技にならって、走・跳・投・バランス・運搬を内容とする「デッサウの5種競技」を開発していた。1776年からはデッサウの汎愛学校の男子だけでなく、デッサウとヴェルリッツの男女児童も、フランツ王子の開く体操オリンピックに定期的に参加していた(Hirsh, 1997)。このような競技会のスタジアムは、デッサウとヴェルリッツの間にあるドレーベルクという小さな町にあった。この町はデッサウから12㎞のところに位置している。1799年までここで、古代ギリシャの競技にならった国の祭りが3年に一度、フランツ・レオポルドの妻の誕生日である9月24日に開催されていた。

グーツムーツは、1793年にこの祭りについて次のように書いている。「9月24日の言わばオリンピックの復活とも言うべき祭りに、老若男女が階層を越えてここに集う様子をみるのは、喜ばしい眺めだった」(GutsMuths, 1793, p.126)。

しかし、ここでわれわれが検討しようとしていることは、ドイツにおけるオリンピック教育の開始の日付を探りだし、それをトマス・アーノルドによる英国の教育改革より早い時期に位置づけることではない。このことはクーベルタンも後の研究者たちも主張している。もっと重要なことは、グーツムーツが「体育」の教育的価値について書いたもののなかで、どの教育的価値がクーベルタンやアーノルドにとってのオリンピック教育の教育学的原則に対応しており、オリンピック教育であることの必要条件に合致するのかを見極めることである。

グーツムーツは、彼の時代の教育状況に対する急進的な批判者であった。それはアーノルドについても言えることである。「もし忠誠と信頼、性格の強さ、誠実な愛、快活さ、平静な心、勇気と男らしさなどが、最近では凋落しつつあるとするならば、その原因はわれわれの時代のより知性的な文化にあるのではなく、体育の無視にほとんどの原因がある」(GutsMuths, 1804, p.59)。グーツムーツの目的は、「男性的な人格のなかに、健康で、男性的な逞しさと敏捷さ、根気、勇気、平静さを統合させた、高いレベルの身体的完璧さをもった若者を育てること」であった(GutsMuths, 1804, p.78)。彼はまた次のように提唱した。「体育にもっと力を入れ、盛んにしよう。体操によって精神と身体の高度な調和を目指そう」(GutsMuths, 1804, p.82)。グーツムーツは、教育学的体操は「身体に直接的に影響を与えるが、精神に対しては間接的にのみ影響を与える」であろうと考えた。彼にとっての「体育の第一原則」は次のようなものであった。「精神の教師および召使として、身体的個人としてその才能を十分に発達させ、身体の美しさと完全な有用性を身につけること」(GutsMuth, 1804, p.30)。これに対して、われわれは「身体の筋肉が心の命ずることを実行できるように」と付け加えることができるだろう。

身体的な強さと技能は、知性の高さと調和を保たなければならない。グーツムーツは『青少年の体操』の改訂第2版のなかで、古代ギリシャの体操についてのプラトンの言葉に繰り返し言及している。「われわれの体操は知性の文化と密接に関係している。つまり、知性の働きと調和を保って歩くこと。そして、そのことによってアテネのアカデミーで若者によって実践された教育的技能を理想としてまねるのである」(GutsMuth, 1804, p.176)。グーツムーツは、彼の教育学的体操のために、古代ギリシャの文化的理想を復活させることを選んだ。そして約100年後にクーベルタンは、世界の若者のスポーツによる教育のために同様の理想を心に描いたのである。

グーツムーツ自身が述べているように、彼にとって体操は「身体にとっての訓練」であった。しかし、それは個人の調和ある教育の1つの部分であり、個人にとって身体の教育は人格の完成のために欠かすことのできない要素であった。人格の完成した状態にあっては、身体は精神に従い、精神が命ずる道徳的な行為を個人が実行する、ということが期待された。そのために、身体の教育は個人の人格の形成に対して「間接的な」貢献をすると考えられた。その後、アーノルドとクーベルタンは、このような考え方をグーツムーツ以上に優れた、精緻なものにまとめることはできなかった。

身体の教育には、グーツムーツの3つの教育学的運動が含まれている。それは、体操運動、手工芸、「若者の社会的ゲーム」であった。この最後のものは「運動」ゲームであり、特にボールゲームであった。グーツムーツが（1796年の著書に）収録したゲームのなかでは、3つの英国式ボールゲームが尊重されていた。1つは、ファイブズと呼ばれる一種の手によるゲームであった。これは手のひらでボールを扱い、最初は教会の壁に向かってプレーするものだったが、後にはパブリック・スクールの特別なコートでプレーされた。2つ目はラウンダーズと呼ばれる英国式のベースボールで、3つ目はクリケットの系統のゲームだった。

グーツムーツは、身体と精神の修練に教育学的正当性を与えた。そして、英国式の若者のゲームを含めることで、その考えは後に英国パブリック・スクールの改革のなかに取り入れられ、身体運動やゲーム、後にはフットボールが学校のなかで行われるようになる。このような意味で、グーツムーツは身体と精神の調和ある教育という思想の歴史的基礎をつくった。

グーツムーツとアーノルドにとって、若者が身体の教育、つまり体育なしに完全な調和ある教育を受けることができるとは考えられないことだった。それぞれの教育学において、体育は人々の道徳的健全さを訓練する方法と考えられていた。2人の教育学は、クリスチャンの教育は単なる精神的態度の育成だけでなく、真に「善きことをなす」ための身体の育成をも、その目的としていた。このような歴史的背景を経て、グーツムーツの教育理論は、100年の後に、オリンピックの思想のなかの教育倫理的側面であり、クーベルタンが「競技的宗教性」と呼んだ考え方に合致したのである。

第5章 オリンピック教育の父と子たち――20世紀

5―1 1896年のアテネ大会から第二次大戦の終戦まで

国際オリンピックの初期の歴史を振り返ることにしよう。クーベルタンが主導権を握ったとき、彼の周りに集まっていた人たちのなかにはディオン神父やラファン師のような聖職者や、最初の国際オリンピック委員会（IOC）を構成するために ヨーロッパ各地から招集されたオリンピックの推進者たちがいた。これらの先駆者たちのなかには、学校の教師（チェコのグーツ-ヤルコフスキー［Guth-Jarkovsky］、ハンガリーのケメニー［Kemeny］）、ストックホルムにおいて新しいスウェーデン体操の教師たちによる教育に関心をもっていた者（ビクター・バルク［Balck］）、セント・ピーターズバークのロシア将校アレクサンダー・ブトフスキー将軍（Butvsky）、クーベルタンと同様に長年にわたって市民社会のなかで若者のスポーツの熱心な推進者であったギリシャのディミトリー・ビケラス（Vikelas）などがいた。

これらの人々のなかで、広い意味の教職に関わっていない唯一の人は、ドイツの科学者ヴィリバルト・ゲップハルト博士（Gebhardt）であったが、彼は教育と平和問題に対して深い関心をもっていた（Hamer, 1971; Huhn,

1992; Naul, 1999a)。

クーベルタンの周りに集まった人たちは、それぞれの母国でオリンピック教育の父と言われるようになる人たちであった。アテネでのオリンピックは長く残る印象を与えた。特にＩＯＣメンバーのなかの教育関係者に強い印象を与えた。ディオン神父はアテネに何人か彼の生徒を同伴した。グーツ-ヤルコフスキー（１９８６年）とフェレンク・ケメニー（１８９７年）は母国でアテネ大会の報告を行い、彼らの学校の子どもたちの教育に大会で受けた刺激を取り入れたいと述べた。

２人の教育者たちは学校の子どもたちを国際オリンピックに出場させることには反対していたが、学校がオリンピックの選手の「養成校」になることは望んでいた。英国式スポーツは学校で推進されるべきものであり、試合とトーナメントは準備され実行されるべきものであって、

図4／1896年アテネでの最初の国際オリンピック委員会(IOC)のメンバー
写真提供：Getty Images
後列の立っている人：左から、ヴィリバルト・ゲップハルト博士(ドイツ)、ジフィ・グーツ-ヤルコフスキー(ボヘミア/チェコ)、フェレンク・ケメニー(ハンガリー)、ビクター・バルク将軍(スウェーデン)。
前列の座っている人：左から、ピエール・ド・クーベルタン男爵(フランス)、ディミトリー・ビケラス(ギリシャ)、アレクサンダー・ブトフスキー将軍(ロシア)。

ケメニーは優れた生徒のために国内のオリンピック大会を開くことまで行った。1890年代後半から20世紀初頭にかけて、ドイツの多くの町では学校児童と青少年のための体操とスポーツの競技会が、「祖国の祭のゲーム(Fatherland Festival Games)」という名のもとに開かれ、また独仏戦争（1870~1871年）の勝利とドイツ帝国統一を記念した「セダン・デイ」の祝祭行事としても開かれた。年に一度のセダン・デイの祭における若者の儀式と身体活動（Naul, 1989）には、すでにオリンピズムの痕跡がみられていた。なぜならば、地域の試合のベスト・アスリートたちは、4年に一度首都ベルリンで開かれた「国内オリンピック」に参加することになっていたからである（Naul, 1997）。このような流れのなかで、中等学校の自由な「ゲームの午後（主に水曜日）」に課外のゲームやスポーツが支持されるようになった。1904年、ヴィリバルト・ゲップハルト博士は学校で正規の体操の授業を3時間行うことで、オリンピック教育の記念すべき一里塚を打ち立てた。

1904年3月、ゲップハルトとドイツ国内でオリンピック・ムーブメントに以前反対していた人たち（Naul, 1999b）は、ドイツで最初となる常設のオリンピック委員会を設立した。それは「オリンピックのためのドイツ帝国委員会（DRAfOS）」と名づけられた。これが永続的な団体として世界で初めて設立された国内オリンピック委員会（NOC）であった。この1か月後の1904年4月、IOC代表団のリーダーとしてセントルイスのオリンピックに出発する直前、ニュルンベルクで開かれた健康教育の最初の国際会議で「オリンピック・ムーブメントと学校」という題目での招待講演を、ゲップハルトは受け入れた。

ゲップハルトは挨拶のなかで、最高の学問教育を受けた人々が、これまで「スポーツ、ゲーム、体操の教育的価値と道徳的好影響」を認識していないことを批判した。そして、「身体への配慮は人格の陶冶にとって極めて重要な前提条件であり」、それは「勇気、自信、穏健さと、感情のコントロール、そしてその他の男性的美徳」を育てることに役立つ、と述べた。このような文脈のなかで、ゲップハルトは、当時はオリンピック教育という言葉は使わなかったものの、現代のオリンピック教育にあたる教育の3つの中心的機能をあげている。

・個人に対して「調和と平静さ」をもたらす効果があるという「身体運動の社会的意義」
・「立派に軍務に就けるようにするための身体訓練の国家的価値」
・「国際的機能は、さまざまな国が国家間の偏見を捨て、排他的愛国心を防いで、交流できるようにすること」

(Gebhardt, 1904, pp.109-110)

ゲップハルトは、新しく設立されたＤＲＡｆＯＳが学校におけるオリンピック教育をどのように考えていたかについて、次のようにはっきりと述べている。「特に、われわれの組織は現在の授業と教育システムの改革に助力することを望んでいる。いわゆる〝学問的教育〟が過度に支配的な現状は変えられなければならない。身体的教育は学問的教育に並んで、同等の位置が与えられるべきである」(Gebhardt, 1904, p.113)。ゲップハルトは、学問的教育と身体的教育を同等に行うことを「調和のとれた教育」と考えた。この考えは古代ギリシャのギムナジウム（体育場）の理想にならったものでもあった。彼は「確かに、古代ギリシャは身体と知性と人格を平等に訓練する、調和のある教育をもっていた」と述べた(Gebhardt, 1904, p.114)。

ゲップハルトにとって体育は、アルコール、タバコや「その他の毒物」の摂取とは反対の方向を目指していた。ゲップハルトはまた、「太陽の光と新鮮な大気」のなかで行われる身体運動に対して、屋内の体操が優勢な状況を批判した。彼の考えは、ドイツの中等学校で行われる教育は調和のとれた教育になっていくべきであり、それらの学校の体育もまたスポーツをもっと多く取り入れたほうがよいというものであった。そして次のように述べている。「生徒たちは学校では体操を行うのと同じように、スポーツを行うことが奨励されるとよい。特に漕艇、陸上競技、ハイキングなどが奨励されるとよい」(Gebhardt, 1904, p.115)。クーベルタンと同様、ゲップハルトはドイツの学校教育の改革には英国の学校がモデルになると考え、生徒たちのスポーツへの参加は男らしい人格の訓練の基礎になるものと考えた。

ゲップハルトは、「オリンピック・ムーブメントと学校」に関する話の結論として、以下の5つの指針を述べた。

（1）「午後の授業と宿題は廃止して、午後は自由なゲーム活動の時間にあてる。学問の先生はそれらのゲームに参加し、さらには運営に関わることが望まれる。

（2）試験は、できるだけやらないほうがよい。知識と同様の重要さをもって身体技能も評価されるべきである。

（3）可能であれば、学問の授業は戸外で行われるとよい。このわれわれのモデルは、古代ギリシャの逍遥学派である。

（4）生徒は、身体の成長、肺活量、心臓機能を調べるために、一年に一度は医学的検査を受けるべきである。

（5）基礎的な健康教育の授業が行われるべきである。特に、太陽の光と新鮮な空気の効果、身体を清潔に保つことの効果、運動と休息の方法などとともに、アルコール飲料の摂取や喫煙などによる大きな害についても教えられなければならない。栄養の量と質も、このような教科の重要な内容である」(Gebhardt, 1904, p.116)

オリンピック・ムーブメントの思想に基づいた、ゲップハルトの学校教育改革の要求の裏には、彼なりの判断基準や価値観があったのだが、当時のＩＯＣの他のメンバーの考えを代表したものではなかった。この時代にゲップハルトは、アメリカの「公衆衛生運動」の深い知識をもった学術博士として、さらなる一歩を進めていった。彼は自分の仲間の教育的価値システムに同調すると同時に、オリンピック精神に基づくスポーツ的人格形成のなかに、健康で活動的なライフスタイルという教育的思想を取り入れていった。学校はスポーツを行う生徒の栄養補給の健康的な方法を教えるとともに、若者の発達状態を定期的に検査し指導するべきだと、彼は主張した。

本書の第I部では、IOCのオリンピックの価値教育プログラム（OVEP）によるオリンピック教育の近年の発展を振り返った。そこには生活全般にわたり活動的でスポーツを愛好する生活スタイルという考えが、台頭していることがみられた。今われわれは、これら100年前のビジョンを評価し、本当に称えることができる。

オリンピック・ムーブメントの流れのなかで、ゲップハルトはドイツの学校教育に、古代における教育の学問的教育と身体的教育の調和のある理想を取り込むことを欲しただけではなく、英国パブリック・スクールの教育的理想をも取り入れようとした。その一方で、1つの新しい考えを支持していた。それは彼自身の考えでもあったのだが、健康教育の理論と実践であった。そのような考えは今日では、オリンピックの理念の1つでもあるスポーツを愛好するライフスタイルを実現するために、欠かせないものになっている。われわれはゲップハルトを、すべての児童・生徒の健康でスポーツを愛好するライフスタイルの教育を含む、現代のオリンピック教育の先駆者とみることができる。ゲップハルトの主張が、ドイツの学校改革に伴う新しい体育の実践のなかで実行されるようになるまでには、20年の年月を待たねばならなかった。彼の着想がドイツのみならずヨーロッパの他の国々にまで影響を及ぼしたことを考えると、彼もまたオリンピック教育の父たちの一人と数えられなければならない。

ドイツにおける初期のオリンピック・ムーブメントが学校での体操に与えた最初の影響は、1912年のストックホルム・オリンピック後のプロシアにみることができる。1913年、カール・ディームがDRAfOS委員会の事務局長であり、1916年オリンピックの準備責任者だったとき、高等学校と師範学校で「オリンピック・テスト・コンテスト」を実施する初めての呼びかけをした。そして、第一次大戦前にコンテストは実施された（Lennartz, 1978, p.123f）。

1922年には、クーベルタンは彼の有名な著書である『スポーツ教育学（*La' Pedagogie Sportive*）』のなかで、人格と品性の形成を目的とした、ゲームやスポーツを用いた教育の価値を述べている。これは、今われわれが「オリンピック教育」と呼ぼうとしているものである。1920年代後半に、この本のドイツでの翻訳書に付けられた表題は『スポーツ教育（*Sportiche Erziehung*）』であった（Coubertin, 1928）。しかし、いわゆる「ワイマール共和国」の時代（1919〜1932年）に「スポーツ教育」と訳されたクーベルタンのこの本は、ドイツにおいても他の国においてもオリンピック教育の開始を意味するものとはならなかった。

クーベルタンの本が翻訳される数年前、オリンピズムの支持者であるドイツ人のカール・ディームは、すでにゲームやスポーツによる人格形成の考えを進めていた（Diem, 1925）。この時期、彼はドイツ・スポーツ協会のなかで児童・少年のスポーツの強力な推進者になっていた。

ディームにとって「パーソナリティー（人格）」は「価値的な概念」であった。パーソナリティーは身体運動を通して持続的に育成されることが望ましいと彼は考え、次のように述べた。「すべての身体運動は同時に精神、徳性、魂のための運動である」（Diem, 1925, p.31）。体育は勇気、自信、平常心、決断力、意志力、チームワークや公正さなどの人格特性を発達させ、強化することを目的としていた。学校での体育授業に大きな影響力をもっていたのは、エドムント・ノイエンドルフ（Neuendorff）の『学校体操の方法（*Methodology of School Gymnastics*）』（1928年）という著書だった。この本のなかで、彼は「競争的体操」という言葉を使った。この言葉が意味したのは、走・跳・投などの軽い運動競技であった。また「ゲーム」のカテゴリーには、野球に似たラウンダーズ、バレーボールの一種であるフィストボール、フィールド・ハンドボール、それに加えて英国のフットボールのような「スポーツ・ゲーム」が含まれていた。これら2つの教材カテゴリーに加えて、デンマークのニルス・ブック（Bukh）の特別な体操（いわゆるデンマーク体操）は、ワイマール共和国時代のプロシアにおける少年学校の時間割の構成と方向に大きな影響を与えた（Geßmann, 1987）。

ノイエンドルフは、体育の「目的」として以下の4点をあげた。それらは、（1）健康の維持と増進、（2）人格の形成、（3）社会的責任感の強化、（4）活力の増進であった（Neuendorff, 1928, p.7）。この新しい学校体育は、調和のある包括的な教育の一部となった。このような体育の出現は、オリンピックの創始者たちが抱いていた重要な目標の1つが実現したことでもあった。学校の成績表のなかで体育の成績は、上級学校へ進学するためには重要なものであった。新しく導入された体操の試験に合格しなければ、生徒は卒業証書をもらうことはできなかった。つまり、すべての児童に必須の試験であり、それは陸上競技と体操を含む5種競技で、学校の最終学年に体操・スポーツ祭として実施された。

ワイマール共和国の時代には、ノイエンドルフやディームらの指導によって、ドイツでは若者の体操、ゲーム、スポーツが学校のなかと、当時数を増やしていたスポーツクラブのなかにしっかりとした根を下ろした。これらのスポーツクラブは現在ではクラブのなかにユース部門をもつようになり、ドイツにおけるスポーツ組織の特徴として国際的にも有名になっている。

ワイマール共和国の体育を支持した多くの教師と同じように、ディームとノイエンドルフも、身体と精神の調和ある発達に関心をもった。自発性や意志力が、他の社会的行動力と並んで、推奨されるべき美徳であり人格特性と考えられた。スポーツを重視したこの教育は、身体と精神の調和ある訓練として、多くの社会的行動特性を発達させることを目的としており、今日「オリンピック教育」という言葉のもとで行われる教育の目的にも含まれるものである。しかし、当時は「オリンピック教育」という言葉や概念を考える人はいなかった。

しかし間もなく、1930年代の初めには、体育の政治的制度化が勢いを増して進み始めた（Naul, 2002, p.24）。ディームやノイエンドルフは、体育を第三帝国の政治体制のなかに摩擦なく持ちこんだ。個々人の調和ある陶冶を促進するホリスティック（包括的な）教育の一部であった彼らの新しい体育は、政治的な身体訓練に変わってしまい、調和を崩し、国家社会主義アーリアン（ナチス）の身体訓練への道を開いた。ベルリン・オリンピック後の1937年には、週5時間にまで拡張された学校におけるナチスの身体訓練は、政治的イデオロギーによって、学校の最重要科目にまでなった。その政治的目的は、民族の自覚、リーダーシップ、軍人にふさわしい忍耐、英雄的な身体の強健さなどを養成することだった。ボクシングや重装備を着けた行軍などの能力をナチスに証明してもらわなければ、男子児童は上級学校へ進むための卒業証書をもらうことができなかった。

1936年のオリンピックで、ディームはオリンピックの式典プログラムの準備を担当した。彼は開会式に「オリンピックの若者」と名づけられた祭典的パフォーマンスを取り入れた。「オリンピック全体の要点は何なのだろう？」とディームは考え、次のように述べた。「若者の剣舞はその疑問に答えるだろう。それは、現代のオリンピックが手本としている古代オリンピックの崇高な内容と同じように崇高なものである。大会の神聖な目的は祖国の偉大な名誉であり、困難な時代における祖国の最大の要請は自己犠牲である」（Diem, 1942, p.282）。

1938年、ディームがクーベルタンからオリンピズムの伝道者の立場を引き継いだとき、彼の心はすでにオリンピックの思想である教育的倫理観から離れてしまっていた。実際、彼の心はオリンピアの競技者からは極めて遠く離れ、スパルタの兵士たちの近くにあった。だから、ディームがある自分の論文の最後で、スパルタの戦争の英雄を歌ったテュルタイオス（Tyrtaeus）の詩を引用していることは、驚くべきことではない。「ボーティアスは死んだ。高潔な武人であった彼は前線で祖国のために戦い、祖国のために死んだ」(Diem, 1942, p.987)。この時期には、1935年にクーベルタン自身によって書かれた、教育におけるオリンピズムの原則のいくつかは、ファシストの身体訓練に取り込まれ、1936年のベルリン・オリンピックの式典にも利用された。しかし、それは誤った利用であり、ナチ政権のイデオロギーに染まったものだった。

5-2 第二次大戦の終結から1990年まで—2つのドイツの対立のなかでのオリンピック教育

第二次大戦の後、ドイツは40年にわたって分断された。西側はドイツ連邦共和国(西ドイツ)、東側はドイツ民主共和国(東ドイツ)となった*。1949年には、西ドイツに「ドイツ・オリンピック委員会」(NOK)が設立され、1950年には、さまざまなスポーツをまとめた「ドイツ・スポーツ連盟」(DSB)と、その下部組織である若者の協会の「ドイツ・スポーツ・ユース」(DSJ)ができた。「ドイツ・オリンピック協会」(DOG)は、1951年に設立された。これらのうち3つの団体(NOK、DSJ、DOG)が、オリンピックの理念の中心的支持者になっていった。一方、DSBは体育の推進に強力な働きをし、1970年からは学校スポーツに力を入れている。

*訳注：日本の読者のために、再統合前のドイツの地図を次ページに示した。

東ドイツのスポーツ関連組織も、およそ似たような順番で設立されていったが、異なるイデオロギーのもとにつくられた。オリンピック委員会は１９５１年に設立されたが、その前に若者のための組織である「自由ドイツ・ユース」ができていた。「ドイツ・スポーツ委員会」（ＤＳＡ）は１９５７年になって、初めて東ドイツのスポーツ全体の親組織である「ドイツ体操・スポーツ連盟」（ＤＴＳＢ）になった。

第二次大戦後の西ドイツは、３つの時代に区分することができる。それぞれの時代は、学校の体育に関してもオリンピック教育に関しても、教育的課題と目標をもち続けてきた。しかし、これら３つの時代において、学校におけるゲームやスポーツの人格形成の機能は、異なった方法で強調されてきた。つまり、個人の行動に対して期待される社会的美徳や道徳的原則に変化があったのである。

戦後の１９５０～１９６６年の時期は、「体育の教材の窮乏と個人の人格形成の強調の時代」とも呼ばれる（Hardman & Naul, 2002, p.36）。この時期の学校体育のさまざまな指導法(Kurz, 1977）や、連邦各州の体育のカリキュラムやガイドラ

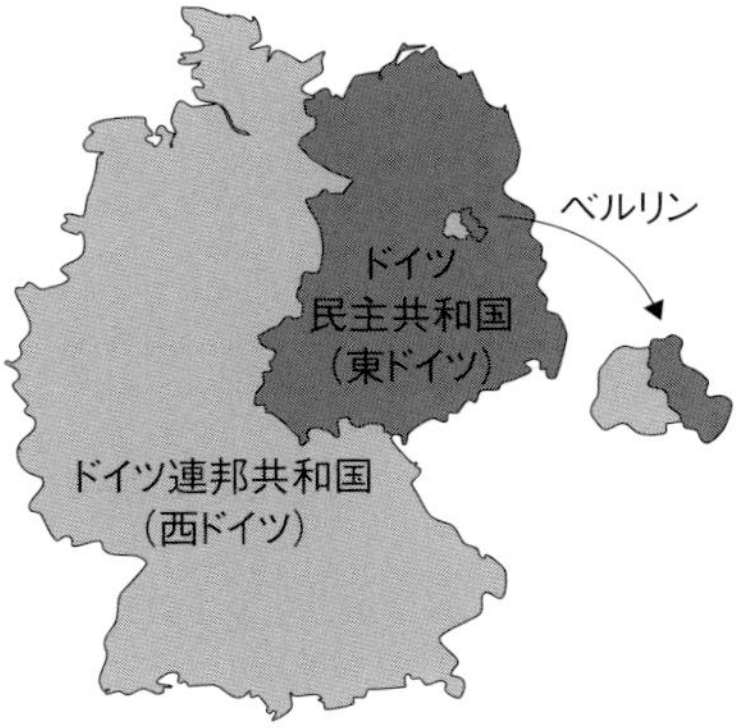

出典：ドイツ総領事館のホームページより作成

イン（Naul & Großbröhmer, 1996）は、スポーツの人格形成機能のようなオリンピック教育の特定の要素を繰り返し強調した。そこでは、青少年の教育のために、物事を進んで実行する自発性や達成することに喜びを感じることなどの、積極的な原則が重要視された。この1つの例として、ドイツ最大の州であるノルトライン-ヴェストファーレン州における体育カリキュラムからの抜粋を示す。これは1960年代には他の州でも評判を得た。

「体育の学習課題は相互に関連し補い合っている。
（1）身体的トレーニングは姿勢と身体への気づきを高め、運動の効果への理解を高める。
（2）運動の練習は身体の自然な可動性を高め、調整力を増進することで動きの確実さを高める。
（3）パフォーマンスを高めることは、生徒たちに進歩の経験をさせる。そのことは、実行への自主性と達成の喜びを発達させる。
（4）運動のフォームの練習は、想像しそれを形にする力を高め、創造的なアイディアをもつことの喜びに目覚めさせる」（KM NRW, 1960, p.3）

1920年代と同様、1960年代に入っても「オリンピック教育（Olympic education）」という言葉を使う人はいなかった。しかし、学校体育の課題や目標は、現在「オリンピックの理念」と呼ばれている社会的・道徳的原則に対応するものであり、それらはオリンピックに関する教育プログラムを通して達成されると期待されていた。

現在はＤＯＧが、児童と青少年のためにオリンピックの思想を広める主要な機関になっており、学校やクラブにおける多くの若者のスポーツ・ファンに対して、さまざまなキャンペーンを行うことや、２つのドイツが統一チームをつくるために、別々に選手選考の予選を行った過去（１９５６、１９６０、１９６４年）のオリンピックの映像を見せたりしている。ＤＯＧは、「ゴールデン・プラン」の法的裏づけもあり、１９５９年以来25年間、地域のスポーツ施設の整備推進運動を成功裏に進めてきたが、オリンピックの思想の普及という点ではほとんど何もしてこなかった。１９８０年代の中頃になってようやく、さまざまな形での「フェアプレー・キャンペーン」を行うようになった（Lämmer & Waters, 1997）。このことはＤＯＧが、オリンピックの理念の分野に対する関心の度合いを高めたことを示すものと、考えることができる。

東ドイツでは、体育の強化が大きな勢いで進められた。マルクス主義者の身体訓練と、東ドイツの「ソヴィエト化」の流れのなかで、１９５２年以降、体育は教育における社会主義者の全般的修養の必須の部分になった。体育は愛国的教科として、資本主義者の帝国主義に対する社会主義の成果を証明し、西ドイツの失地奪回政策に対抗することを意図して強化された。社会主義者の伝統保持政策によって体育は一時的にではあるが、「体操（Gymnastics）」と変えられた（１９５７年）。しかし、ベルリンの壁の構築後、高等専門学校では「体育」という名前に戻され、１９６５年からは公式に「スポーツ（Sport）」という科目になった。この名前の変更の裏には、体育の指導についての新しい考えが隠されていた。それは、子どもの運動成績を向上させるために、基礎的運動技能を訓練するというものであった（Hinsching, 1997）。

ソ連が初めてオリンピックに参加したのは、１９５２年のヘルシンキ大会であった。他の社会主義国も参加を許されたが、東ドイツの参加は許されなかった。ＩＯＣはオリンピックでドイツを代表するチームをどのように構成したらよいかという高度に政治的な難問を、ソロモンの知恵による判断で解決した。その解決案は次のようなものであった。東西両ドイツは、それぞれに予選をやって最も優れた競技者でドイツ合同チームを組織する。旗は黒、赤、金色の三色旗にして、赤のところを白い五輪をつけたものを使う。そして、合同チームの国歌は、ベートーベンの第九交響曲の『歓喜の歌』を使用することであった。1956年のメルボルン（冬季：コルチナ・ダンペッツオ）から1964年の東京（冬季：インスブルック）での大会までは、ドイツ合同チームが存続した。この時期には出場資格を獲得する試合が極めて重要なものとなった。東西いずれが多くの選手をオリンピックに送れるか、そしていずれが多くのメダルを獲得して帰国できるかなどに、両地域の名声と威信がかかっていた。

東ドイツにおいて学校は、早くから東の共産主義と西の民主主義という政治体制間のオリンピックの競争に引きずりこまれていた。1950年代後半には、才能のある子どもたちを将来のオリンピック・チャンピオンにするため、子どもと青少年のための特別な学校ができていた。それは有名にもなり、ある程度の成功をおさめた。スポーツの才能に優れた少年・少女は「学校課外スポーツ協会（SSG）」によって見いだされ、子どもたちの近くの「トレーニング・センター」に紹介された。「トレーニング・センター」で特に優れていると認められた子どもの親たちのみが、子どもたちをさらに専門化した寄宿スポーツ学校へ送りたいかどうかを尋ねられた。親たちはそのような誘いに応ずることで、特別な報奨を期待できた。たとえば、家族は10年も12年も順番を待つことなしに、長年待ち望んだ小型車「トラヴァント（トラヴィ）」を買う権利が与えられたり、何度も申請が拒否されたバルチック海の労働組合保養所での夏休みの許可をもらえたりした（Naul, 1992）。

東ドイツは、スポーツでの勝利の数を増やしていっただけではなく、スポーツに関する政治の分野でも成功をおさめていった。1965年、IOCは東ドイツ・オリンピック委員会を承認する決定をした。その結果、東ドイツは独自のチームで、自らの国旗と国歌（ベッヒャー作詞『廃墟からの復活』）をもってオリンピックに参加できるようになった。その政治的な決定の1年後の1966年、IOCは1972年のオリンピックを西ドイツのミュンヘンで開催することを決定した。それをきっかけに戦いは始まった。1968年からは2つのドイツ・チームが互いに争うことになり、ミュンヘンでは2つの政治体制がスポーツでの優秀さを示すために戦った。

IOCによるこの2つの決定によって、西ドイツもまた競技スポーツの推進に向け、多くの断固とした改革を開始した。その1つは、伝統的な学校体育を「学校スポーツ（school sports）」という新しい教科名に変えることであった。そこでの新しい目的は、スポーツの才能のある子どもの発掘と育成であった。東ドイツで成功した児童のスポーツ学校を西ドイツも見逃すことはなかった。西ドイツの学校制度のなかにも、独自のスポーツクラスや、能力別スポーツクラスが開かれ、スポーツを専攻する高等学校も開設された。

新しくつくられた「学校スポーツ」という教科には、「オリンピック」というテーマが取り入れられた。この1つの重要な例は、1972年に西ドイツの高等学校の教科改革にみられた。この年はミュンヘン・オリンピックの年であるが、最初にババリア州とノルトライン-ヴェストファーレン州が、続いて他の西ドイツの諸州が、「スポーツ」という教科を大学進学証明（アビツア）をとるための選択科目に加え、第二専攻科目あるいは第四専攻科目（基礎科目）として、それぞれ週に6時間あるいは5時間履修することを認めるようになった「スポーツ種目専攻の科目」のためのカリキュラムには、「スポーツの一般理論」の授業が週2回準備された。それらの授業テーマの1つに「オリンピック」があった（Curriculum for Sport 1972, pp.62-63）。たとえば、高等学校に新しくつくられた「第三領域」のスポーツ科目のガイドラインには、使用できるさまざまな話題が示唆されている。それらの話題のうちの1つは、「オリンピックの伝統、現状、将来展望」である（KM NRW 1981, Vol. V, p.39）。

ＤＯＧによって１９７１年に出版され有名な『オリンピック読本（*Olympic Reader*）』もまた、小中学校の教育者のためにドイツ語での助言と教材を提供した。

西ドイツの雑誌や新聞は、「ドイツ人とドイツ人の兄弟・姉妹」（すなわち西ドイツと東ドイツの人たち）の間で行われることになる友好的なオリンピックの競技を取り上げて、次のようなコメントを書いた。「われわれはいまミュンヘンにスタジアムをつくっているが、東ドイツの選手たちにそこでメダルを取ってもらうためか？」。１９６８年、週刊誌『シュテルン』の編集者ヘンリー・ナネンは新しい学校生徒の競技会を立ち上げた。それは「オリンピックに向けた若者のトレーニング（Young people training for the Olympics）」というものであり、ドイツ連邦諸州文部大臣会議に引き継がれ、東ドイツの「スパルタキアード（Spartakiade）」に匹敵するような競技会になった。

１９６０年代におけるスポーツ政策の変化は、全般的な方向づけの変化に及び、１９６８年以降は新しい形の学校スポーツをつくり始めた。この方向づけの変化は、学校体育における目標としての人格形成の変化にも表れた。それらの変化を次の３つにまとめることができる（Hardman & Naul, 2002, pp.36-50）。

（１）１９６０年代の終わりには、学校と社会の変化とともに、目標とした教育的理想に反する行動が一部の子どもたちにみられるようになった。そのことは西ドイツにおいて、ゲームやスポーツを中心とした体育によって人格形成の教育ができるだろう、という主張に真剣な疑いを引き起こした。

（2）1960年代の中頃、東西の政治制度が異なるドイツ人同士の戦いは、競技スポーツの急速な強化の必要性をもたらした。オリンピックはもちろん、学校のスポーツまで強化の対象になった。重要なことは、運動技能で才能のある児童を探し出し、学校で適切なサポートを与えることだった。新しくつくられた「オリンピックに向けた若者のトレーニング」という学校児童・生徒の競技会の主な目的は、1972年のミュンヘン・オリンピックに向けての選手養成であり、オリンピックの理念に向かう教育としての、スポーツを通しての道徳的人格の育成への関心は第一の目的ではなかった。オリンピックで勝つためのトレーニングは、オリンピックの理念の教育より重要であった（Walker, 1992）。

（3）大人が意図したスポーツマン的人格形成という目標が、多くの学校児童によって十分には達成されていない現状をみて、新しい学校スポーツの教授法は、スポーツと社会の変化する状況では、旧来の教育課題を時代に合わせて復旧することではもはや間に合わないと考えられた。それに代わって、子どもや若者が自由時間において学校外でのスポーツへ社会参加する、という方法が考えられた。ノルトライン-ヴェストファーレン州の1960年のカリキュラムにすでに示されたように、年少者のスポーツの教育目標は、個人のスポーツ参加への道を大きく開いた。そこでは、できるだけ長時間、できるだけ活発に、学校でも、学校の外でも、学校を卒業しても、幅広いスポーツ種目を試み、そして学ぶことが目標とされた。

このようにして、1968年以降のスポーツと学校と社会の変動に伴って、以前の「体育の教材の窮乏と個人の人格形成の強調の時代」は、「スポーツ活動への個人の参加を強調するスポーツ行動の時代」に変わっていった（Kutz, 1987）。この第二の時代は、1970年代の終わりから1990年頃までと考えられる。この時代には、社会的美徳や道徳的行動は「カルチャー（修養）」としてまとめられていたが、そのような修養をゲームやスポーツに期待する程度は低くなっていた。修養という言葉は体育の目標のごく小さな一部として語られるだけで、スポーツを通しての人格形成という主張はみられなくなった。ノルトライン-ヴェストファーレン州の「スポーツ」教科の1980年の指針とカリキュラムからの以下の引用は、この変化の過程を明確にするのに役立つであろう。

「学校スポーツは、主としてスポーツに関する特別の分野の専門的教授と考える人がいると同時に、パーソナリティー（人格）の発達に対するスポーツの全般的貢献を強く期待している人もいる。これらの指針とカリキュラムは、これら2つの立場の中間の見解をとっている。……学校スポーツが、子どもたちに生活を豊かにする方法で行動することを学ばせるならば、貴重な教育的貢献をする、とわれわれは考える。この全般的な目的を言い表すために、われわれは〝スポーツにおいて行動する能力〟という言葉を使うことができるだろう」（KM NRW, 1980, Vol.1, p.8）

「スポーツにおいて行動する能力」は、単に運動技能とテクニックを進歩させることにとどまらず、スポーツを身体活動としてみるならば、さまざまな観点からの教育的目的が立てられるはずである。それにもかかわらず、あるいは、それゆえに、1970年代から1990年代までの20年間は、オリンピック教育が生まれる時期となった、と考えられる。2つのドイツでは、クーベルタンの遺産を振り返り、東ドイツでは彼のオリンピズムのいくつかの原則を社会主義者のスポーツ教育の目標のなかに組み入れ、西ドイツでは体育の伝統的目標を修正していった。

先駆者のノーバート・ミューラーは、「オリンピック教育」という言葉を明確に使用した最初の人物であった。この言葉は、クーベルタンのスポーツの教育的重要性への関心を思い出させるものだった。しかしながら、クーベルタンのさまざまな創造的時期を、オリンピックの発展との関連で分析した彼の結論は、節度ある冷静なものであった。

「クーベルタンが教育的課題を担わせたオリンピック・ムーブメントは、世界的な重要性をもちながらも、今日ではもはや、1世紀前にクーベルタンが行ったようには実行できなくなっている」(Müller, 1975, p.138)

東ドイツでは、学校スポーツに関連して「オリンピック教育」という言葉が使われたことはなく、「オリンピック教育」の名にふさわしい教育学的方法も存在していなかったが、学校スポーツのなかでオリンピックの理念や歴史が扱われる機会は存在した。学校スポーツのなかでスポーツ政策、スポーツの歴史、オリンピックについての知識に関する教育が行われる際に、オリンピックの理念にも触れることができた。

1972年の東ドイツにおけるスポーツ教育の新しい公式カリキュラムでは、10学年の生徒は、「オリンピックの理念―社会主義国家のその実現への貢献」というようなテーマの授業を受けた(Budzisch, 1976, p.86)。フォーブリックは、このテーマの授業教材の1つの例として「東ドイツにおけるスポーツ促進―オリンピックの理念とオリンピック・ムーブメントの原則の擁護」というような教材をあげている。この教材を教えるときに教師に期待されている導入発問のいくつかは次のようなものであった。「どうして私たちは、オリンピック・チャンピオンを誇りに思うのでしょうか?」「オリンピック・ムーブメントの意図と目的は何でしょうか?」「東ドイツにおけるスポーツ振興運動は、オリンピック・ムーブメントの目的をどのように支持し実現させる役に立つのでしょうか？」「オリンピックで東ドイツや社会主義国がたくさんメダルを取ったとき、私たちが嬉しく思うのはなぜでしょうか？」(Forbrig, 1976, p.96-97)。

このように、学校でオリンピックの大会やオリンピックの理念に関する知識を教えることは、まったく新しいことではなかった。東ドイツや他の「社会主義国」の学校スポーツでは、１９７０年代、１９８０年代にも、「知識の伝達」としてオリンピックが話題に取り上げられていた。そこでは、「ヒューマニズムの精神や国際親善や平和」の促進などを内容とするオリンピック教育にも力点が置かれていた (Bäskau, 1988, p.144)。このようなメッセージは、東ドイツや他の社会主義国の課外スポーツのなかでも強調された。それが形となったものは、１９６６年から2年ごとに東ドイツで開催された子どもと若者のためのスパルタキアードであった (Simon, 1986; Bäskau, 1992)。このような知識を伝達する特別の目的は国家的な政治教育のためであった。その教育のなかでは、オリンピックの原則が社会主義政治と矛盾しないことが指摘された (Eichel, 1970)。ロシアの体育中央研究所も同じように考えていた。

「ソ連のスポーツ諸組織は、オリンピック・ムーブメントとオリンピックを、異なる社会・政治体制の国々の間の平和的共存という、ソ連の外交政策の根底にある、レーニン主義の原則を実現することに役立つと考えている」(Neverkovich, 1988, p.173)

オリンピック・ムーブメントがボイコットされた時期（１９７６〜１９８４年）は、ＩＯＣがオリンピックとその歴史的・教育的意義を広く宣伝する効果的な一歩を踏み出すことに役に立ったようであった。この時期の１

つの重要な戦略は、できるだけ多くの国に「オリンピック・アカデミー」を開設したことであった。このアカデミーの仕事は、オリンピックの年にオリンピックの理念とオリンピックの大会への関心を国内的にも国際的にも高めるための学校教材をつくることであった。

1988年のカルガリー冬季オリンピックは、オリンピック教育を方向づける重要なポイントとなった。このとき、カナダ・ロイヤル銀行が学校におけるオリンピック教育キャンペーンの最初のスポンサーとなった(Spears, 1897; Rawes, 1988)。同じ時期にドイツでは、最初の試験的なプロジェクトが行われていた。そのプロジェクトは「オリンピック週間」という形で行われ、ラインラント-プファルツ州の多くの小学校が参加した。さらに、ソウル・オリンピックのときには、このプロジェクトは州全体に広がり、ドイツ・オリンピック委員会による最初の授業用小冊子が出版された(NOK, 1988)。

1980年代の中頃以降、初期の学校におけるオリンピック教育の発展期ではみられなかった問題が、さまざまな批判の対象になった。それらの批判は、競技スポーツやレクリエーション・スポーツを、学外の組織された集団で教える専門家の指導態度に関するものだった。われわれは、ここに2つの代表的な主張をあげることができる。1つは、古いスタイルの体育の失われた教育力を再生しようとする主張であり、もう1つは、スポーツ指導の目的を「技能的スポーツ」の習得という目標から、身体の基礎的動きを経験することという目標へと変化させる主張であった。後者の目標は、1990年代初頭の「第三の局面」への道を準備した。

第一の主張の基本は、スポーツのポスト・モダン的批判に基づいている。その批判は、人間の運動技能のレパートリーが退化し始めており、運動の初歩的形態、つまり基礎運動パターンの発達と、それによる多様な身体的経験の発展を妨げ、結果として発達阻害をもたらすという主張である。その論拠は、ゲームなどのスポーツに関連した活動能力に関心を集中することは、実行できる運動形態の種類や範囲を狭め、そのことが結果として、スポーツの能力や経験をも限定するというものであった（Frankfurter Arebitsgruppe, 1982; Funke, 1983; Beckers, 1987）。スポーツという言葉の意味を、より一般的な「動きという概念」を含めるところまで拡張し、スポーツの本質や運動のフォームというものを伝統的なものから離れて考える「脱スポーツ化」することによってのみ、スポーツは十分な教育的存在意義を取り戻すことができる、と主張された。

第二の主張は、１９８０年代中頃に始まった。この主張は、第一の主張とは別の観点からなされた。スポーツの教育的役割の低下に関して非難されたり批判されたりする原因は、スポーツの概念やスポーツの教育的原則ではなく、スポーツの場に限らず一般の生活で要求される社会的・道徳的発達を、スポーツを通して行うという教育的目標を体育自らが取り下げてしまったところにあった。

伝統的にスポーツに結びつけられた教育と訓練の必要性は、人格形成という目的を失っては教育学的正当性を守ることはできない。なぜならば、現実には、訓練の目的から逸脱した行動をする生徒たちが存在していたからである。

歴史的に振り返ると学校体育のなかでは、このような事例はしばしば起こっており、１９６０年代の終わりには、体育の教育効果の主張は否定されるようになっていた。そこでの批判は、教育的役割は変化した社会、文化、スポーツの状況に対応したスポーツを通した教育における訓練の必要性を低めることではなく、スポーツはその教育の課題・役割を再検討して、学校体育を取りまく社会・文化的状況のもとで時代に合ったものに更新しなければならない、というものであった（Naul, 1987; Prohl, 1991; Stibbe, 1992）。

ドイツの1990年の再統合に続いて、1990年代に進行した「教育的学校スポーツ」のルネッサンスは、古くて新しい教育的課題と「価値の教育」という側面をもちながら、学校でのオリンピック教育の構成要素として、社会的・道徳的教育の必要性を主張し推進する新しい重要な基盤になっていった。

この「教育的学校スポーツ」への復帰の時期（Kurt, 2000）に、オリンピック教育の概念と目的に関する教育学的教授法の論文が現れるようになった（Geßmann, 1992; Grupe, 1993; 1997; Müller, 1998a; Naul, 1998a）。それらの文献のいくつかは、ドイツの国内オリンピック委員会（NOC）によるさまざまな政策と活動の結果として生まれた。他方、『動きの教育』という著作も現れた。それは、スポーツの教育的可能性は、これまでの目標に代わるものを目指したものでなければならず、その目標は脱スポーツ化したスポーツの授業によってのみ再発見できる、と信じる時流に乗って書かれたものであり、「動きの教育（movement education）」を支持していた。このような思潮は「教育的学校スポーツ授業」と名づけられた。ミヒャエル・クリューガーはこのような観点からの批判を「身体の経験」対「オリンピック教育」の対決と簡潔に要約した（Krüger, 2001, p.39）。

オリンピック教育の発展におけるもう1つの前進は、2012年オリンピックにドイツの都市を立候補させることを、ドイツ・オリンピック委員会が2001年12月に決定したことだった。2003年4月の決定を前に、ドイツ国内での候補地を決定する国家的キャンペーンが始まった。

IOCに対してオリンピック開催の国際的申請をするドイツの候補都市となれるように、5つの都市（デュッセルドルフ、フランクフルト、ハンブルグ、ライプツィヒ、シュトゥットガルト）が国内申請をした。そのうちの3つの都市（デュッセルドルフ、フランクフルト、ハンブルグ）は、その申請計画のなかにオリンピック教育の考え方、活動計画、教材の編集案を入れていた。２００３年には、ドイツを代表する候補都市がライプツィヒに決まり、２０１２年のオリンピック開催地の選考で２００４年に敗れるまで、これらの3都市はオリンピック教育推進のためのプロジェクトを学校やクラブで進めていた。

このオリンピック招致競争の間に行われた優れた方法は、デュッセルドルフによる申請書「デュッセルドルフ-ライン-ルール　２０１２」のなかにみることができる。オリンピック教育という白書の形式で、２００２年に国内評価委員会に提出されたオリンピック教育の計画には、基本情報、課題、目標、個々の実施法などが書かれていた（Düsseldorf-Rhine-Ruhl GmbH, 2002; Naul & Gustman, 2003）。この国内での申請競争は、新しいオリンピック教育の概念や、学校におけるオリンピック教育の推進について、専門家間の議論を呼び起こした。また、ドイツのスポーツクラブ制度のなかで伝統的なユース・スポーツ部門における練習やトレーニングに関して、オリンピック教育はどのような要求をするのかについても議論が起こった。しかし、多くのヨーロッパの国々や世界の他の地域での体育の「黄金時代」の後で、１９９０年代はオリンピック教育を世界の異なった階層や文化的背景を超えて普及させるための、真の「スタートの10年」になっていたようである。

■問題

（1）第4、5章で述べられた「調和のとれた発達」や「人格形成」という言葉の意味は、どのようなものだったでしょうか？

（2）第4、5章で紹介されたピエール・ド・クーベルタン、トマス・アーノルド、Ｊ・Ｃ・Ｆ・グーツムーツの教育についての思想の共通点には、どのようなものがあったでしょうか？

（3）W・ゲップハルトのオリンピック教育の考え方が、現代の若者の運動不足や健康な発達状況に対してもつ意義はどのようなものでしょうか？

（4）ピエール・ド・クーベルタンのオリンピズムの思想は、過去の社会主義諸国のスポーツ教育にどのように取り入れられていたでしょうか？

（5）オリンピックに対する過去の政治的「冷戦体制」は、オリンピック教育にどのような影響を与えていたでしょうか？

参考文献

・Coubertin, P. de (2000). *Olympism. Selected Writings* (pp. 51-140). Lausanne: IOC.
・Hughes, Th. (1999). *Tom Brown's Schooldays*. Oxford: University Press.
・Müller, N. (ed.) (1998). *Coubertin and Olympics. Questions for the Future*. Niedernhausen: Schors.
・Mangan, J.A. (1981). *Athleticism in the Victorian and Edwardian Public School*. London: Falmer Press.
・Naul, R. & Hardman, K. (eds.) *Sport and Physcial Education in Germany* (pp. 1-86). London / New York: Routledge.

第Ⅲ部

オリンピック教育の推進

オリンピック教育は、国際オリンピック・ムーブメントと密接に関係している。特に、過去50年の間に国際オリンピック委員会（IOC）によって進められてきた「5段階」とは関係が深い。IOCの執行委員会と2つの優れた専門委員会（第6章）、関連組織である国際オリンピック・アカデミー（IOA、第7章）、世界各国のオリンピック・アカデミー（NOA、第8章）は、すべてオリンピック教育推進の重要機関になった。また大学、大学院、教員養成機関や、大学の内外のオリンピック研究センターなどもオリンピック教育の推進組織になった（第9章）。そして、「オリンピック・ファミリー」のこれらのパートナーたちの間には、公式・非公式のネットワークが構築されていった。

＊　＊　＊

第6章 国際オリンピック委員会

オリンピック教育の推進に関する国際オリンピック委員会（IOC）の直接的活動およびサポートは、「5段階」プログラムのもとで行われてきたが、ここで、さらに2つの専門委員会の活動を加えておきたい。それは、IOCの「文化・オリンピック教育」委員会と「オリンピック・ソリダリティー」委員会によるものである。

さらに加えるならば、IOCによる次の4つの活動は、オリンピック教育の推進を直接的・間接的にサポートしてきた。1つ目はスペインのバルセロナ自治大学のオリンピック研究センターへのサポートである。2つ目はローザンヌのオリンピック・ミュージアムの設立であり、それは記録文書部門、図書部門、教育法の部門という3つの重要な部門を含んでいる。この博物館と関係して、オリンピック休戦財団とアテネのオリンピック休戦センターもつくられた。3つ目は世界アンチ・ドーピング機構（WADA）であり、4つ目はオリンピアにおける国際オリンピック・アカデミー（IOA）の開設であった。

■文化・オリンピック教育委員会

この委員会は、それまでにあった「文化委員会」と「国際オリンピック・アカデミーとオリンピック教育委員会」の統合によって、2000年につくられた。後者は、これまでにも長年にわたって、IOAによるプログラムの準備と資金提供を行ってきている。また、すでに述べた「教育者ハンドブック」を作成したり、1995年にオリンピアで「スポーツ教育と文化」の第1回世界会議を開いた。1999年には、IOCの2つの委員会の統合に先立ち、「文化と平和のための教育とスポーツ」というテーマで、第2回世界会議をユネスコと連携してパリで開いた。統合前の「文化委員会」の責任で行われた企画の1つは、オリンピックに際して文化的プログラムを提供することだった。たとえば、芸術のコンペティション、展覧会、音楽、演劇のイベントを開いたり、「オリンピック・ユース・キャンプ」を開催したりすることである。2000年の統合以降、「スポーツ、文化そして教育」という名のオリンピック会議（2002年第3回ヴィースバーデン／2004年第4回バルセロナ／

２００６年第5回北京）は、上記のような活動への特別な支持を明らかにした。そして「オリンピック教育」という話題はその存在感を増大させ、北京での会議の報告書によってその結果が示された（IOC, 2007a）。

北京の会議における総会や、ほとんどすべての分科会で、オリンピック教育に関する話題が取り上げられた。発表テーマは、「オリンピックの文化的・教育的展望」「オリンピズムと文化的多元主義」「体育とスポーツ」「将来に向けてのオリンピック教育」「クリーンなスポーツのための教育」「オリンピズムと大学」「若者―オリンピック・ムーブメントの将来」「未来へ向けてのオリンピック・アカデミー」、そして「オリンピック教育の実施」などであった。この会議には、関連するＩＯＣの委員会のメンバーや、世界各国のオリンピック委員会（ＮＯＣ）の代表者やスポーツ教育者が、学校やスポーツクラブにおけるオリンピック教育の経験や情報を交換する目的で参加した。会議の最後に、オリンピックの価値と理念の持続的推進をサポートする決議が採択された。また２００８年秋に、韓国で次回の会議を開くことが決定された。

■オリンピック・ソリダリティー委員会

これはＩＯＣの専門委員会である。この委員会は、１９６２年につくられた「国際オリンピック支援委員会（ＣＩＯＡ）と、１９６９年につくられた「各国オリンピック委員会発展のための国際研究所」の合併によって、１９７１年に組織された。アフリカやアジアで新たに独立を獲得した国々に対するこの委員会の役割は、それらの国々に国内オリンピック委員会（ＮＯＣ）を立ち上げる援助をすることだった。１９８０年にサマランチがＩＯＣ会長に選出されると、オリンピック・ソリダリティー（オリンピックの連帯）をサポートする施策は３つの方向に広がっていった。１つはそれらの国の競技者をサポートすることであり、２つ目はコーチの育成と再教育であり、３つ目はアフリカ、アジア、オセアニア、南アメリカ地区のＮＯＣにおいて指導・管理的立場で働く人々に、適切な資格を与えることだった。

これらの施策の実施費用は、ＩＯＣの放送権料によって多くの部分がまかなわれた。サマランチは、この委員会の議長を１９８２年から２００１年まで務めた。世界各国のＮＯＣへの財政的援助は、長く続いた施策として評価される。その施策は各国から指導者や代表者を、オリンピアでのＩＯＡのさまざまなシンポジウムに参加させることに役立った（Girard-Savoy, 2007）。

このような施策は、１９９７年以降、４か年計画で進められた。第２次４か年計画（２００１～２００４年）では、オリンピック・ソリダリティーの仕事は４つの主領域で実行された。「オリンピックの価値と理念を推し広めるための各国ＮＯＣの役割を助けるために、文化と教育のプログラムと各国のスポーツ文化遺産を保護するプログラムが提供された」（Olympic Solidarity, 2000, p.52）。この４か年計画の特筆すべき活動は、教育の新しい強調であり、このことはＩＯＡの課題目録のなかにも含まれた。それは「ＩＯＡは、オリンピズムの高等教育機関であり、オリンピックの歴史を研究し教育するとともに、オリンピズムの価値と理念を広めることに責任をもっている」ということであった（Olympic Solidarity, 2000, p.52）。

２００５年には、第３次４か年計画が始まり、支援施策の組換えが行われ、「オリンピックの価値の普及」プログラムは７つの項目で構成されるようになった。それらは、スポーツ医科学、スポーツと環境、女性とスポーツ、スポーツ・フォー・オール、ＩＯＡ、文化と教育、そして各国ＮＯＣのレガシー（遺産）などの７項目だった（Olympic Solidarity, 2004, pp.40-47）。

この流れのなかで、ＩＯＣによって新しいオリンピックの価値に関する目録と、それを支える施策のダイアグラム（図５）が示された。

■バルセロナ自治大学オリンピック研究センター

バルセロナ自治大学オリンピック研究センターの公式な設立は、１９８９年にＩＯＣ会長であるサマランチによって始められ、ＩＯＣは資金援助を行った。それは「第25回オリンピックの開催都市に立候補したバルセロナの競争を有利にするためであり、そのセンターはオリンピズムとスポーツの研究、専門知識の収集、訓練、情報発信を目的とした」(http://olympicstudies.uab.es/directory/about.htm)。

この研究センターは、オリンピック教育の研究に関心がある個人、研究機関を掲載した「オリンピック研究国際名簿(Olympic Studies International Directory)」というオンライン・データベースを配信している。このサイトには、さらに2つの重要なサービスがある。１つは“flow of message over the internet”と呼ばれる「オリンピック研究フォーラム」であり、そこでは情報交換ができる。もう1つは、この

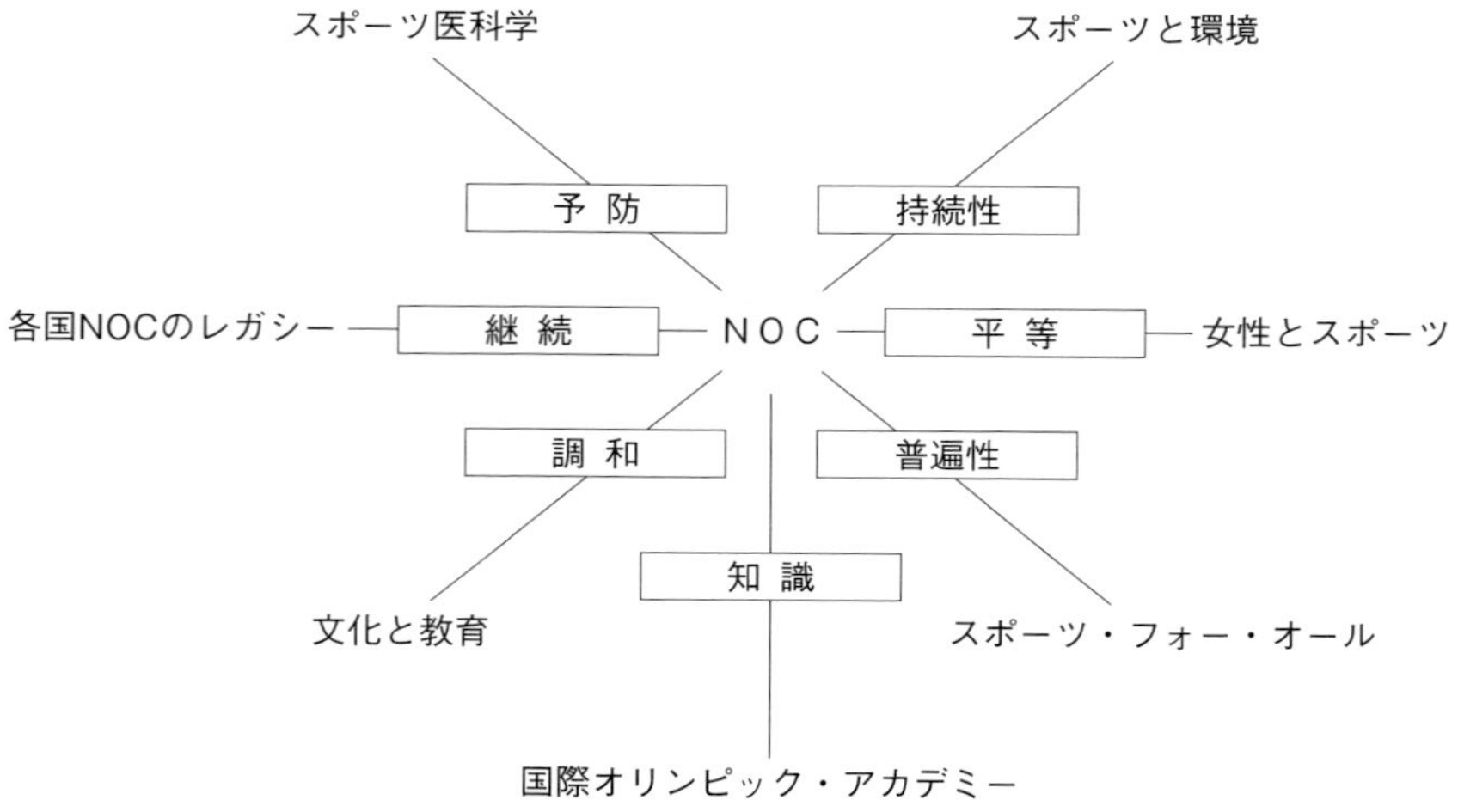

図5／IOCによるオリンピックの価値体系
出典：Olympic.org

センターの客員教授の講義をPDFファイルでダウンロードできることで、これは1995年から始まった。そこには、オリンピック教育をテーマにした4つの講義が収録されている（Kidd, 1996; Müller, 2004; Binder, 2004; Tavares, 2006）。IOCによって開設されたこの研究センターは、世界各国のNOCがオリンピック教育推進・普及にどのように貢献しているのかを調べる研究をIOCのために行った（Moragas, 2007）。ただ残念なことに、この調査は、大学や研究所が各国のNOCと協力して行ったこの分野への貢献を見落としていた。1993年、ローザンヌにオリンピック・ミュージアムが開館した年に、この研究センターは研究と同時に、オリンピック研究国際名簿の作成の責任を負うことになった。

■オリンピック・ミュージアム

ローザンヌにある「オリンピック・ミュージアム」は、過去10年の間によい評判を得てきた。それは展示の膨大なコレクションのためばかりではなく、その教育的活動のためでもあった。

これらの活動には、1年をサイクルにしたさまざまな教育プログラム、イベント、メディアを通した活動が含まれ、それぞれの機会にマニュアル、小冊子、ブックレット、映画、ビデオ、「オリンピック教育キット」のような展示物も提供された。この博物館には、スイス国内外の多くの学校や青少年団体が訪れている。毎年平均3万人の6〜16歳までの訪問者があり、オリンピック教育関連の展示や活動に接している。また、5万人の青年と3万5000人の成人が、特別講義、展示、イベント、情報提供のワークショップに集まっている（Gabet, 2007b）。このオリンピック・ミュージアムの教育サービスに加えて、図書と歴史的文書の膨大なコレクションはそのままオリンピック教育の重要な部分になっている。たくさんの資料のなかでも古いものとして、過去のIOC会長と著名な委員たちの遺産や、彼らの間や他の機関との間に交わされた未公開の通信資料が保管されている。

オリンピック・ムーブメントの教育学的背景になった古い文書や近年のものも、ここでみることができる。図書館は、オリンピック研究に関する２３００冊以上の書籍と、４２０以上の雑誌を幅広く集めている。そのなかには、オリンピック教育に関連したものも含まれている。

■オリンピック休戦財団、オリンピック休戦センター

「オリンピック休戦財団」は、ＩＯＣによって開設された。また、ローザンヌ、アテネ、オリンピアにある「オリンピック休戦センター」は、アテネの国連事務局にある古代ギリシャ・オリンピック委員会とギリシャ政府によって設立され、ＩＯＣはその支援を行っている。オリンピック期間中の「オリンピックの平和（Olympic peace）」を支持してＩＯＣと協力するさらに2つの組織がある。このような動きは、バルセロナ・オリンピックに先立つ１９９１年に、ＩＯＣが旧ユーゴスラビアでの戦闘を鎮める呼びかけを行ったことに端を発している。これは、国連が１９９３年に初めて決議を行い、１９９４年にオリンピックの理念を認めることにつながった。それ以来、オリンピック直前の国連総会では、オリンピックの理念に関連した決議が行われるようになった。１９９７年までは紛争や戦闘に対して決議が行われ、１９９９年からはオリンピック休戦のための決議が行われた。その1つの例として、２０００年のシドニー大会の際に、国連のアナン事務総長が、「オリンピックの理念は、国連の理念でもある。寛容と公平とフェアプレーと、特に平和がそれである」と述べた（United Nations & Olympic Truce, 2003, p.13）。

オリンピック休戦センターは、ギリシャ政府と古代ギリシャ・オリンピック委員会の提案で１９８９年に開設された。このセンターは、２００４年アテネ大会の文化的プログラムの準備の過程で、「古代ギリシャの復活」を目指してさまざまな分野が統合されてできたものである。オリンピック休戦という考えは、古代ギリシャにお

いて交戦中の都市が、休戦する義務をもっていたことを意味していた。その休戦の目的は、すべてのギリシャ人が競技会に参加するため、オリンピアへの旅行を安全なものにすることであった。この休戦義務を「エケケイリア」と言った。オリンピック休戦センターは、さまざまな価値の推進と支援を行っている。そのような価値とは、オリンピック憲章の基本原則のなかにも見いだせるオリンピックの価値と関係した平和、友情、国際理解などである（Papandrou, 2002）。それゆえに、広い立場から考えると、このセンターもオリンピック教育に特別な貢献をしていると考えることができる。

■世界アンチ・ドーピング機構（WADA）

最後に、WADAのことに触れることは重要である。なぜならWADAの教育プログラムは、オリンピックの価値に根ざしているからである。WADAは、1999年にローザンヌのIOC本部のなかにつくられたが、その1年前には自転車競技「ツール・ド・フランス」でドーピング・スキャンダルがあった。2002年に、WADAは本部をモントリオールに移した。その委員長は、カナダのIOC委員であるパウンドが2007年12月まで務め、2008年にはフランスのオーストラリア大使だったフェイが引き継いだ。

WADAは、価値を根底においた教育を支持している。その理由は「長い目でみて、強力なアンチ・ドーピングの文化をつくり出すには、教育が中心的役割を果たす」と考えられるからである（www.wada-ama.org/en/dynamic.ch2?pageCategory.id-262）。

WADAの教育プログラムには、社会科学的研究、シンポジウム、世界各国を巡る移動セミナーでの価値に関する教育活動などが含まれている。そこで使用される教材は、主に英語で書かれている。

社会科学的研究プログラムは、2つの重要なテーマについて研究費を提供している。1つは、「なぜ競技者が、検査と厳しい罰則があると知りながら、ドーピングの危険を冒すのか」という研究であり、もう1つは、「アンチ・ドーピング教育の予防的方法を作成することと、その予防教育としての効果を確かめること」である（2007年）。

いくつかのシンポジウムと移動セミナーは近年、特に南アメリカ、カリブ海地方、アフリカ、東南アジアで開かれている。

教育的機器と教材は、コーチや学校教師のためにも準備されており、2つのモデルがある。1つは「スポーツの精神」で、もう1つは「ドーピングとスポーツの精神」である。

まとめ●ＩＯＣは広範な活動を立ち上げ、推進し、財政援助をしており、その活動は多くの関係団体や各国団体に支持されている。このオリンピック教育の推進と発展は1990年代中頃から活発になり、さまざまなレベルの諸機関で活発に進められてきたが、すべての活動はオリンピックの基本原則に基づいたものである。

第7章
国際オリンピック・アカデミー

すでに述べたように、ベルリンの国際オリンピック研究所は、１９３９年に第二次大戦が始まる以前のわずかな期間存在していたが、１９４３年後半に空襲によって破壊された。第二次大戦後から１９５０年代にかけて、ギリシャ人のジョン・ケトシアス（Ketseas）と彼のドイツ人の友人のカール・ディームは、古代ギリシャ・オリンピック委員会（Hellenic Olympic Committee）と国際オリンピック委員会（ＩＯＣ）の支援を受けて、長年の夢であったオリンピック教育の理想を振興させるための場所、クーベルタンの言う「恒久的な修養所」の実現のために力を注いだ。最初の困難を乗り越えて、国際オリンピック・アカデミー（ＩＯＡ）がアルフィソス川

の谷に開設された。[*] その場所は、古代オリンピアの歴史的競技場の遺跡に近く、最初の会合は１９６１年にテントのなかで開かれた。このアカデミーは、最初は古代ギリシャ・オリンピック委員会の協力を得て組織されたが、後には各国のオリンピック委員会（ＮＯＣ）の協力も得られるようになった。開設後は毎年少なくとも1週間の会合が開かれた。そこには、全世界から教育者やスポーツ関連の役員が招待され、学者を交えた討論や意見交換が行われた。学者たちはオリンピック・ムーブメントやオリンピックの歴史、哲学、教育学についての講義を行った。その後の20年間のスポーツ科学の発展に伴って、オリンピックに関連する社会政治学、経済学、コミュニケーションの分野についても議論されるようになった（Müller, 1995）。同時にアカデミーの施設も拡充され、食堂、図書室、１００室以上の宿泊施設、そして現代的な情報機器を備えた講義室などを含む大きな複合施設になっていった。体育の学生と教師、そして教授のためのコースとして始まったアカデミーは、50年の間に高度に分化したものとなり、さまざまな目的をもった集団を対象に、多様な会合を開くようになった。

＊訳注：日本の読者のために、前ページにオリンピアの位置を地図で示した。

「ＩＯＡの使命は、

（1）オリンピック研究や教育の国際的学術センターの機能を果たすこと。
（2）オリンピックに関係する知識人、科学者、競技者、スポーツ行政関係者、教育者、芸術家などを含むオリンピック・ファミリーと全世界の若者との間で、自由な意見の発表と交換を可能にする国際的フォーラムの場となること。
（3）友情と協力の精神をもって全世界の人々を結びつけること。
（4）IOAで修得した経験と知識を、参加者各自の国でオリンピックの精神の普及のために使うように、参加者を動機づけること。
（5）オリンピック・ムーブメントの理念と原則を維持し発展させること。
（6）各国のNOAやオリンピック教育に携わる他の機関に協力し、それを支援すること。
（7）オリンピズムの人類への貢献の可能性を探求し、高めること」
（The International Olympic Academy, 2006, p.14）

これらの使命の達成を目指して、現在、実際に行われているコース・プログラムは次のようなものである（Georgiadis, 2002, p.508）。

- 学生と青年の参加者のための伝統的なIOAの授業（1961年〜）
- 大学の体育教師のための国際的会合（1973年〜）
- 各国NOCや各種スポーツの国際競技連盟の人々のための国際的会合（1978年〜）
- 高等教育機関の体育学の教員やスポーツ・ジャーナリストのための国際的会合（1986年〜）
- ギリシャの教師のための会合
- 各国NOA、NOC、各種スポーツの国際競技連盟の指導者による国際的会合（1986年〜）
- 大学院生のための特別会合（1993年〜）

最初の30年間で、ＩＯＡのさまざまな会合への参加者は2万人を超えた。参加者のなかには、１２２か国から４０００人の若者が含まれていた。

教科の内容をみると、「オリンピック教育」という教科が発展していく興味深い段階を認めることができる(Georgiadis, 2002, 2007a; Lioumbi & Georgiadis, 2007)。

初期の会合でも、オリンピックの理念や原則は、学校教育のなかでも重要な意味があると触れられたのは事実であるが(Lauterbach, 1973)、オリンピック教育(Olympic education)という言葉が最初に使われるのは、１９７６年のＩＯＡ第16回会合におけるノーバート・ミューラーの講義においてであった。ミューラーが１９７５年にドイツでこの言葉を使っていたことについてはすでに述べたが、1年後にオリンピアで再びこの問題に論及した。その際、彼は１９２５年にプラハで開かれたオリンピック代議員会におけるクーベルタンの辞任に関連して、次のように語った。

「オリンピックの復興から30年が経ち、その重要性が認識されるようになったが、クーベルタンの最初の目的であった、オリンピック教育を通しての身体と精神両面における道徳性の向上は、いまだに達成されていない」(Müller, 1977, p.95)

１９７６年のモントリオール・オリンピック開催の際には、文化的プログラムの一環として、学校でのオリンピック教育が初めて企画された(Landry, 1980; Binder, 1992)。しかし、１９８０年代にこの企画は中断された。その時期にはオリンピック自体が組織の改革や、アマチュア条項の廃止などの問題を抱える変化の時期にあった。ＩＯＡのオリンピック教育において新しい時代は、新会長のニコラオス・ニシオティスによって始まった。ニシオティスは多くの講演のなかで、オリンピック教育の目的と役割は巨大化し、薬物が蔓延するオリンピックの「問題点の防止と修正」にとどまらない、と明確に述べている（Nissiotis, 1980, p.41）。確かに、オリンピック教育の役割は、オリンピックの理念と原則の積極的な意義をすべての教育者に伝達すること、と考えることは正しいだろう。１９８０年代後半において、このことはＩＯＡの教育者や、各国ＮＯＣの新しい指導者のための新しい会合で強調された。

まとめ●１９８８年のカルガリー冬季オリンピックに先立つオリンピック教育の方法は、次の大きなコンセプトをもっていた（Neverkovich, 1988）。

「最初の構想は、オリンピックに関する知識や意見、理解、評価などの意識を高めることであった。その手段として、会話、講義、議論、視聴覚教材の使用などが行われた。第二の構想は、オリンピック・ムーブメントに関わる人たちの知識と実際的活動を統合する方法を組織することであった。第三の構想は、オリンピック・ソリダリティーを具体的に経験できるように、競技会やイベントのなかで、人々の活動を活性化することであった」（Neverkovich, 1988, p.175）

オリンピック教育は、カルガリー冬季オリンピックに際して文化的プログラムの一環となったことで、今日まで続く影響をもたらした。このときに、ＩＯＡと各国ＮＯＡの双方にとって新しい時代が始まり、１９９０年代のＩＯＡセッションで発表されたオリンピック教育関連の論文によっても新しい時代が開かれていった（Binder, 1992, 1995; Parry, 1992, 1998; Müller, 1995, 2000）。

カルガリー以降の15年間に、ＩＯＡの活動として行われたオリンピック教育に関する講義の数は顕著に増加した。この潮流に貢献したのは教師や各国ＮＯＡの指導者たちであり、彼らはリレハンメル、シドニー、アテネのオリンピックに先立って、それぞれの国の学校やスポーツクラブで講演やワークショップを行った（Helland, 1994; Crawford, 2001; Brownlee, 2002; Georgiadis, 2006）。さらに、多くの国の通常の学校スポーツのなかでも、オリンピック教育に関するテーマの講義が行われた。しかし、ＩＯＡ自身も１９８０年代の初めに「オリンピック教育」の教育学的意義を重要視していたことは、その報告書にも明確に示されていたことに触れておかねばならない（Georgiadis, 1998, 2002, 2007）。ＩＯＡでの講義の内容から判断すると、今後の発展の方向性がみえてくる。それは、オリンピック教育学の一部としてのオリンピック教育のなかに蓄積された知見の再検討であった。そのなかにはオリンピック教育の授業についての実証的な研究も含まれている。

第8章
国内オリンピック・アカデミー

最初の国内オリンピック・アカデミー（NOA）は、1968年にスペインで設立された。それはギリシャ、ドイツ、オーストリアの教育者と、スペインの有名なスポーツ教育者であるカジガルの協力のもとに行われた。カジガルは、高等教育機関体育国際連盟において会長の地位にあった。時を同じくして、サマランチがスペイン・オリンピック委員会の会長をしており、スペイン・オリンピック・アカデミーの開設を推進した。

日本、韓国、台湾、そして米国のNOAは、1970年代初めには開設されていた。しかし、1982年になって、それまでに設立されていた8か国のNOAがようやくリーダーシップをとると同時に、1983年に国際オリンピック委員会（IOC）が各国NOA設立の決定をし、NOAの開設が世界に広まっていった。それから25年経った現在、約140か国にNOAができている。この成功は、NOAの精神的先駆者であるクーベルタン、クリサフィス、ディーム、ケトシアスらの思想と、オリンピアの国際オリンピック・アカデミー（IOA）の長期にわたる模範的役割なしには達成されなかったであろう（Georgiadis, 1995）。140あるNOAのすべてを紹介するよりは、いくつかの国のNOAによる独自の活動を紹介し（8－1節）、その後にNOA間の協力やネットワークのさまざまな形態を紹介する（8－2節）。

8-1 国内オリンピック・アカデミーのさまざまな活動と目的

NOAは、どのような課題を果たすべきなのだろうか? この問いに対する答えは、簡潔に明快に述べることができる。課題は、オリンピックの理念を追求し、それを普及させることである。しかし、この課題をどのように達成することができるだろうか? 140か国のNOAの活動のなかには、多様な事例が存在している。いくつかのNOAは、ローザンヌにあるIOCのオリンピック・ミュージアムと協力し、それを手本として、展示や、若者、教師、コーチを対象にしたワークショップの方法を学んでいる。たとえば、キプロス、ポーランド、エストニアの「オリンピックの家」や、国立スポーツ博物館などがその例である。本書では、各国NOAのオリンピック教育のための多様なプログラム全体を紹介することは不可能であるが、オリンピック教育の多様性を代表すると同時に、地域的にも5大陸を代表するような国の例を示すことにする。いくつかの国の例を大陸ごとに五十音順で示す。

■アジア

①**イラン**●イランのオリンピック・パラリンピック・アカデミー(NOPA)は、長年の準備の末に2002年に開設された。開設1年後には「学校と大学のためのオリンピック教育計画」がつくられた(Hosseini, 2004, p.478)。それ以来、さまざまな文化・教育・スポーツの活動が行われた。そのなかには、多くのユニークな企画が含まれている。たとえば、NOPAは伝統的な武術であるズールハーネの身体活動を中央アジアとヨーロッパの一部に普及させることを目的として、「国際ズールハーネスポーツ協会」と密接な協力関係をもっていた。N

ＯＰＡの活動は、広範なスケールでオリンピックの理念を普及することであった。オリンピックの日やオリンピック週間の活動とともに、オリンピックの理念についての子ども向けテレビ番組やスポットの放映が、国営テレビを通して全国に届けられた。文化的プログラムには、オリンピックに関する美術展やオリンピズムについての文化セミナーなどが含まれていた。また、叙事詩の国民的詩人であり、その作品のなかに描かれた英雄的行為や騎士道精神がクーベルタンにも通

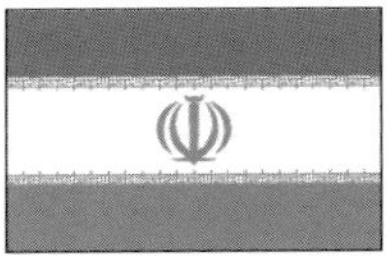

じるところがあった、フェルドウスィー（Ferdowsi）の記念行事なども行われた。

テヘランにあるＮＯＰＡセンターは、スポーツ医学部門、運動能力測定センター、教育センター、スポーツ研究部門という4部門に分かれている。その教育センターには「学校と大学でのオリンピック教育」の部門がある。オリンピック教育プログラムに関しては、２００３～２００５年の間に、ＮＯＰＡが幼稚園児から大学生までの２万人以上と、１７００人のコーチと競技者を対象にしてコースを運営してきた（Khabazzian, 2006, p.258）。

②シンガポール●シンガポール・オリンピック・アカデミー（ＯＡＳ）は、１９９４年に開設された。これは「南洋理工大学（ＮＴＵ）」の「体育・スポーツ科学」学部（ＰＥＳＳ）のなかに置かれた。ＯＡＳは学者、スポーツの管理者、体育教師を対象にし、シンガポール・オリンピック委員会の「教育部門」と考えられた。ＯＡＳはオリンピック・ムーブメントに関する教育・研究センターであり、オリンピズムの社会学的・教育学的原理の研究も行った。ＯＡＳとＰＥＳＳの共同企画は、シンガポールの学校におけるオリンピック教育の振興を促し、学校外でも若者に働きかけた。

１９９９年には、さらにネットワークを広げるため、中学校に最初のオリンピック・クラブを立ち上げた（Waters, 2000）。

ＮＴＵの学生は、オリンピックを主題としたコースの単位を習得した。また、オリンピックに関連した研究に

対して、アカデミーが研究費を支援した。ＯＡＳは独自のウェブサイトをもち、ニュースレターを出している。ＯＡＳによる3日間の講習会は毎年開催されており、大学院生、ＯＡＳの所員、外国から招待された講師がオリンピック教育について講義を行っている。ＯＡＳは、大学との連携のよい例であり、成果をあげていることは、２０１０年の第1回ユース・オリンピックの誘致に成功したことにも現れている。

③中国●

「オリンピック教育プログラムは、中国のスポーツ教育の新しい分野として１９９０年代はじめに現れた」(Hai Ren, 2001, p.403)。そのプログラムは、学校教育や高等教育のなかでの研究などの公式なものも、イベントやメディアを通したキャンペーンなどのような非公式なものも含んでいる。小学校のテキストである『オリンピック物語（*Olympic Story*）』や、中学校のテキストである『オリンピックの知識（*Olympic Knowledge*）』などは、北京が２０００年のオリンピックに立候補して敗れた１９９３年には、すでに出版されていた。２００８年の北京オリンピックの準備が始まるまでは、オリンピック教育プログラムとそれを教える人材はまだ十分ではなく、適切な資料が不足していた(Hai Ren, 2001, p.410)。１９９３年に北京体育大学にオリンピック研究センターがつくられ、当時のオリンピック教育の発展の中心となった。２００１年7月に、２００８年の第29回オリンピック開催が北京に決まると、国中の体育の高等教育機関で、オリンピック・ムーブメントとオリンピック教育の授業が開設され教材もつくられた(Guo, 2006, p.273)。しばらくすると、オリンピック教育は学校の体育授業の重要な要素となったばかりでなく、すべての教育のなかでも奨励されるものとなった(Huang, 2006, p.248)。体育が高い地位を保つためには、依然として1つの障害があった。それは、体育が高等教育に進むための教科の陰に隠れていた、ということである。また、メディアでのスポーツ報道が増えたが、それはエリート・スポーツの成績に焦点をあてたもので、オリンピズムのような社会的・道徳的価値は無視された(Hai Ren, 2001, p.410)。

公式なNOAに代わって、オリンピック教育プログラムは、「中国オリンピック委員会」が大学、研究所、スポーツ団体の協力を受けて進めた。オリンピック教育のメッセージを大衆に正式に伝達するために、ラジオやテレビを通したキャンペーンに特別な注意が払われた。しかし、中国にオリンピック・アカデミーは、（香港にある）1つしか存在しなかった。

香港には、オリンピック・アカデミーが1987年につくられた。2003年までの、このアカデミーの主な活動は、スポーツ団体の役員を対象にしたスポーツ・マネジメント、スポーツ医学、そしてユース・スポーツ分野を中心としたスポーツ教育をすることであった。スポーツ・マネジメントのコースは、米国の大学やオリンピック・アカデミーとの協力で進められた。2003年からは、香港の中学校に対して、オリンピズムをテーマにした出向授業が行われるようになった。

1993年に、北京体育大学にオリンピック研究センターがつくられていたが、2000年には、同じ北京市内の中国人民大学に「人文学的オリンピック研究センター（Humanistic Olympic Studies Center）」がつくられた。これら2つのセンターは、オリンピック・アカデミーの役割を果たし、中国におけるオリンピック教育に関するさまざまな実証的研究を行っている。それに関しては、第9章で紹介する。

④日本

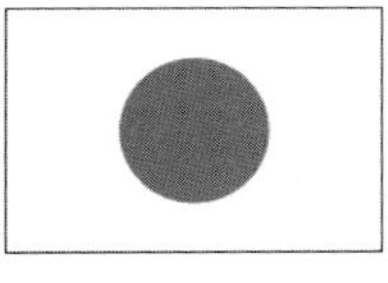

●日本オリンピック・アカデミー（JOA）の開設は、世界でも最も早い時期の1978年であった。開設後10年の活動は活発ではなかったが、1990年代の長野冬季オリンピック開催の決定は、活動に新しい刺激を与えた（Maeda, 1993）。1998年の長野冬季オリンピック開催中のオリンピック教育の実践は注目を集め、国際的に知られるようになった。長野市の学校で始められた国際的プロジェクトである「一校一国」運動は、インターネットによって学校の生徒と、将来オリンピックの理念を分かち合う海外の国のパートナーを結びつけた（Okade, 2002）。このプロジェクトは日

本だけでなく、ソルトレイク（２００２年）、トリノ（２００６年）のオリンピックにも引き継がれた。そしてシドニー（２０００年）の「オリンピック精神の分かち合い（share the spirit）」、北京（２００８年）の「心から心へ（Heart-to-Heart）」というような標語にも、長野の方法は影響を与えた。北京の場合には、いくつかのモデル学校が大会期間に世界中の姉妹校とネット回線をつないだ。

ＪＯＡの活動の特色は、大学と強いつながりをもっている点である。たとえば、筑波大学は体育の専攻学生や他学部の学生にもオリンピック教育の授業を開設している（Okade, 2006, p.207）。２００３年以来、そこでオリンピック教育に関するさまざまなテーマで授業が開かれ、４年間で延べ１２００名の学生が受講登録した。特筆すべきことは、年間30回の講義（各学期10回）における毎回のテキストが、有名な新聞社である産経新聞の記事となって報道されていることである。オリンピックの思想についてのこのようなメッセージは、約２００万部発行の新聞というメディアを通して人々に届けられた（Sanada, 2007）。

⑤マレーシア

●マレーシア・オリンピック・アカデミー（ＭＯＡ）は、１９９４年に設立された。国のスポーツ関連役員の訓練に加えて、ＭＯＡは「ミニＩＯＡ」という独特な事業も行っている。この事業では過去11年にわたって「若いリーダーたちのオリンピック・セミナー」を開いてきた（Chua, 2004）。「ミニＩＯＡ」には、外国からも参加者がいた。主にアジアの国々からであるが、ヨーロッパやアラブの国からも定期的な参加があった。２００７年になって、ＭＯＡの毎年の行事に加えて、７～12歳の子どもたちのオリンピック芸術競技大会が開かれている。ＭＯＡの代表者たちは、カンボジアやラオスなど近隣の国のオリンピック教育プログラムやイベントの開発にも関与した。ＮＯＡの東アジア・ネットワークの構築が、現在構想されている。

■アフリカ

⑥ガーナ●ガーナのNOAは、ごく最近である2004年に開設された。ガーナは、アフリカ、中米、カリブ海地域の3地域の影響を受けたプログラムを採用している。オリンピック・ムーブメントの新しい目標である環境保全に関する企画は、教師や若者の田園地帯を保護する意識を高める目的をもって、「モア・グリーン－モア・レイン」という標語のもとに遂行されている。オリンピックの理念へ環境問題から接近しようとするこのプログラムは、「グリーン・オリンピック」という標語のもとに進められているコスタリカのNOAの活動と通ずるところがあるだろう。ガーナやコスタリカの活動は、国の森林再生という実際的なプロジェクトと結びつけられて進められている。

ガーナでは、この分野の活動は、他の2つの活動によって補強されている。

・「卓越性」をテーマにした教育的セミナー。教育やコーチを行う人にとっての役割モデルの重要性が取り上げられる。

・子どもが対象の「学校でのオリンピック・クイズ競争」。国内および国際オリンピック・ムーブメント、オリンピックの歴史、五輪の意味などの知識の習得を動機づけている。

■オセアニア

⑦オーストラリア●オーストラリア・オリンピック・アカデミー（AOA）は、1985年に開設された。今日このアカデミーは、オーストラリアの6つの州全部にある支部を代表するものとなっている。それらの州支部は、国のオリンピック評議会や地方の教育機関と強い関係をもっている。2000年のオリンピック開催地をめぐる

競争でベルリンが負けシドニーが勝った１９９３年９月に、（ＩＯＣによって）オリンピック教育の国際的な推進の新しい綱領がつくられ、それはＮＯＡの強い支持を得た。１９９３年夏の国の「教育週間」に向けて、開催地立候補申請書にも書かれたように、オリンピック教育は推進されていた。１９９４年からは、２０００年のオリンピックへ向けて、年ごとにオリンピック教育推進の新しい歩みが進められていった。１９９４年には、各学校と大陸を結ぶ友情のネットワークのプログラムが、シドニーのあるニュー・サウス・ウェールズ州で始まった。この最初の友情プログラムは、１９９９年に始まる「オリンピック２０００学校計画」のモデルとなった。１９９４年には学校の授業で、オリンピズムの普及とオリンピックの理念の教育が新たに始まった。その運動は、２０１２年のロンドン・オリンピックに向けた活動につながっていった。シドニー工科大学は、１９９４年に学生向けの授業を開き、後に「オリンピック研究センター」と呼ばれる４つの機関の１つとなった。１９９６年にはオリンピック研究センターが南オーストラリア大学に開設され、さらにシドニーのニュー・サウス・ウェールズ大学にも開設された。そのセンターのディレクターには、歴史家のリチャード・キャッシュマンが指名された。２０００年には、ブリスベーンのプレ・オリンピック科学会議の準備と並行して、４番目のセンターがＡＯＣの後援によってクイーンズランド大学に開かれた。オリンピックの準備がなければ、高等教育機関や教育関係者がこれほど参与することはなかったであろう（Cahill, 2001, p.381; Cashman & Toohey, 2002）。これらのセンターではセミナーやワークショップを開き、出版や資料配布を行い、オリンピックの歴史、社会学、マネージメントの研究を主に進めてきた。しかし、これらのセンターが、学校でのオリンピック教育の推進に果たした役割を忘れてはならないだろう。

「オリンピック教育に関わった人々には、まだ解決すべき問題が残されている。変化する世界においてオリンピックの理念はどのような意味をもつのかについての再検討、オリンピックの理念の中

心的思想を学生や一般の人々が理解できる言葉で語ること、の問題がある」(Cashman, 2000, p.679)

小中学生のための「オリンピック教育教材キット」が１９９５年につくられ、全国の児童・生徒と教師に配布された。オリンピック教育を含めオリンピック大会を成功させるための多くの活動が、１９９８年に開始され、オリンピックに向けた放送プログラム、ボランティアの採用、競技者のための雑誌と新聞の刊行などの準備が行われた。「２０００年オリンピックの教育プログラム」は、ニュー・サウス・ウェールズ州の教育・学校スポーツ省、シドニー・オリンピック準備委員会（ＳＯＣＯＧ）、そしてＡＯＣという３つの機関の協力で１９９９年に実現した。これらの機関における共通の目標は、

「現行の教育プログラムや特別の授業を通して、すべての児童・生徒に２０００年のオリンピックに関わる機会を与えることである。その授業は、知的理解や技能の習得を通してオリンピックの理念を伝えるものである」(Cahill, 2001, p.380)

この教育プログラムは、ＳＯＣＯＧのクローフォード、ＡＯＣのブラウンリーの2人によって推進された。その活動は、３１０万人の児童を対象にして、「オンライン新聞」や"Aspire Programme"と呼ばれる学習キットを配布することであった。

a.s.p.i.r.e.プロジェクトは、シドニー・オリンピックから8年経った今日でも、ＡＯＣが小学校教師向けにオンラインで提供するオリンピック教育ネットワークとして存続している。このa.s.p.i.r.e.という頭文字は次の言葉からきている。

attitude（態度）、sportsmanship（スポーツマンシップ）、pride（誇り）、

individual responsibility（自己責任）、respect（敬意）、express yourself（自己表現）

これらの言葉は、オリンピズムとオリンピック・ムーブメントの価値の尊重を表し、シドニー・オリンピックの標語は「share the spirit with us（オリピックの精神を皆で分かち合おう）」というものであった。

教師たちへのオンライン・サービスに加えて、生徒たちも今日では、"Fair Dinkum"（公明正大）というウェブサイトにアクセスできる。これは、子どものためのオリンピック・ウェブサイトで、オリンピックのさまざまな事実や発展の歴史をみることができる。そのなかに、"BK zone"というページがある。ＢＫは、"boxing kangaroo"の頭文字であって、カンガルーがスポーツと競技の精神を護るために闘っている姿がみられる。子どものためのウェブサイトは、学校でa.s.p.i.r.e. の価値を実行したと報告した小学生に、メダルを送るような活動もしている。

「オーストラリア・ユース・オリンピック」は、２００１年に始まった。これは、シドニー・オリンピックの教育プログラムのレガシー（遺産）の1つでもある。それ以後、2年に一度13～19歳の若者が16種目のスポーツ競技に参加している。２００７年には、外国からの参加者にも門戸を開放した。

その後、シドニー工科大学のオリンピック研究センターは、「オーストラリア・オリンピック研究所（ＡＣＯＳ）」となり、２００５年にＮＯＣによって業務を開始した。

■北アメリカ

⑧米国●米国オリンピック委員会（ＵＳＯＣ）は、「オリンピック教育センター」を運営している。このセンターは、「オリンピックを志す競技者、主にＮＣＡＡのスポーツ種目以外の競技者に、オリンピックの米国代表になるためにトレーニングをする期間に教育機会を継続して与えることを目的とした、最初で唯一のオリンピッ

ク・トレーニング・センター」(www.usoc.org/1281_19095.htm）である。１９８５年に、北ミシガン大学の構内に開設された。このセンターの意図は、若い競技者はエリートになるトレーニングと教育とのバランスをとるべきである、というものであった。また、オリンピック教育の意味を、才能ある若者に人生でのスポーツのキャリアと職業に対して、バランスのとれた教育と準備をすることでもあると考えた。センターは高校の卒業証書、大学の学位、そして修士号まで出すことができた。

さらに、インターネット上の「オリンピック大学」というものがあって、スポーツ・リーダーとスポーツの管理者のためのコース・プログラムと特別な研究会のテーマを提供している。このオリンピック大学のプログラムは、オリンピズムと、オリンピックの理念に基づいていて、それは「卓越」「リーダーシップ」「健康と幸福」、そして「平和」であると定義されている。

米国オリンピック・アカデミー（ＵＳＯＡ）は１９７６年に開設され、この種の組織としては最初の頃のものであり、教育的業務を盛んに行っていた（Henry, 1995, p.77）。数年前にいったん廃止されたが、再開されている。年に一度の子どもと青年のための「オリンピック週間」のプログラムが、5月の「国の体力・スポーツ月間」と並行して行われている。ＵＳＯＡのもう1つの活動は、「ジュニア・オリンピック・スキルズ」というプログラムで、オリンピックに関する新しい教材の開発やオリンピック・チャンピオンを記念する事業などが含まれていた（Paul, 1988）。

ＵＳＯＡは、新しい「国のオリンピック教育プログラム」を開始した。これは、オリンピックの価値についての教育と教授法についての理解を進めることを目的にしている。２００６年には、ＵＳＯＣは長期にわたって全国に広報活動を行う新しい基礎組織を開設した。その目的は、オリンピックの原則と価値をアメリカの人々に広め、その普及を支持することであった。最初の年にはフェアプレーの価値に焦点があてられた。この活動はアンチ・ドラッグ・キャンペーンにおける「真の競技者はフェアプレーを実践する（Real Athletes Play Fair）」という標語や、「クリーンに―フェアに（be clean - be fair）」というスローガンなどの、新しい方法と関連して進められた。２００７年に選ばれた価値は、「よいスポーツマンシップの価値」であった。その活動のためにつくられたスローガンは、「真の競技者はよいスポーツマンだ（Real Athlete Are Good Sports）」というものであった。２００８年の標語は「真の競技者は敬意を表す（Real Athlete Show Respect）」である。

■南アメリカ

⑨ブラジル●ブラジル・オリンピック委員会は、１９８９年に国のオリンピック・アカデミー（ＡＯＢ）を立ち上げる準備を始めたが、それが実現したのは１９９８年であった。しかし、この準備期間にもアカデミックな活動は強く推し進められた。そのなかには、現在につながるブラジルのオリンピック教育プログラムがあった。ＡＯＢの開設以前にもブラジル・オリンピック委員会は、１９９５年から国のユースゲームズを支援してきた。２００１年からは、12～17歳の青少年のためのオリンピック週間がつくられ、そこには運動プログラムと並んで文化的プログラムが含まれていた。２００７年にはブラジル・オリンピック週間が、ベレン、ポート・アレグレ、レシフェ、リオデジャネイロ、サンパウロなどで祝われた。２００５年には全国的な学校オリンピックや大学オリンピックが行われ、競技と並んで文化的イベントが行われた。ＡＯＢはその活動の最初から、国内の多くの大学のオリンピック研究グループと協力して「ナショナル・オリンピック・フォーラム」を開いてきた（da Costa, 2004）。その論文集や資料は、ガマフィリョ大学から出版された（da Costa, 2002）。教員養成教育のなかでオリンピック教育への意識は、ガマフィリョ大学のオリンピック研究センターをはじめとするいくつかの高等教育機関で高められていった。ＡＯＢはキュ

ーバ、メキシコ、米国などと交流プロジェクトを行い、中南米のイベロアメリカ圏の「仮想ＮＯＡ」を組織した。

■ヨーロッパ

⑩ウクライナ●ウクライナ・オリンピック・アカデミー（ＯＡＵ）は、１９９０年に開設された。１９９３年からは、オリンピック記念日のイベントや、オリンピック週間を催しており、この企画は国内のすべての地方にいきわたっている。国家の機関が、オリンピズムとオリンピック教育の普及に効果的な協力をしている。たとえば、「全ウクライナ・オリンピック・レッスン」という企画が、子どもたちや一般の人々に提供されている。これには有名なオリンピック・チャンピオンやエリート競技者が協力している。そこには、ヴァレリー・ボルゾフやセルゲイ・ブブカなどが含まれていた。彼らはＮＯＣのなかだけではなく、教育・科学省にも、家庭・青少年・スポーツ省にもオフィスをもっていた。このことは、ＯＡＵがオリンピック教育を推進する方向性が２つあったことを示している。

オリンピック教育は、小中学校の一般教育として体育カリキュラムのなかで行われることが、最も望ましいことである。しかし、特殊教育や高等教育のなかでも、オリンピズムは体育教師にとっても、コーチや管理者やマネージャーにとっても、学習の重要な領域になってきた（Dotsenko, 2004）。ＯＡＵは、教育・科学省と「オリンピック教育を体育・スポーツを専門とする学部以外の高等教育機関でも取り上げること」に同意したと報道されている（Bulatova & Dotsenko, 2005, p.153）。

その後、図書と教材を備えた５つのオリンピック研究センターが、大学の体育・スポーツ科学部に開設された（それらの所在地は、キエフ、ドネツク、ハリキウ、リヴィウ、ドニエプロパトフスクである）。学生や若い科学者による、オリンピック教育を含むオリンピック関連の研究コンペティションが、ＯＡＵの後援のもとに行われた。『オリンピック・アリーナ』や『オリンピック・スポーツの科学』という名前の雑誌、ポスター、小冊子、"Olymp"という番組名のテレビ放送などが、オリンピック教育の普及のために利用された。ＯＡＵとキエフにある「国立体育・スポーツ大学」の間には強い協力関係があり、大学のなかにＯＡＵとオリンピック博物館が置かれている。

本の読み聞かせ、教材を使った作業、ポスター掲示などが学校やスポーツクラブの子どもたちを対象に行われた。科学的研究や教育に関する成果評価の研究などがＯＡＵにはあるが、英語で読めるものはまれである(Bogula, Labski & Luviev, 1999)。

さらに注目すべきことは、国際会議を発足させたことである。「オリンピック・スポーツとスポーツ・フォー・オール国際科学会議」は１９９３年にキエフで始められ、１９９７年に第２回が開かれ、東ヨーロッパにおけるオリンピック教育の情報と知見を発表し討論する大きな会議となった。第３回はポーランド、第４回はベラルーシ、そして２００３年の第４回はモスクワと続いている。現在では毎年異なった国で開かれている。

⑪英国●英国オリンピック・アカデミーは１９８２年につくられ、最初は「年に一度の週末の集会で、出席したのは大学生、講師、競技者、コーチ、チーム・マネージャー、国のスポーツ団体役員、スポーツ管理者などであった」(www.olympics.org.uk/contentpage.aspx?no=147)。他国のアカデミーと同じように、英国オリンピック・アカデミーも学校の教師と生徒にオリンピック教育教材の一式と教授キットを提供した。現在は、新しい教材である『位置について！ロンドン２０１２の教材（*On Yuor Marks! - London 2012 Education Resource*）』をオンラインで配布している。英国オリンピック・アカデミーの活動は国際的にみても独特であり、「オリンピック研究センター」と協力するとともに、「オリンピック・マスター養成講座」で教育実践を行っている。

このオリンピックについての指導者を養成する講座では、オリンピック出場選手や認定スポーツ栄養士によって運営されると同時に、彼ら自身の実習として、受講者である12~13歳の生徒と「スポーツ専門大学」の体育専攻学生に、自らの経験と知識を伝えている。この内容は、12~13歳を対象にした国のカリキュラムの内容の範囲内で行われる。

この教師クラスにおいて、英国オリンピック・アカデミーは、ラフバラ大学に設置されている「オリンピック調査研究センター」と連携している。これは、大学と英国オリンピック財団との協力による企画であり、２００４年に始まった。

英国オリンピック協会（ＢＯＡ）の「教育委員会」の支援によって、さまざまなイベントや、競技会（絵画、詩歌、エッセイ、ビデオなど）も組織されている。「若いオリンピアン・クラブ」という通信制のクラブが、学校別につくられ、ラジオのチャンネル5に自分たちの時間帯をもった。２００５年以降、つまり２０１２年のロンドン・オリンピックの開催が決定した後に、オリンピック教育を推進する新しいステップが、国家機関の援助によって、学校や大学を巻き込んで進められた。

⑫エストニア●エストニア・オリンピック・アカデミー（ＥＯＡ）は、１９８９年に開設された。１９９６年からは全国の学校との協力で、スクール・オリンピックを始めた（Koka, 2005）。現在、90の学校がこのプログラムに登録している。このプログラムの「評判」を保つために、大会はオリンピック憲章に従って運営されている。まず、開会式、メダルの授与、閉会式がオリンピックと同じように行われる。第二に、オリンピック讃歌、聖火、オリンピックの宣誓などが行われる。第三はフェアプレーの原則の尊重である。また第四の特徴は、文化的・芸術的プログラムを含むことである。

このプログラムは一般の全国選手権大会のようなものではなく、学校行事としての運動会のようなものであり、各地域における学校のすべての生徒のためのスポーツ・フォー・オールのイベントなのである。このイベントのなかには人気のあるスポーツ種目もあり、体育の歴史的な種目も入っている。

ＥＯＡによる７〜12歳の子どものクラブは２００３年に始まり、さまざまなイベントやスポーツ博物館の見学などを主催しているが、そのなかでオリンピック教育は特別な機能を果たしている。同じ時期、ＥＯＡは『エストニア・オリンピック・アカデミー広報』の発行を始めた。近年では、フィンランドＮＯＡやヨーロッパ各国のＮＯＡとの連携のもとに教育方法の充実を目指している（Remmelkoor, 2007）。

⑬オランダ

●オランダ・オリンピック・アカデミー（ＤＯＡ）は１９８４年に開設され、１９９２年には「移動オリンピック・アカデミー」という興味深いプロジェクトを始めた。このアカデミーはバスを使って年間１００の学校を訪問し、３万人の子どもたちを指導し、オリンピックの日の祭りを祝うために教師たちを支援している（Geesink, 2000）。ＤＯＡは、ヨーロッパの他の国々よりもスポーツクラブ・システムと密接な連携をもっていた。これはオランダで一般の体育カリキュラムは「動きの教育」と呼ばれており、スポーツは学校教育のなかではそれほど重要な地位をもっていなかったためであろう。

オランダのオリンピック教育教材キットの制作は、オランダが「ＥＵのスポーツの価値」というプロジェクトで担当したものであったこともあり、成功裏に実行され、その効果の評価研究も行われた。この成果評価の研究は他の国のＮＯＡではこれまでにあまり行われてこなかった（Georgiadis, 2004, p.367）。ＤＯＡのもう１つの特有の活動は、水泳、スピードスケート、バレーボールのトップ・アスリートやオリンピック・チャンピオンをオリンピック教育コースに参画させたことである。彼らは生徒や若い競技者に語り掛け、オリンピックの理想を体現したよい手本と役割モデルになった（Vloet, 2005, p.137）。２００４年のアテネ・オリンピックの後に、１つの国際的プロジェクトが始まった。それはドイツとの間で国境を越えて、両国の体育教師とスポーツ・コーチを教育するためのオリンピック教育の指導マニュアルを作成することであった（Volz, 2006; Boetes et al., 2008）。そのマニュアルは、２００６年に発行された（Naul et al., 2006）。現在、オランダ教育庁の傘下で仕事を進めている「体育財団」は、学校におけるオリンピックで重視される価値教育のための新しい教材をつくっている。

⑭スペイン●スペイン・オリンピック・アカデミー（ＳＯＡ）は、世界各国のＮＯＡの最初に開設された。そのときには、ギリシャ、ドイツ、オーストリアからの参加者もいた。注目すべきはこの最初の企画が、有名なマドリッドの「国立体育大学」（ＩＮＥＦ）と密接な関係の上に行われたことと、国際体育大学連合の会長であったカジガル（Cagigal）が中心的役割を果たしたことであった。また、後にＩＯＣ会長になるサマランチも設立に関与し、ＳＯＡの初代会長になった。ＳＯＡの活動で目立つのは、ワークショップや印刷物の配布などに加えて、いち早くインターネットを利用したことであった。

　１９８８年のＳＯＡ設立20周年の際には、「全イベリア・オリンピック・アカデミー」が組織された。この組織の設立メンバーは、スペイン、ポルトガル、アルゼンチン、エクアドル、ペルーのＮＯＡの人々であったが、１９９０年の最初の会合にはさらに多くのＮＯＡからの参加者が加わった（Durantez, 2003, p.40）。現在、27のＮＯＡが全イベリアのネットワークに参画しており、そのほとんどはカリブ海地域を含む中南米の国々（ボリビア、ブラジル、コロンビア、キューバ、グァテマラ、メキシコなど）であるが、ヨーロッパのアンゴラやアフリカの赤道ギニアなども入っている。この組織は2年に一度、参加国のいずれかでオリンピック会議を開いている。

　１９９３年のＳＯＡ25周年の際には、さらなる挑戦的な企画が行われた。国内各州の自治獲得運動の流れに並行して、バルセロナ自治大学にカタルニア州のオリンピック研究センターが１９８９年にできると、地方オリンピック・アカデミーが他の州にも設立されていった。このような州は１９９３年以降もさらに増大し、そのすべてが地方の大学と結びついている（Durantez, 2007a, p.215）。

ＳＯＡは30周年の１９９８年に、地方の研究センターが発展してきたことに伴って、それらの間の国内ネットワークつくりに着手した。現在、スペインでは20以上の研究センターが動いている（Durantez, 2003, p.24）。40年以上にわたってこのネットワークつくりに取り組んできたデュランテ（Durantez）が、現在はＳＯＡ会長を務めるとともに、各国ＮＯＣ協会の傘下にあるＮＯＡ協会の会長も務めている。

⑮チェコ●

チェコ・オリンピック・アカデミーは、オリンピック教育における教育実践と研究の両面で大きな働きをしてきた。通常の授業に加えて、国の教育・青少年・スポーツ省と協力して、新しいオリンピック教育プログラムを小学校の学際的な総合授業のなかに組み込んでいった。その目的は、「オリンピックに関する基礎的知識（その価値、理念、原則）は学校で学ばれなければならず、一般的教育目標の１つでなければならない」というものであった（Rychtecky, 2006, p.41）。その授業でのテーマは体育科の枠のなかに限定されることはなかった。オリンピック教育は「人間と世界」というような新しい単元のなかでも行われるようになった。そこでは、子どもたちは「オリンピック憲章を学び、国籍や人種や文化の異なる人々に敬意を払うというオリンピックの理念」を学習することが期待された（Rychtecky, 2006, p.41）。「人間と社会」という単元では、子どもたちは、オリンピックやパラリンピックを教材として「人々の連帯、助け合い」を学ぶことが期待された。「人間と健康」という単元では、「ドーピングとその防止」が教えられ、同時にフェアプレーの精神との関連についても教えられた。

このような小学校におけるオリンピック教育の新しい潮流は、オリンピック教育の成果に関する評価研究が、オリンピックの理念のメッセージを子どもたちの生活経験に生かすために、橋渡しをする必要性を指摘したことから始まった。

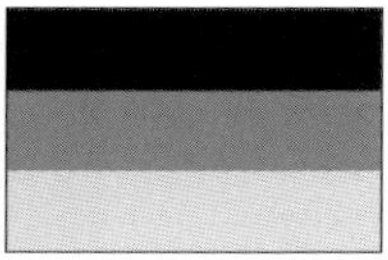

⑯ドイツ●スペインのマドリードに最初のＮＯＡが開設されたとき、ドイツの体育アカデミーは助言を求められた。そして、オーストリアのＮＯＡが１９８２年にできたときにも協力している。しかし、ドイツ自身のＮＯＡの実質的発展は、１９８１年のバーデン・バーデンでのＩＯＣ総会の後になってからである。オリンピズムの教育と訓練センターとして「オリンピック研究組織」を再興するために、ＮＯＡを開設しようとする考えは、ドイツＮＯＣ会長ダウメ（Daume）の支持を得た。そして、ＮＯＣの委員会のなかに「オリンピック・アカデミーとオリンピック教育財団理事会」と呼ばれる組織が１９８３年に組織された。１９８８年のソウル・オリンピックの前に、この委員会はオリンピックとオリンピック・ムーブメントに関する、小学校の児童と教師のための教授マニュアルを発行した。

同じ年、ビンダーはカルガリー冬季オリンピックに関する学校授業用の資料を発行した（Binder, 1992)。

１９８８年以降のすべてのオリンピック大会の際に、ドイツＮＯＣの教育担当委員会は小学校の児童と教師のためのティーチング・ガイドを発行してきた（Naul, 2007, p.93)。２００４年からは、この方策は中学校レベルにまで広げられた。「オリンピック研究機関」という考えは、１９９３年になってようやく実現し、ベルリンに開設された。ここでオリンピック教育に関するいくつかのセミナーが開かれたが（１９９３年、１９９７年、２００１年）、オリンピック教育がこの研究所の中心的課題になることはなかった（Hofer, 2003)。

オリンピック教育に関する主な仕事は、１９９０年代に、ＮＯＣの委員会が、ノーバート・ミュラーの10年にわたる委員長の時代に手掛けられた。教師のための7～10日間の特別セミナーは、後に大学生も対象にしたが、そのセミナーはオリンピアのＩＯＡを会場にして2年に一度開かれた。ある年には、ドイツの近隣諸国からも教師や学生がこのセミナーに参加した。学生のセミナーはユニークなものであった。午前中は、体育とスポーツ科学の異なった分野の大学教授のグループが、オリンピック教育を含むさまざまな話題について講義をし、午後には学生のグループが、自分の故郷でのオリンピック研究について報告するというものであった。ここでの講義のいくつかはドイツ・オリンピック委員会によってまとめられて出版された(NOK, 2004)。2007年には3つの機関の共同企画が行われた。オリンピック研究所と、NOCのオリンピック教育とオリンピック・アカデミー担当の委員会と、ヴィリー・ダウメ財団が協力して新たな独立した組織を設立した。それは「ヴィリー・ダウメのドイツ・オリンピック・アカデミー」であり、フランクフルトの連邦スポーツ・オリンピック協会のなかに置かれた。

⑰ベルギー

ベルギー・オリンピック・アカデミーは、1981年に開設された。1980年後半以降、このアカデミーは各種スポーツ協会や体育協会との連携を広げていき、オリンピックの理念を普及させるためのセミナーやワークショップを開いていった。また、オリンピック教育に関する教材としてパンフレットや小冊子の発行に加えて、オリンピズムの教育とスポーツ・マネジメントの教育を組み合わせた教材をつくっている。教育のコースの対象はスポーツクラブやスポーツ協会の専門的管理者やそのボランティアであり、組織された青少年のスポーツにおけるフェアプレーの精神やオリンピックの理念の意識を高めることを目的としている。メースはこの運動を、「忘却され、失われたオリンピックの理念と価値の再教育」と呼んでいる(Maes, 2001, p.463)。現在、アカデミーはヘント大学の体育スポーツ科学部とルーヴァン大学大学院の体育・スポーツ・マネジメント課程と協力関係にあり、体育やスポーツ活動のなかでのオリンピック精神の振興に関する集中講義を行っている。

ベルギーのオリンピック全国委員会(BOIC)のユニークな企画の1つは、1996年にいくつかの機関と共同で立ち上げた「オリンピック健康財団」(OHF: Olympic Health Foundation)である。OHFの目的は、国内の身体活動と健康教育の推進である。その企画には栄養学的な食事指導も含まれ、6～18歳の青少年とその親や教師、医師や栄養士が対象になっている。学校で実施されるいくつかのプロジェクトは、体育教師連合との協力で行われている。1つの例は、「健康は楽しい」というプロジェクトである。このプロジェクトでは、小学校の2・3年生に健康的な食習慣の指導が行われている。もう1つのプロジェクトは「オリンピックニック」（オリンピック＋ピクニック）と名づけられた地域社会によって催される「家族の日」の祭りである。ここでは、オリンピックの価値に加えて、身体運動や正しい食事の価値などが教えられる。ＯＨＦには科学委員会もあり、さまざまなプロジェクトの効果を研究し、身体活動や摂食行動に関する卒業論文・修士論文に賞を出している。

最後にあげるＢＯＩＣの企画は、195のコミュニティーを対象に実施している「オリンピック・ストリート」という戸外での「みんなのスポーツ」である。この企画には、オリンピックの価値を広めるためにエリート競技者も参加している。

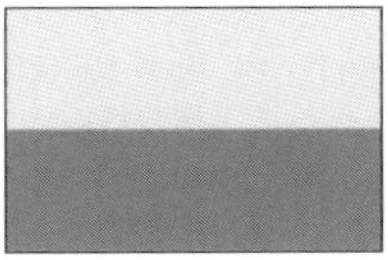

⑱ポーランド●ポーランド・オリンピック・アカデミー（ＰＯＡ）は、1984年に開設された。ＰＯＡは、開設当初から体育アカデミーと連携していた。ポーランドでは体育アカデミーは大学レベルの独立した研究所であった。雑誌“*Almanac*”は1985年に発行され、最初は隔年刊であったが後に年刊となった（Zdebska, 2002）。1990年代の中頃までは、ＰＯＡは有名選手、ジャーナリスト、教育者の支援によって、一般大衆のためのプロジェクトや広報を主な活動としていた（Nowocien, 2001, p.93）。

オリンピックのある年には、学校で運動会が開かれ、同時にオリンピックに関するクイズやオリンピック式典が行われる。そこでは身体運動だけではなく、オリンピックに関連した文化的活動が行われ、詩歌、美術、音楽などの催しが、「オリンピックの美学」や「オリンピック芸術」のセミナーや研究会などとともに開かれている

(Zablocki, 2000, p.634; Zdebska, 2002, p.458)。ＰＯＡは１９９６年から毎年、「ユース・サークル」という競技会を開催し、優れた生徒を選んでオリンピアのＩＯＡの講習会に送っている。

ポーランド・オリンピック委員会の支援のもとに、学校やスポーツクラブに対してオリンピック教育の普及と実施を行っている機関がいくつかある (Zukowska & Zukowska, 2000)。体育と若者のスポーツに長年にわたって指導的役割を果たしてきた「ポーランド・フェアプレー・クラブ」はヨーロッパ・フェアプレー・ムーブメントと協力関係にあり、ＰＯＡの長年のパートナーになっている (Zukowska, 2005)。

「オリンピック・クラブ」の存在についても触れなければならない。この組織は国中の約２００の町に存在する地域の組織であり、オリンピックの価値を広めるために、競技者やスポーツ団体の役員や学校の生徒が活動している。首都のワルシャワにつくられた「学校オリンピック・アカデミー」は、現在は２００４年につくられた「オリンピック教育センター」と連携関係にある。このような連携関係は、オリンピックの価値を共有するオリンピック・ファミリーのなかの異なる機関が協力して成功を目指すよい事例となるだろう。「オリンピック教育センター」の主導で行われた文化的活動には、絵画、音楽、ビデオ、デザイン、演劇、そしてオリンピックの映画などが含まれていた。

学校そしてクラブが行うこれらの活動のすべては、「ポーランド科学協会体育部門」によって支援された。この協会は、オリンピック教育に関する研究プロジェクトの新しい知見を実践に移すために、オリンピック教育を含むオリンピック関係の話題のセミナーや学会を定期的に開いている。ポーランドはこのような活動を、東ヨーロッパの他の国々よりも頻繁に行っている (Patok, 2006; Zukowska, 2006)。

⑲ロシア●以前のソヴィエト連邦（ソ連）の時代には、クーベルタンの世界の「平和」というオリンピックの理想は一般の体育の授業のなかにも、「スパルタキアード」の青少年運動などの課外活動のなかでも重要視されて

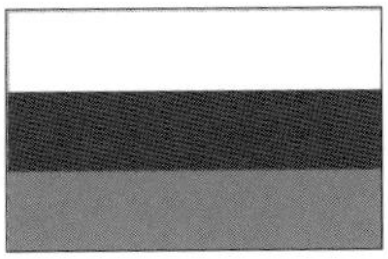

いた。１９５２年のヘルシンキ・オリンピックの後で、ソ連はオリンピックの理念を社会主義的教育に活用することに関しても、東ヨーロッパの国々に対して、実質的に「社会主義者の母国」となった。その例は、第5章で示したように東ドイツにみることができる。しかし、１９８５年以降のペレストロイカ政治の数年後、スポーツ制度と組織の変革が行われ、「全ロシア・オリンピック委員会（ＲＯＣ）」が１９８９年に発足した。このときロシアにおけるオリンピック教育の考え方、組織、方法も変化し始めた（Rodichenko, 2005, p.7）。１９９２年になってＲＯＣの組織のなかにオリンピック教育部門がつくられたが、１９９７年に独立した機関になった。

１９９４年はオリンピック教育を実際に行う出発点となった。このとき、ロシアの中学校で、オリンピック教育は体育授業のなかの必須内容となった。ロシアの教育省とオリンピック委員会（ＲＯＣ）は、共同の法令をつくることによって、オリンピックの思想と価値をいくつかの教育段階で教えることと、教員養成のなかで教えることに同意した。

「内閣の中等教育・ボランティア訓練・課外教育局は現行の体力やスポーツ教育問題に加えて、オリンピックに関する授業を行うように通達を出した。教員養成上級コースの指導教員、専門職能力開発機関の所長は、体育の専門職の教育にオリンピック関連の授業を含めるように指示された。内閣の教員養成局は、教員養成大学の体育学部の授業にオリンピック関連の科目を含める要望を出すことになった。中等および高等体育機関、教員養成大学の体育学部は、オリンピズム、オリンピック・ムーブメント、オリンピック競技についての特別なコースを開設することが義務づけられた。内閣の中等教育局は、１９９６年に一般の学校生徒のためにオリンピック関連の知識の教科書を出版する任務を受け持った。このようにして、オリンピックの知識のためのコースの運営の基盤がつ

くられた」(Rodichenko, 2005, p.12)

『あなたのオリンピック・テキストブック（*Your Olympic Textbook*）』というタイトルの本が中学校8学年（日本では中学2年）用につくられ、１９９６年に3万部がＲＯＣのオリンピック教育部門から出版された。全６章からなるこの本では、オリンピック・ムーブメントの発展の１００年にわたる国内外の歴史に焦点があてられた。いくつかの章では、オリンピックの原則、シンボル、ルール、そして有名な競技者がいかにしてオリンピックの優勝者になったかなどに焦点があてられた。この本の主な目的は、オリンピックに関する知識を国の体育教科カリキュラムにおける理論的コースの一部にすることであった。

２００５年までに、この本は第15刷まで版を重ね、45万部が印刷されて、ロシア全土の6万２０００の中学校に配布された。教員養成大学と体育教員のためのオリンピック・テキストは２００３年に発行され、１２００の教育・トレーニング機関に配布された。

ロシアのオリンピック教育局のもう1つの特色は、12の国内の地方オリンピック・アカデミー（region NOA）をもっていることである。最初の地方オリンピック・アカデミーは１９８７年に開設され、「ＵＳＳＲ（ソ連）・オリンピック・アカデミー」と呼ばれた。それは、モスクワの「国家中央体育研究所」のなかに設置された。この研究所は現在、「ロシア中央国立体育・スポーツ・ツーリズム大学（Russian Central State University of Physical Education, Sport and Tourism）」となっている。１９８９年には、ロシア体育・スポーツ委員会は大学の体育学部と連携した地方オリンピック・アカデミーを設置することを決定した。１９９８年に以前のＵＳＳＲオリンピック・アカデミーは、他の地方オリンピック・アカデミーの中央オリンピック・アカデミーとなった。中央オリンピック・アカデミーは、ロシア中央国立体育・スポーツ・ツーリズム大学と密接な関係をもっている(Kuzin, 2001; Melinkova, 2001)。今日では、12の地方オリンピック・アカデミーの代表者から構成されたオリンピック・アカデミー評議会のもとに、地方オリンピック・アカデミー間のネットワークができている。

オリンピック教育に関する科学的研究は、大学・大学院を卒業するための重要なテーマとなっている。過去15年間に、多くの学位論文や教授昇格論文がオリンピック教育をテーマにして書かれている。また、オリンピック教育をテーマにした学会も開かれた。たとえば、1998年のモスクワにおける"Youth-Science-Olympism"という世界フォーラムや、2003年の"Modern Olympic Sport and Sport for All"の第7回国際科学会議である。このような会議に発表された多くの実証的研究は、ロシア語の壁のために東ヨーロッパ以外にはほとんど知られていない。

まとめ●オリンピック教育に関するさまざまな国のNOAによる広範な活動を展望すると、次のようにまとめることが可能であろう。そこには3つの基本的事項が共有されている。

(1) オリンピックの理念や価値を、学校の授業、コーチング、スポーツ行事のなかで指導する機会のある教師やコーチに追加教育を行うこと。

(2) オリンピック・ムーブメントやオリンピック教育についての学習・指導教材の開発と、それらを学校、スポーツクラブ、大学などに配布すること。

(3) 学校組織の内外で、さまざまなスポーツと文化活動、祭典、「オリンピックの日」などの活動を行うこと。

オリンピックの理念と価値が内包するメッセージは、国々の文化の違いを越えて、世界的に理解されている。しかし、オリンピック教育のメッセージをどのように理解し、どのように伝えるかという点では、国によって多様な差異がみられる。環境問題を扱っている国 (Neeb, 2000) や、新しいメディアやITの高度な利用を行っている国もある (Domingo Santamaria, 2000)。近年では他国のNOAとの連携、ネットワーク活動が推進され、大学など高等教育機関との協力も進んでいる。

8-2 各国オリンピック・アカデミー間の協力とさまざまなネットワーク

NOA間のネットワークには、大陸間のものもあれば、それぞれの国の異なったレベルの組織間のものも存在する。「各国オリンピック・アカデミー間の協力委員会（Commission for the Coordination of National Olympic Academies）」は、優れたネットワークであると考えられる。この組織はスペインのコンラッド・デュランテによって運営されており、「国内オリンピック委員会連合」（ANOC）のなかの1つの委員会を構成している。この委員会は五大陸のNOAの代表者によって構成されている。しかし、大陸間のNOAのネットワークはまだ完備されていない。

「全イベリア・オリンピック・アカデミー協会（Pan-Iberian Associaion of Olympic Academies）」は、最初のネットワークとしてあげられなければならない。前節でも述べたように、このネットワークは大陸を越えて組織された。第二の大規模なネットワークは、マレーシア・オリンピック・アカデミーの主導によって東南アジアですでに形成され始めている。そして、オーストラリアのネットワークにも触れる必要がある。オーストラリアは1つの大陸であるが、NOAは国内の6つの州に事務所をもっており、それらを結ぶ国内ネットワークについてもみていくことにする。

アフリカで最初のNOAは、1981年にエジプトで開設された。1997年からはアフリカのフランス語圏のNOC同士が、実質的な協力関係を結んでいる。そこにはトーゴ、マリ、コート・ジボアール（アイボリー・コースト）、ブルキナファソ、モーリタニア、赤道ギアナ、セネガルなどの国々が含まれる。しかし、長年の努力にもかかわらず、今日まで正式な連合体にはなっていない。その基本的障害は、協力の意思の欠如ではなく他の問題である。アフリカにはまだNOAが開設されていない多くの国がある。経済的・物的資源の欠如に加えて、もっと基本的な施設、教員、教材の不足などの問題が解決されていない（Touba, 2000, p.517）。アフリカのNOAが解決しなければならない財政的・物質的問題に加えて、軽視することのできない問題がある。「それは〝アカデミー〟という言葉の問題である。NOCのリーダーたちは、やる気さえあれば、道は見つかるのだが、この活動に知的に耐えられるかという懸念がある」（Francisco, 2007, p.219）。

学校のなかのオリンピック教育の地位に関しては、アフリカの国々の間に大きな差異があるものの、教科としての体育の地位はいずれの国でも低い。多くのアフリカの国では、子どもたちの日々の学校生活は悲惨、苦痛、飢え、病気、戦争に満ちていた。NOAのオリンピック教育が平和の思想とともに進められる例を、ベニン、中央アフリカ共和国、ガーナ、サハラ砂漠以南の他の国々にみることができる。IOCによる「オリンピックの価値の教育教材キット」の完成（2007年）は、特にアフリカやアジアの国々にとっては、教師や教育担当者に教材と教育資料を与えることであり、オリンピック教育を担当できる資格を付与するための、重要な第一歩であった。

では、ヨーロッパの状況はどうであったのか？　スペイン、ポルトガル、アンドラなどが始めたネットワークの他には、ヨーロッパにはNOAのネットワークは存在していない。

しかし、個人的・非公式的レベルでは、中央ヨーロッパのいくつかのNOAは、2年に一度会合をもつネットワークがある。たとえば、1997年にはベルリンのドイツ・オリンピック研究所で、1999年にはチェコNOAの招待による会合がプラハで開かれた。2003年には、スロバキアNOAの招待によるブラティスラバの会合では、ヨーロッパ20か国のNOAの代表者が集まり、それまでで最大の会合になった。それ以降しばらくは、ヨーロッパのネットワークによる会合やシンポジウムは開かれなかった。

2007年に、ドイツのフェーレンにあるヨーロッパ・スポーツ・アカデミーで、オリンピック教育に関する国際会議が開かれた際には、各国NOAの会長やオリンピック教育の代表者が参加した。参加した国は、ベルギー、ドイツ、ギリシャ、オランダ、オーストリア、ポーランド、チェコなどであった。その会合で、各国NOA間の定期的な交流を再び推進する決議がなされ、ネットワークの構築が検討された。

このようなネットワークに加えて、各国内にもさまざまなネットワークが存在することは、前の節で述べたとおりである。特にスペインとロシアの計画は成功した例であり、詳細についてはすでに述べた。カナダでも2003年以降、NOAの地方支部の充実が行われた。地方支部は体育教員養成大学との協力関係をつくり、成果をあげた。

1990年代には、多くの国でNOAと大学の協力関係が推進された。ポーランド・オリンピック委員会のなかのフェアプレー・クラブとワルシャワの体育アカデミーとの協力、チェコのNOAとチャールス大学との協力、ハンガリーのNOAとブダペスト体育大学の協力などが、その例である。

すでに述べたように、現在では、NOCやNOAに支援された特別な機関もいくつかある。英国のラフバラ大学やオーストラリアのシドニー大学にあるオリンピック研究センターなども、その例である。

さらに2000年以降、IOCあるいはヨーロッパ・オリンピック委員会(EOC)のレベルで、ヨーロッパ委員会(EC)や国連のユネスコなどとの協力関係が進められている。

IOCはすでに、2000年にこの方向への第一歩を踏み出していた。サマランチ会長と、当時EU(欧州連合）の文化・教育局長だったヴィヴィアン・レディング（Redding）は、教育のなかでオリンピックの基盤となっている価値を広めることに協力する合意をした。1年後には、EOCとEUはパートナーになってオリンピック教育のプロジェクトを発足させた。そのプロジェクトの名称は「ヨーロッパのスポーツ・学校・オリンピックの価値」というものであった。ジャック・ロゲは、IOC会長に選出された数週間後の2001年9月には、EUとの間にこのプロジェクトの契約に署名している。このプロジェクトは2002年までの1年間のものであったが、オランダ、フランス、イタリアのNOAも参加した共同企画であった。その目的の1つには、2004年に予定されていた「EUのスポーツを通した教育年（EU Year of Education through Sport）」を盛り上げていくことであった。

3か国で実施されたこのプログラムでは、9～13歳の児童の約6100クラスが参加して延べ15万人がオリンピック教育の授業を受けた。オリンピック教育に関する授業は、体育、地理、美術などの、さまざまな教科のなかで行われた。そこでは、オリンピックの価値の10～14項目が教材となった。

各国のNOAは、その国の教育組織やスポーツ組織のなかに協力的パートナーを広げていった。これらすべての国において、授業は学外のスポーツ・イベントと関連付けて行われ、当時のソルトレイク・シティー冬季オリンピックや、2002年のオリンピック記念週間や記念日の行事などが教材として用いられた。オランダのNOAは12～18歳の中等学校の生徒も対象として、さまざまな教科で使用可能なオリンピック・ムーブメントに関する教材の開発に力を注いだ。フランスのNOAは、オリンピックに関する芸術的活動に力点を置き、絵画、工芸、展示企画による教育が行われた。

イタリアでは、2006年にトリノで冬季オリンピックが行われることになっていたが、このオリンピックの価値のプロジェクトは、学校とNOAの密接な協力のもとに進められた。そこでは、新聞の論評、現代的なIT

を通しての情報、マルチメディア機器などの使用がなされた。この方法は、後のオリンピック教育プログラムに大きな影響を与えた（Gemelli et al., 2006）。

２００２年の終わりに、このプロジェクトに参加した３か国のＮＯＡの代表者たちは、このようなネットワークは成功したと評価したが、ＥＵの他の国々には計画したようには広まっていかなかった。「ＥＵのスポーツを通した教育年」という２００４年の通年事業のなかで、１８５の個別プロジェクトが後援を受けた。しかし、それらの企画のいくつかには「フェアプレー」「互いの尊敬」などのようなオリンピックの価値に焦点をあてたものもあったが（Janssens et al., 2004）、「オリンピック教育」という標題の企画はみられなかった。このプロジェクトにおいてＥＵの委員会の担当者だったヴィヴィアン・レディングは、この「スポーツを通した教育年」の期間に行ったスピーチのなかで、スポーツを通した教育は「オリンピックの理念の再生」を意味するものである、と何度か述べている。ＥＵの文化・教育委員会と２００４年アテネ・オリンピック組織委員会は、共同計画に合意した。その計画は、ギリシャでのオリンピック・ユース・キャンプに「教育のオリンピック・チャンピオン」として、ヨーロッパの若い将来性のある競技者28名を選んで参加させることであった。

ヨーロッパのなかでは、オリンピック教育に関する情報や経験の定期的な交換は、バルト諸国や東欧を含む国際的学術会議を通して行われてきた。たとえば、東ヨーロッパの「現代オリンピック・スポーツとスポーツ・フォー・オール」という定期的な学術会議は、東ヨーロッパ諸国のオリンピック教育についての学術的交流とその発展に寄与してきた。そのようなプロジェクトの結果は、西ヨーロッパや世界の他地域には十分には伝わらなかった。その主な理由は、学術会議で発表された研究や報告がスラブ言語で書かれており、英語で書かれた報告が少ないためであった（Stupnicki, 1999）。

各国NOAの間のネットワーク活動に加えて、特にオリンピックの理念や価値を広めることを目的とした国際的な組織やネットワークが存在する。それらには、スイスにある「国際ピエール・ド・クーベルタン委員会」や、ヨーロッパ各国のNOAの代表者によって構成される「ヨーロッパ・フェアプレー・ムーブメント」(EFPM)などが含まれる。このような動きと関連して、EFPMの会長であるポルトガルのカルロス・ゴンサルヴ(Gonçalves)の名前をあげておかねばならない。彼は、長年にわたってユース・スポーツのなかにオリンピックの価値を広めることに努力してきた(Gonçalves, 2005)。また、アテネには「オリンピックとスポーツ教育の国際協会」(IFOSE)があり、スポーツの教育学に関係したいくつかの国際学会もある。「国際比較体育・スポーツ学会」(ISCPES)や「国際体育学会」(FIEP)なども、オリンピック教育に関する研究を扱っている。

第9章
高等教育機関とオリンピック研究センター

近年、「オリンピック研究センター」という名称が多くの場所でみられるようになった。特に2000年以降に私立・公立の機関が新しく設立されたが、そのようなセンターの歴史は極めて長い。また、世界中の高等教育機関でオリンピックに関する講義が行われたり、オリンピックの研究が進められたりしているが、オリンピック研究センターと名乗っていない多くの機関が存在する。

世界中のほとんどの国には、その国のオリンピック委員会（NOC）と密接な関係をもったり、オリンピック・アカデミー（NOA）の公的協力機関になったりしている高等教育機関が、少なくとも1つは存在する。このような事例については、前の章で述べた。

オリンピックの専門的研究で知られ、長い歴史をもつ機関には表1に示したようなものがある。代表的研究者の名前を括弧内に示した。

表1のリストは完全なものではないが、すでに、多くの高等教育機関がオリンピックの概念を教授したり、オリンピックの大会や国際的・国内的オリンピック・ムーブメントについての研究を行ったりしてきた歴史がある。それらのいくつかは、すでに述べたように、NOAと協力関係にあるが、そうでないものもある。

表1／オリンピック研究で知られる世界の高等教育機関

地域	国名	大学名（研究者名）
南北アメリカ	米国	ペンシルヴァニア州立大学（John Lucas）、北イリノイ大学（John McAllon）、スプリングフィールドカレッジ（Richerd Mandell, Allan Guttman）
	ブラジル	ガマフィリョ大学（Lamartine da Costa）
ヨーロッパ	英国	リーズ・メトロポリタン大学（Jim Parry）
	ベルギー	ルーヴァン・カトリック大学（Roland Renson）
	フランス	パリ大学（Yves-Pierre Boulogne）、リヨンのクロード・ベルナール大学（Thierry Terry）
	ドイツ	ケルン体育大学（Rainer Quanz, Karl Lennartz, Manfred Lämmer）、マインツ大学（Nobert Müller, Manfred Messing）
	ギリシャ	アテネ大学（Nikolaos Nissiotis）、テッサリー大学（Mouratidis）
	ハンガリー	ブダペストのゼンメルワイス大学（Istvan Kertesz, Kartin Sikora）
	ポーランド	ポツナン体育大学
	ロシア	モスクワのロシア国立体育・スポーツ・ツーリズム大学（Vladislav Stolyarov, Vladimir Rodichenko）
	ウクライナ	キエフの体育・スポーツ・ツーリズム大学（Volodimir Plartonov, Maria Bulatova）
アジア	中国	北京体育大学（Hai Ren）
	日本	筑波大学（Narita, Sanada）、高知大学（Maeda）
オセアニア	オーストラリア	クイーンズランド大学
	ニュージーランド	クライストチャーチのオタゴ大学

しかし少数の例外を除いて、これらの機関はすべて、その研究の焦点をオリンピックに関する歴史学、社会学、哲学においている。それらの高等教育機関で長年にわたって無視あるいは軽視されてきたことは、オリンピックに関する学問のなかで極めて重要な青少年のオリンピック教育学でありオリンピック教育であった。このことは、学校教育についても、体育教員養成大学やオリンピック選手養成を目指すコーチのトレーニング組織についても言えることであった。

近年に設立された「オリンピック研究センター」をこのような観点からみると、まだ十分な状況ではない。

「オリンピック研究センター」の最初の2つは、カナダとスペインにつくられた。1つはカナダのウェスタン・オンタリオ大学であり、もう1つはスペインのバルセロナ自治大学である。これらは、第6章で紹介したように１９８９年に開設された。
ウェスタン・オンタリオ大学のオリンピック研究センターは、よく知られた年報"*Olympika*"を１９９２年以来発行している。この年は、「第1回オリンピック研究国際シンポジウム」が開かれた年であった。それ以降、現在まで、このシンポジウムは2年に一度開かれており、その講演・発表論文集が出版されている。このシンポジウムでは毎回、3人の招待された学者の特別講演が行われ、そのうちの1つはポスター発表の形式で行われる。こうした出版活動は、このセンターをオリンピック研究で世界的に最も権威あるものにしたが、その活動の主たる範囲は、オリンピックに関する内外の歴史や社会・文化的領域に絞られ、オリンピック教育には関心が払われなかった。

バルセロナの国際オリンピック研究センターは、オリンピックに関する幅広いテーマを扱っている。その範囲は歴史、社会、経済、メディア、インターネット関連の問題から、オリンピック教育の教育学や教授法までを包含している。この研究所は毎年「オリンピズムの国際講座」を設けている。近年は何人かの客員教授によってオリンピック教育に関する問題が取り上げられている（Cashmann, 2002; Parry, 2003; Binder, 2006）。これらの講義の内容は、この研究所のホームページのＰＤＦファイルで読むことができ、他の講演もアーカイブスのなかでみることができる。この研究所を有名にしているもう1つの企画は「オリンピック研究国際名簿」である。これもこの研究所のホームページでみることができる。この名簿によれば、世界の19の「オリンピック研究センター」が登録されており、31の機関が「研究所・大学」の見出しのなかに含まれている。２００６年に、このセンターはＩＯＣの後援する「オリンピックの価値教育プログラム（ＯＶＥＰ）」を推進し、「オリンピック教育の新しい試みの研究」という題名のもとに、各国ＮＯＡの研究を始めた。このプロジェクトには、90のＮＯＣとＮＯＡが協力し、61の新しい試みが研究の対象になった(Gabet, 2007a, p.135)。

北京市のオリンピック研究センターは、1993年に北京体育大学のなかに開設された。ここでは、中国のスポーツの伝統と文化についての授業・研究が行われており、オリンピック教育のいくつかの要素は、1990年代には行われていた(Hai Ren, 2007)。しかし、北京で2008年のオリンピック開催が決まると、新たに公的なオリンピック研究センターが、2000年後半に「人文学的オリンピック研究センター」として中国人民大学のなかにつくられた(Yunpu Jin, 2007)。これは、北京市議会、北京オリンピック組織委員会(BOGOC)、そして中国人民大学の共同計画であった。2003年以降、このセンターは毎年「2008北京オリンピック国際フォーラム」を開いてきた。国際的な専門家が招待されて、北京オリンピックの3つの国際的テーマ(「ハイテク・オリンピック」「人々のオリンピック」「グリーン・オリンピック」)について、さまざまな講演を行った。センターの活動は、「人々のオリンピック」というテーマについての人文学的側面に重きをおいた。2004～2008年にかけて、「人文学的オリンピック研究センター」は、文化的・教育的トピックについて国際的シンポジウムを開催した。2004年と2007年の国際フォーラムでは、オリンピック教育がメイン・テーマであった。それらの会議における講演・発表論文集は、いくつかの英文の記事を除いては中国語で出版された。同じように、学校におけるオリンピック教育の実践や実証的研究の結果なども出版されたが、すべては中国語であった。

オリンピック教育に関して、BOGOCは北京近郊に「オリンピック教育モデル学校」をつくることに多くの力を注いだ。その結果、現時点で550の学校が指定された。これらの学校は授業のなかで、オリンピックについての幅広い事柄が扱われ、「ハート・トゥ・ハート」という学校プロジェクトのなかで、世界各国にある提携校と定期的に情報交換を行った(Wade, 2007)。

今日まで10以上の研究が、このプロジェクトで行われている。それらのうち最も重要なものは「オリンピックの世界への影響」プロジェクトであろう。このプロジェクトはIOCとの協力のもとに行われた。これは8か年計画であり、北京オリンピックから2年後の2010年に完了する予定で、開催都市（北京）の発展にオリンピックが文化、経済、環境、社会などの面でどのような影響を与えたかを記述・評価するプロジェクトであった。

すでに述べたように、もう1つの「オリンピック研究センター」が、英国オリンピック財団の支援を受けて、2004年にラフバラ大学に開設された。このセンターではオリンピックに関する研究プロジェクトに加えて、セミナーやイベントを定期的に開いている。毎年招待される3～5人の講師やそこで行われる研究は、オリンピックの社会学、経済学、政治学、そして現代の状況に重点が置かれている。しかし、2012年のロンドン・オリンピックが決定されると、ユース・スポーツと教育という新しいテーマが、出版にも研究計画にもみられるようになってきた（Cross & Jones, 2007）。英国の「教育・技術省」がオリンピックの価値を広め、学校体育をこの原則に沿って改革しようとしているので、研究センターにおいてもこの問題の重要性が増すであろう。

最後にあげるのは、2004年にラフバラ大学と同じ頃に開設された「オーストラリア・オリンピック研究センター」である。このセンターは、シドニーのニュー・サウスウェールズ工科大学のなかにつくられた。

2000年のシドニー・オリンピックにあたって、このセンターのオリンピック教育プログラムは、それまでの枠を越えた成功を成し遂げた。このプログラムは、2004年と2008年のオリンピックの組織団体によっても、よい先例として使用されている。このセンターが開設されるに先立って、「オリンピック教育キット」の使用と「シドニー・オリンピックに対する大学の貢献」についての2つの評価研究が、現在の所員たちによって出版されていた。このセンターは２００５年以来、オリンピックとオリンピックに関連する教育文化活動についてのすべての論文・資料を保管している。しかし、研究のテーマや招待講義の話題でオリンピック教育に関するものは少なく、オリンピックの経済学、政治学、マネジメント、マーケティングに関するものや、シドニー・オリンピック公園のようなオリンピックの後の施設の永続的利用に関するものが多かった。

まとめ●バルセロナと北京のオリンピック・センターは、オリンピック教育の教授法や研究活動に大きな影響を与えたが、この章で述べた他のセンターはオリンピック研究のなかで教育学的側面を取り上げる準備段階にあるようである。それに対して、大学のなかの研究機関はオリンピック教育についての研究と授業の実践の長年の歴史をもっている。そのような大学の例として次のような大学をあげることができる。プラハのカレル大学、ドイツのデュイスブルグ-エッセン大学とマインツ大学、ワルシャワのピルスドスキー・アカデミー、モスクワのロシア国立体育・スポーツ・ツーリズム大学、北京体育大学などである。

カナダのアルバータ大学のオリンピック教育研究所（２０００年設立）と並んでオリンピック教育の研究に力を入れている専門的研究所には、ドイツのデュイスブルグ-エッセン大学のヴィリバルト・ゲップハルト研究所（ＷＧＩ）がある。ＷＧＩは１９９２年に、ノルトライン-ヴェストファーレン州スポーツ連盟、西ドイツ・フットボール競技連盟、ドイツ・オリンピック協会などの支援によって開設された。行政から独立した非営利的研究組織で大学キャンパスの外につくられたが、大学と連携していた。ヨーロッパのなかにいくつかの提携組織をもち、１９９０年代からオリンピックの理念とオリンピック教育について６か国の比較研究をしてきた。この研究は、国際スポーツ科学・体育協議会（ＩＣＳＳＰＥ）による支援とＩＯＣの研究費の支給を受けた（Telama et al., 2002）。

また、ＷＧＩはデュッセルドルフが２０１２年のオリンピックに立候補した際に、準備委員会から依嘱された『オリンピック教育白書』を作成する任務を果たした。もう1つのプロジェクトは、ドイツ国内にオリンピック教育に関するインターネット・プラットフォームを構成すること、オリンピック教育についての2つの展示会を開くことであった。ＷＧＩのホームページ（www.wgi.de）は、オリンピック教育についての英文と独文の研究論文および、フランス語、ロシア語、チェコ語、ポーランド語の出版物の一覧を掲載している。体育とオリンピック教育の国際的研究に関して、ＷＧＩは英国、カナダ、チェコに国際的協力機関をもっている。

最後に、オリンピック教育の推進のために必要なことをまとめるならば、ＩＯＣや教育分野の国際組織の支援を受ける以上に必要なことは、オリンピック教育学とオリンピック教育の教育実践と研究に、実際に長年携わってきた大学など高等教育機関のネットワークの構築である。そのネットワークに共通なニュースレターの発行は、オリンピック教育研究センターの研究計画や結果について情報交換するための最初の一歩となろう。

問題

（１）ＩＯＣのオリンピック・ソリダリティー委員会はどのような活動をしていますか？

（２）国際オリンピック・アカデミー（ＩＯＡ）がオリンピック教育の推進のために行った、大きな決定は何ですか？

（３）各国のオリンピック委員会（ＮＯＣ）がオリンピック・アカデミー（ＮＯＡ）をつくることについて、あなたはどう思いますか？

（４）各国ＮＯＡに共通する3つの活動は何でしょうか？

（5）オリンピック教育を推進するネットワークは、現在、どこにどのようなものがあるでしょうか？　また、将来どのようなことがなされるとよいでしょうか？

参考文献

・IOC（2007c）. *Vth World forum on sport, education and culture*. Lausanne: IOC（www.olympicorg）.

・IOC（2008）. *Olympic Value Education Toolkit*. Lausanne: IOC（www.olympicorg）.

・Müller, N.（1994）. *One Hundred Years of Olympic Congresses, 1894-1994.* Niedernhausen: Schors.

・自国のＮＯＣやＮＯＡのホームページをみて、オリンピック教育の推進活動を調べてみよう。

第Ⅳ部

オリンピック教育の教育学的概念と教授法

オリンピック教育のために、どのような内容をどのような教授方法で教えるかという試みは、すでにさまざまな機関によって行われてきた。オリンピック教育の多くの内容は、長い期間にわたって国の体育のカリキュラムのなかに取り入れられてきた。その事例は、西ドイツと東ドイツについて示したとおりである。多くの国の体育のカリキュラムは、オリンピックの理念やオリンピックの原則を引用している。そこでは、「フェアプレー」「相互尊敬」「連帯」などの細目が引用されるが、オリンピック教育の内容として扱われてはいない。

しかし、いくつかの国の体育カリキュラムのなかでは「オリンピック教育」という言葉が、体育授業のなかでの社会・道徳学習を行う授業を意味する言葉として正式に使われている（10－1節）。ある国においては、オリンピック教育は体育の一部であるとみなされているが、ほとんどの国においては、体育の枠のなかではオリンピック教育の教育内容を十分には取り込めていないと考えられている。伝統的な体育の学習指導がスポーツ教育に変えられようとしている今日こそ、体育とオリンピック教育の関係を検討する必要がある（10－2節）。

また、オリンピック教育のさまざまな概念と教授法（第11章）には、次のような問題が残されている。われわれは、どのようなオリンピック教育をどのような方法で行うべきなのだろうか？　包括的なオリンピック教育に関する教授の効果を高めるために、異なる考えや方法を組み合わせたり統合したりすることは可能なのだろうか？（第12章）

第10章 各国の体育カリキュラム

＊　＊　＊

10—1 オリンピック教育の普及

一般に、学校での体育やスポーツ教育の一環としてオリンピック教育を普及させることについて述べるのは簡単ではない。その理由にはさまざまなものがある。

学校や教育担当省庁が、基本的カリキュラムのみの実施法を簡潔に提示する国が多くなってきている。その結果、基本的カリキュラムから発展したカリキュラムについては、地域の学校のための授業概要が整備されないままになっている（Uhle & Naul, 2001）。このようなタイプの国家的カリキュラムの概要は、一般的に、学校がオリンピック教育を実施したほうがよい、という推奨を含んでいない。その一方、カリキュラム概要が柔軟で、地方の学校がオリンピック週間、オリンピックの日、オリンピック教育としての授業を企画してもよいようになっている国もある。ヨーロッパのほとんどの国では、国・地域の体育カリキュラムのなかでは、「オリンピック教育」と明確にうたってはいないが、オリンピック教育に関連した「オリンピック」という授業やさまざまなイベントが、普段の学校生活のなかにみられるようになった（Telama et al., 2002, p.89）。

オリンピック教育の現在の状況は、体育という教科全体が流動的であるように、カリキュラムや概要に関しても流動的である。

スポーツ教育学や教授法の授業のために、多くの国で使用されているテキストや国際的に使用されているテキストのなかに、オリンピック教育という知識体系を見いだそうとしても見つけるのは困難であろう。しかし、スポーツ教育学の1つの分野として、また体育の授業のテーマとしてオリンピック教育やオリンピック・カリキュラムが含まれるという考え方は、広く世界的に受け入れられている。たとえば、１９９８年には『スポーツ科学ハンドブック』初版の「スポーツ教育学」という章では、オリンピック教育について言及されている（Naul et al., 1998, p.33）。２００３年の第三版ではオリンピック教育はさらに強調されて、学校やスポーツクラブでフェアプレーのような道徳的規範を教えることに焦点を置いた「オリンピック教育」の学問分野としての認知度は大きくなった（Feingold et al., 2003）。１９８８年のソウル・オリンピック時のプレ・オリンピック科学会議以来、４年に一度のこの会議においてオリンピック教育をテーマにした講義、ワークショップ、研究結果の発表などが通常的に行われてきた（Müller, 1990a; Naul, 1998; Binder & Naul, 2004）。

この歓迎すべき発展があるからと言って、オリンピック教育が国の体育カリキュラムのなかに明確な学習目標・学習内容として見いだされないことを忘れてはならない。しかし、多くの国の体育カリキュラムが「フェアプレー」「忍耐」「敬意」のような社会的・道徳的価値を、体育やスポーツ教育を通して教えようとしていることに触れておくべきだろう。そのような価値が、オリンピックの理念と同一のものではなく、またそのように呼ばれていないにしても。

オリンピック教育についてのこのような状況は、スイスで行われた「体育の国際比較」プロジェクトの2次的分析のなかでも示されている (Pühse & Gerber, 2005)。このプロジェクトは35か国の体育について展望し、多くの国の体育のなかで行われる社会的学習の過程は、社会的規範、価値、態度の修得と強く関連して行われていることを示した。たとえば、デンマークについては次のように述べられている。「社会的学習の観点からみれば、競争的スポーツにおいてはフェアプレーが最も重要なものである。この英国の古い考えは、デンマークでは2003年の教育法のなかで、スポーツのなかでの社会的学習の中心的課題となっているようである」(Rønholt, 2005, p.222)。しかしながら、35か国のうち、わずか5か国（ドイツ、ギリシャ、リトアニア、ニュージーランド、ポーランド）のみが、オリンピック教育という言葉を使っているにすぎなかった。

ドイツ●ドイツの状況に関しては、次のようなことが報告されている。フェアプレーの重要性を教えることは常に体育のなかで行われてきたが、その注目度は変化してきた (Balz & Neumann, 2005, p.304)。しかし、このドイツの著者たちは、ドイツの都市が2002年と2003年に2012年のオリンピック開催都市に立候補する以前の、自国のオリンピック教育の歴史については触れていない。ドイツに限らず、この比較研究のなかで自国の展望を執筆した多くの国の著者たちは、自国のオリンピック教育の運動に気づいてもいないし、書いてもいない。たとえば、ベルギー、チェコ、フランス、ガーナ、日本、ロシア、スペインなどの国では、第8章で述べたように、オリンピック教育の概念はすでにその国の学校やスポーツクラブに広まっていたにも関わらず、そのことについては何も書かれていない。

オリンピック教育がすでに重要な教育的課題になっている、次の4か国の展望は注目に値する。

ギリシャ●たとえばギリシャでは、「オリンピックの精神に関する知識を習得すること」は体育の知的学習領域の主な課題の1つと考えられているが、それは２００４年のアテネ・オリンピックの準備のための体育教育政策によってつくりだされた「体育がオリンピック教育を支持する雰囲気」の結果であると考えられている。

実際、２００４年のアテネ・オリンピックに際して準備され、実行されたオリンピック教育の積極的な推進運動は、とてもユニークなものと評価される。その綿密さばかりではなく、広範な学校への普及や、その運動効果の科学的モニタリングにおいても独自性があった。

ギリシャのアテネ・オリンピック準備委員会に属するオリンピック教育担当者のリーダーシップのもとに行われた共同計画には、ギリシャの教育省、教育学研究所、オリンピック・アカデミー（ＮＯＡ）、オリンピックとスポーツ教育国際連盟（ＩＦＯＳＥ）、テッサリー大学の体育・スポーツ科学部、教育省の代表者を長としたギリシャ・オリンピック教育評議会などが加わった。

「関心をもとう、参加しよう、学ぼう、創造しよう（Be aware, participate, learn, create）」というスローガンのもとに、幼稚園児から中学生までのすべてのレベルに対する教材が開発された。それらの教材のなかには、小冊子、テキスト、運動指導書、ワークシート、写真集、スポーツ記録集、教師の指導書、ビデオ、ウェブサイトなどが含まれていた。これらの教材のいくつかはドイツ語、英語、フランス語に翻訳されて、外国のギリシャ人学校やギリシャ文化クラブに配られた。特筆すべき教材の1つは、ギリシャの作家ユージン・トリヴィザスによって書かれた『デスピナと鳩（*Despina and the Dove*）』という童話である。この美しい童話は、デスピナという少女が一羽の白い鳩の協力で、道徳的で平和的な世界を「悪」の軍団から護るために闘う話である。このときデスピナと鳩の「善」の軍団には、過去のオリンピック競技者と、アテネ・オリンピックのマスコットであったアティナとフィボスという神が加わるように、この童話は構成されていた（Georgiadis, 2005, p.121）。

ギリシャでは、オリンピック教育プログラムの実践は早くから始められた。１９９９〜２０００年の学年では、３５０の小学校で、９〜11歳の生徒４万５０００人が予備的研究に参加した（Arvaniti, 2001）。最後の段階は、学校で「オリンピアード」という新しい授業を週に1時間実施し、２０００人の体育教師を新たに採用したことであった。オリンピック教育の授業も７５００の小中学校で実施され、約１００万人の生徒が出席した。加えて、多くの文化的イベントがギリシャ国内外で開かれた。その目標は「スポーツ」「文化」「多文化主義」「オリンピック休戦」「ボランティア精神」などであった（Georgiadis, 2005, p.128）。

このプログラムは、さらに活動結果の評価に及び、活動参加者の内部からの評価と、外部からの評価が行われた。これについては後で述べる。

リトアニア●リトアニアが独立した前後に行われた体育の再構築の議論では、政府の体育庁と国内オリンピック委員会（ＮＯＣ）の特別な協力が論じられた（Cikotiene, 2005）。その結果、「体育に理論的背景」を与えるための、次のような文言が現れてきたのは自然なことであった。「個人が、社会の倫理的規律を順守することは重要なことである。そのなかには、フェアに意思の伝達や協力をすること、オリンピック・スポーツの価値を大切にすること、異なる技能や意見などをもつ人々に寛容であること、合理的に身体活動を計画することなどが含まれる。それらは、個人の価値観と能力の向上に役立つ」（Cikotiene, 2005, p.446）。

ニュージーランド●オリンピック教育の課題・目標を国の体育カリキュラムと結びつけた優れた例は、ニュージーランドのケースにみることができる。１９９４年、「ニュージーランドのカリキュラム大綱」（ＮＺＣＦ）は７つの必修領域を明記した。「健康と身体的健全さ（well-being）」は、その1つである。健全であるためには４つの側面が必要である。それらは身体的健全さ、心理的・感情的健全さ、社会的健全さ、そして精神的健全さである(Culpan, 2002, p.442)。この目的のために1999年に出版された「保健と体育のカリキュラム」は、次の4つの教科内容を分けて述べている。それらは、健全さ(ウェルビーイング)、健康促進、社会的‐生態的観点、そして4番目が態度と価値である(Ministry of Education, 1999, p.30)。このカリキュラムの実践結果がどのようになったかは明らかでないが、体育カリキュラムの4番目の内容はわれわれの注意を引く。その理由は態度と価値の学習領域は「オリンピックの理念」という言葉のもとに行われたからである。

したがって、ニュージーランドの「行動カリキュラム」のこの部分は、公式に「態度と価値―体育におけるオリンピックの理念」と呼ばれた。国の体育カリキュラムのウェブページには次のように記されている。「オリンピックの理念は、マオリ族の言語で健康で幸せな状態を意味するHauoraを促進するような態度と価値に極めて近いものがある」と、「ニュージーランドの保健・体育のカリキュラム」のウェブ版34ページに書かれている。オリンピックの理念についての学習は、生徒たちがスポーツと体育によって得られる態度や価値を広く理解する手掛かりを与える。このカリキュラムには、次のようなオリンピックの理念に関連した価値観や道徳が含まれている。

「スポーツを文化と教育と融合させることによって、オリンピズムは次のような基盤の上で人生を豊かなものにする。
・精神と身体と人格のバランスのとれた発達――マウリ族の言語のHauora
・努力のなかに見いだされる喜び
・他者の手本の役割を果たすことの教育的価値
・次のような普遍的な倫理を守ること――忍耐、寛容、宥和、友情、非差別、他者への敬意」

(http://www.tki.org.nz/r/health/cia/olympic/index_e.php)

この国の体育カリキュラムは、ＮＯＡとニュージーランド体育協会のパートナー間の効果的な協力の１つの事例である。これら２つの団体は互いの合意のもとで、１９９８年以来、協力して仕事を進めてきた。３番目のパートトナーとしてクライストチャーチの教育大学が加わり、各組織の代表者たちは、「行動カリキュラム」のうちの２つの部分を開発した。それらは、「態度と価値―９～10歳のための体育におけるオリンピックの理念」と「行動のなかのオリンピズム―５～９歳のための体育における態度と価値」であった。２つのマニュアルはともに、現代のオリンピックの発展に対する社会的批判的な検討を促し、子どもたちにオリンピックの価値をもって現実生活の問題に対処させることを推進させようとした。このような方法をみると、ニュージーランドのオリンピック教育の指導マニュアルは、他の多くの国のものとは多少違っているようである (Diesenhofer, 2007, p.50)。「教師が、社会的想像性と教育学に基づいて、意味深い運動プログラムを開発し、運動を価値あるものと認め、健全（ウェルビーイング）な生活のなかでの身体的営みの重要性を理解できるようにするためには、オリンピズムの人文学的側面に焦点をあてた教育学が必要である」(Culpan, 2002, p.446)。

ニュージーランドの事例は、国際的にも注目されるようになった。その理由は、その事例が、１つのカリキュラムが現代の健康指向の体育の考え方と、オリンピックの価値のような全体論的教育の考え方を、どこまで統合できるかを示しているためである。その関係において、ベルギーのＮＯＡの例は再評価されるべきであろう。課外スポーツ活動のなかで、オリンピック週間とかオリンピックの日を指定しているカリキュラムをもっている国はたくさんあるが、ニュージーランドのように、国のカリキュラムの枠内で統合された有意義なオリンピック教育を計画している国はわずかである。２０００年のシドニー、２００４年のアテネ、２００８年の北京では、オリンピックは、短い期間ではあったが、オリンピック教育を学校や体育カリキュラムのなかに浸透させる推進力となった。そのようなオリンピックが実際に行われた国とは違って、ニュージーランドの事例は、ロシアと並んで数少ないものである。ロシアの教育システムに関しては、すでに述べたとおりである。

ポーランド●ポーランドについて書かれた展望は注目に値する。ポーランドでは、「社会的学習とフェアプレー」という学習領域がつくられ、その授業名は「オリンピック教育」となっている（Dobosz & Wit, 2005）。「オリンピズムのなかにある人格特性や価値に基づいて、すべての教育段階におけるオリンピック教育のプログラムが、ポーランドではつくられてきた。その使命は、オリンピックの理念やフェアプレーの原則が生徒の生活のすべての面に、そして社会的生活のなかに生かされるようにすることである」。この展望論文のなかで、著者たちはポーランドのフェアプレー・クラブとＮＯＡについても論じている。

すでに述べたように、35か国の体育についての展望は、さまざまな理由から、それらの国のオリンピック教育の実態を表しているとは言えないが、ＮＯＡが極めて活発に活動している国のことや、高等教育のなかでスポーツ教育学や体育の専門家がオリンピック教育を学校教育のなかに組み入れ始めている国のことを紹介している。これらの記述は正確であると思われる。

しかし、体育教科の全世界およびヨーロッパ内の比較研究が、体育教科に対する尊重の度合いが弱められ、授業時間が削られていることを示している状況では（Hardman & Marshall, 2000; Hardman, 2002; Hardman et al., 2007）、体育教科の一部としてのオリンピック教育の役割が小さくなったとしても、驚くべきことではない。

オリンピック教育について憂慮すべきもう1つの脅威は、学校におけるオリンピック教育の地位である。過去

30年の間に、主としてヨーロッパ西部・中部の国々では、教科としての体育の目的・目標のみならず、その名称までが変化してきた（Naul, 2003）。スポーツの強い影響、そしてスポーツ技能の発達に関連した目標は、チームメイトと一緒に試合で自己ベストを達成しようとする精神や、社会的・道徳的価値を目指しての努力などを含んでいた。しかし、そのようなことは基本的には教育的ではないと、教育者の一部から批判的評価を受けた。しかし、それとは反対の考え方をする国もあった。たとえば英国、米国、オーストラリア、ニュージーランドである。それらの国々では、伝統的な体育（physical education）は、１９９０年代にスポーツ教育（sport education）という新しい概念によってつくり変えられた。そのスポーツ教育のなかには、オリンピックの理念が共通の価値として含まれていた。その1つの例は、ニュージーランドのスポーツ教育にみることができる。しかしながら、次のような疑問が残る。それは、体育とオリンピック教育の間の伝統的関係は何であったのか（Parry, 1998）ということ、そしてスポーツ教育とオリンピック教育の新しい関係はどのようなものなのか（Siedentop, 1994）、という疑問である。

10-2 体育、スポーツ教育、オリンピック教育の関係

英国のリーズにあるメトロポリタン大学オリンピック研究センター所長であるジム・ペリーは、国際オリンピック・アカデミー（ＩＯＡ）の講師も頻繁に引き受けている。彼はオリンピズムについての哲学的人間学の多くの研究を批判的に分析した。その結果、「オリンピズムの哲学的人間学は、次のような理想を追い求めることにある」と述べている（Parry, 1998, p.160）。

・全体的に調和のとれた人間の発達を目的とし、
・卓越と達成を目指し、
・競争的なスポーツ活動のなかの努力を尊重し、
・相互尊敬、フェアな態度、公正さ、平等の精神をもち、
・永続する人間関係と友情を育て、
・平和と寛容と理解の国際関係を築き、
・芸術とスポーツとの文化的連合をとり結ぶ。

ペリーはこのような一連の理想を、「人間の能力と卓越の重視と、幅広い文化形態の重視をあわせもつものであり、学校の授業のなかに体育の存在意義を正当化できる主張を発展させるもの」と考えた（Parry, 1998, p.164）。

１９９０年代は、学校体育にとって世界的に危機の時代であり（Hardman & Marshall, 2000）、学校での体育の正当性を保証する新しい考えが求められていたので、このオリンピック教育の理念は、学校教育のなかの授業としての体育の地位の再構築に役立つように思われた。「体育活動は、人間の優秀さと〝徳性〟の発達と、道徳的に行為する人格の陶冶のための〝実践〟と考えられねばならない」とペリーは述べている。さらに、結論として、「スポーツの実践は、オリンピズムの哲学的人間学の知識に支えられて、体育教師に道徳教育に関連した重要な目標を達成するための道筋を与えることになろう」と述べている（Parry, 1998, p.165）。彼はこの論文で、スポーツ・コーチのことにも触れている。コーチたちはオリンピズムの原則を昔の時代錯誤のものと考えてはならず、「教育のなかでのスポーツを再構築する力のある、生きた思想」と考えたほうがよい、と結んだ（Parry, 1998, p.166）。

このような思潮のなかで、英国では、体育のなかの重要な一分野としての「教育のなかのスポーツ（sports

in education)」という考えから、スポーツ教育（sport education）への移行は小さなステップにすぎなかった。スポーツ教育という言葉は、米国の学校体育を改革するためにシーデントップによって選ばれたものである。彼は、「スポーツ教育は体育を改革する潜在能力をもっている」と考えた。その理由は、「スポーツ教育は、伝統的な体育よりも全体的で現実的なさまざまな経験を与えることができる」、というものであった。このスポーツ教育モデルでは、「生徒たちはスポーツのプレーの仕方を全体的に学ぶだけではなく、彼らのスポーツ経験を調整したり、管理したりすることをも学ぶ。また、グループのメンバーとしての責任感や効果的な社会的技能も学ぶ」(Siedentop, 1994, p.3)。

「有能なスポーツ・パーソンは、ゲームに有効に参加する十分な技能をもっており、プレーの複雑さに適切に対処する戦術を理解し、実行することができ、知識の豊富なゲーム・プレーヤーである。教養のあるスポーツ・パーソンは、スポーツのルール、礼儀、伝統を理解し尊重する。そして、子どもであろうとプロであろうと、スポーツでのよいプレーと悪いプレーを峻別する。熱心なスポーツ・パーソンは、スポーツの文化を尊重し、擁護し、向上させるように参加し、行動する」(Siedentop, 1994, p.4)

このような目標を追求するにあたって、シーデントップは、体育を完全にスポーツ教育に置きかえることを意図してはいなかったし、体育のカリキュラムからスポーツを排除しようとも思っていなかった。彼は、児童たちが組織されたユース・スポーツや、クラブやレクリエーション・スポーツなど、現実の生活世界のスポーツ文化のなかで経験したり学習したりするような、「生のスポーツ、あるいは本物のスポーツ」を不用意に体育のなかに取り入れることに批判的であった。今日まで、この複雑なユース・スポーツが体育授業にとってどのような意味と可能性があるのかは、十分な検討がなされていない。彼の批判は次のように続いている。

「体育におけるスポーツには、まったく一貫性がない。スポーツはさまざまな形をとって現れる。技能はゲームの状況での自然な動きの一部としてではなく、分離して教えられる。スポーツに意味を与えているスポーツの礼儀、価値、伝統などもほとんど教えられることがなく、子どもたちが経験を通して習得しているにすぎない。チームやグループに参加することは、スポーツを通しての個人の成長や責任感を育てる機会を与えるが、体育ではそのようなことはま

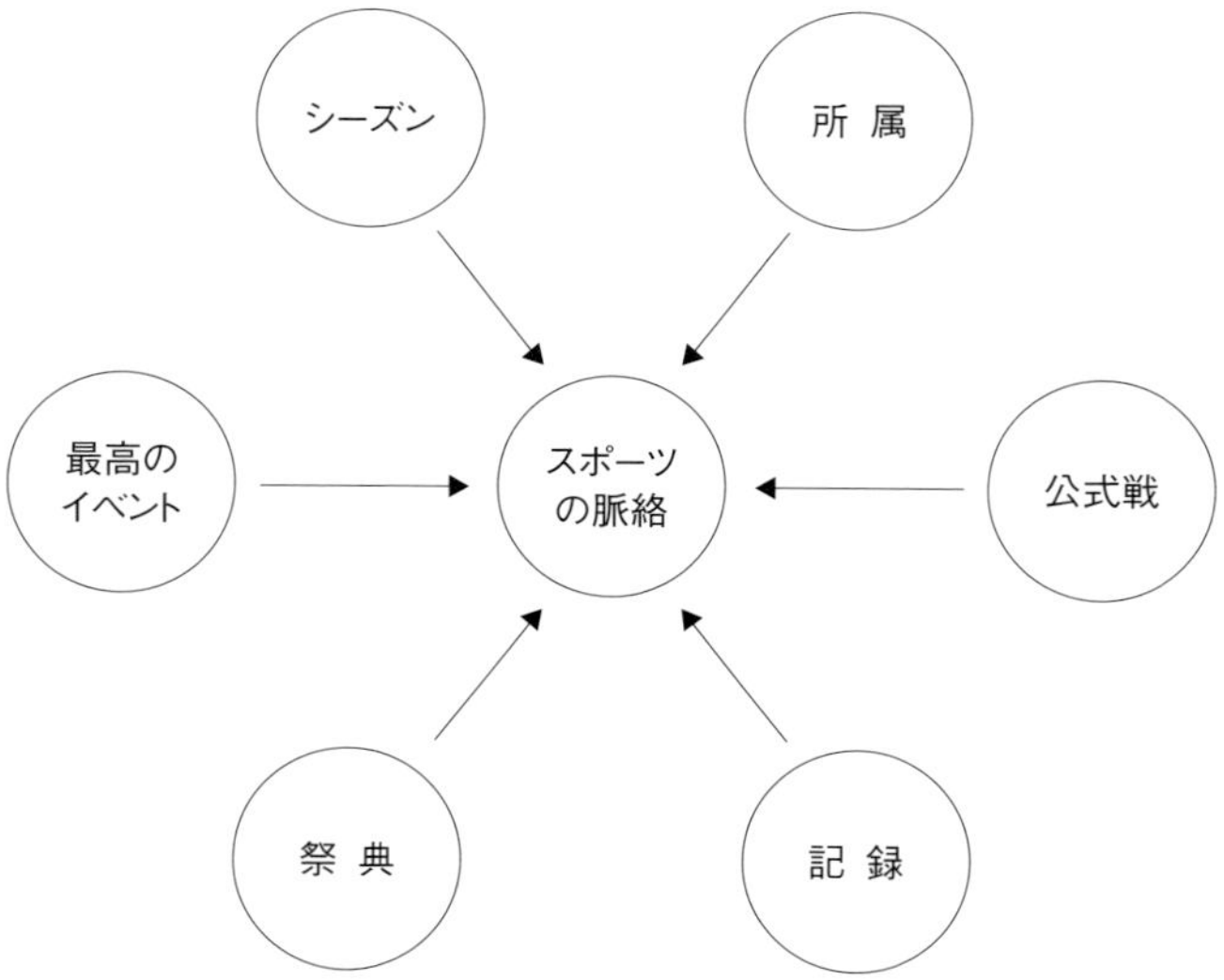

図6／スポーツ教育モデルの要素
出典：Siedentop, 1994, p.8

った く欠如している」(Siedentop, 1998, p.7)

学校におけるスポーツ教育モデルは、体育授業のための6つの要素を含んでいる。それは図6のように表される。

生徒たちは1学年の間、体育のクラスのなかで、固定したグループあるいはチームに所属する。これはスポーツで言うならば「シーズン」であり、授業時間ごとに他のグループへ移動することはできない。通常の授業の一部として、公式戦が行われ、各生徒は1年間を通して個人のベスト記録を追求する。このことは「最高のイベント」としてのスポーツ祭や他の文化祭に似たものである。

上記のような授業計画の構造をもったスポーツ教育モデルは、オリンピック教育の授業計画の構造と似たところがある。シーデントップの考えがオリンピックの原則にどの程度対応しているかを、彼の「競技」という言葉の意味付けのなかにみることができる。

「競技は3つの中心的意味をもっている。
・まず初めに、競技は祭典である。
・競技は能力の追求に関連して重要な意味をもっている。
・競技は競い合いのさまざまな方法を意味する」(Siedentop, 1994, p.13)

「能力の追求」という語句は、オリンピックの理念の「卓越の追求」という言葉を思い起こさせる。シーデントップによる「能力の追求」という言葉の定義は、彼が考えるスポーツ教育の教育学的課題が、クーベルタンの考えに極めて似ていることを示している。その定義は、「能力の追求においては、競技は他者あるいは他のチームを妨害することはない。成績の客観的基準を超えるために自分自身と競争することが、競技である」というものであった（Siedentop, 1994, p.14）。他者とのフェアな競い合いのなかで自分自身と競い合うことは、まさにクーベルタンが若者のスポーツに望んだことであった。彼は、「個人の自己完成のために常に努力する人間の挑戦」とともに、「努力の崇拝」と「競争で自分の長所を示す自由」について論じていた。

したがって、シーデントップが後に、彼のスポーツ教育モデルを「オリンピック・カリキュラム」に発展させていったことは驚くべきことではない。パリーと同様に、シーデントップもオリンピズムの人間学的基礎を、21世紀の学校体育が困難な課題を克服していく基盤であると考えている。

「オリンピズムは、体育のカリキュラムを青少年の十全な教育に貢献するように構成するための素晴らしく、適切な基本理念を与える」（Siedentop, 1994, p.119）

オリンピック・カリキュラムのなかでは、スポーツ教育モデルは他の教科にまで適用されていった。たとえば「平和教育」「地球教育」「美学教育」などにも、スポーツ教育モデルは適用された。平和教育は道徳・倫理的行動を対象とし、地球教育は相違への寛容と尊敬を伴う多文化主義などを対象とし、美学教育はスポーツの美しさや運動する身体の美しさや、オリンピズムを称える音楽、美術、文学を対象として教育を行う。

シーデントップにとって、オリンピック・カリキュラムの主な目標は次のようなものであった（Siedentop, 1994,

p.122)。

・能力があり、教養があり、熱心なスポーツ・パーソンを育てること。
・自己責任と目標に向かって頑張り抜く能力を育てること。
・仲間と共通の目標に向かって効果的に動くこと。
・文化や民族の相違を理解し尊重すること。そして、いっそう平和的な世界を目指して働く心構えを育てること。
・運動しているときの人間の身体の美的価値や、競技のなかで一緒に動くことの美的価値、オリンピズムを表現している美術・音楽・文学などを知り、それを尊重すること。

シーデントップは、彼のオリンピック・カリキュラムのなかに伝統的な原則である「平和」と「調和と均衡」を取り込んだ。それらの原則はともに、スポーツ教育を他の教科を横断する教科に拡張した。しかし、オリンピック教育のいくつかの重要な要素はすでに、シーデントップのスポーツ教育モデルのなかに取り入れられていた。同様に、彼のオリンピック・カリキュラムの学際的モデルも、体育やスポーツ教育の授業内容を基礎に発展したものであった。教科としてのオリンピック教育について、われわれは少なくとも2つの構造をみることができる。1つは、体育カリキュラムのなかのスポーツ教育の特別な部分としてのオリンピック教育である。もう1つは体育の枠を超えて、他の文系教科までを包括するような、拡張されたオリンピック・カリキュラムの一部としてのオリンピック教育である。

このことは、重要な疑問を導く。それは、オリンピック教育の教授のために、その他の基本的モデルやカリキュラムの考え方は存在しないのか、という疑問である。

第11章 オリンピック教育の教育学的概念

オリンピック教育は、さまざまな教育学的概念をそのテーマとして含んでいる。それらの概念のいくつかは一般の歴史学や教育学の原理と共通しているが、オリンピック憲章のなかに示されたオリンピックの価値に基づいたものも含まれている。いくつかのテーマは実践的な授業によってスポーツを愛好する生活スタイルを促進することだけではなく、オリンピック・ムーブメントの歴史や現在の問題点などを教えることや、社会的態度や振る舞いを学校の他教科の授業のなかや運動の課外活動のなかで推奨することなどを目指している。

11-1 クーベルタンの思想のなかのオリンピック教育

第2章で簡単に触れたように、ピエール・ド・クーベルタンはオリンピックの大会を「世界の若者」が4年に一度集い、競い合う機会にしようと考えた。その4年の間に若者はスポーツを愛好するライフスタイルを実践するなかで勤勉に自分自身を鍛え、練習し、準備することが期待された。クーベルタンは、このように、オリンピックの試合そのものよりも、それに備える期間を重視した。2つの大会にはさまれる4年間は「オリンピアード」と呼ばれ、この期間に若者は熱心に訓練し、仕事と競技の向上を楽しみ、ひいては個人と社会全体の文化を高めることが期待された。つまり、生活のなかでの身体的、知的、芸術的・美的感覚の発達を促進させることが期待された。

クーベルタンのオリンピズムの5つの基本原則は、オリンピック・ムーブメントの文化的基礎を反映した課題と目的を反映しており、今日に続くオリンピック教育の教育学的基礎の本質的要素も含んでいた。ただし、クーベルタン自身は彼の教育学的考えを表すために「オリンピック教育」という言葉は使わなかったということを付け加えるべきであろう。彼は「オリンピズム（Olympism）」という言葉を好み、その他にも「競技者にふさわしい教育」「英国式の教育」「スポーツ教育」という言葉を使っていた。彼にとっては、オリンピズムの原則に基づいた「スポーツ教育」であった（Coubertin, 1928）。

クーベルタンの思想によって与えられた歴史的基礎の上に、オリンピック教育の思想を築いている今日の指導者の一人にノーバート・ミューラーがいる。ミューラーは、初期の論文（Müller, 1977, 1990a, 1990b）で、クーベルタンの著作から得られた次のような原則をオリンピック教育において特に重要なものとみなしている。

（1）個人の全人的発達を目指した身体と精神の調和のとれた発達への希求
（2）スポーツでの努力を通して人間としての自己完成を目指す一方で、身体的側面は科学的取り組みや文化実践を通して補完されなければならない、という考え
（3）スポーツ活動においても日常の生活においても、フェアプレーの精神に則り行動できるように、倫理的規範と価値を自ら尊重すること

（4）物質的利益の獲得のためではなく、スポーツの栄光のために訓練し競い合うという意味でのアマチュアリズムの理想
（5）相互の尊敬と寛容を伴った平和と国際理解の考え
（6）エリート競技者の仲間入りをすることは、若い競技者の「よき手本」として振舞うことだという自覚

ミューラーは後に、先に示したオリンピック教育のテーマを徐々に変化させた（Müller, 1998a, 2004, 2006）。1998年には、おそらくオモ・グルーペ（Grupe, 1993, 1997）の影響を受けて、6番目のテーマは外されて、「解放」や「すべての種類の身体活動」といった新しい言葉が使われるようになる。このような言葉は、伝統的なオリンピックの理念を超えたものである。

ミューラーのオリンピック教育に関する近年の著作では、オリンピック教育の教育的課題の原則には変化がない（Müller, 2004, 2006）が、彼はオリンピック教育の教授で達成されるべき3つのテーマ―「競技的宗教性」「平和の理念」「調和と均衡の原則」―に焦点をあてている。この調和と均衡（eurhythmics）という言葉は「身体と精神」の調和した教育という意味にとどまらず、「精神と文化」の調和したトレーニングをも意味するものと理解されなければならない。クーベルタンはオリンピズムを完全なものにするために、歴史と並んで文化や芸術の教育の5番目の基礎に調和と均衡という概念を位置づけた。ミューラーは明らかにクーベルタンのオリンピズムの5つの原則に立ち戻ったようにみるが、オリンピック教育に関する以前の著作に比べると、美術、音楽、美学などの文化的側面にいっそうの光をあてるようになった。このより詳細な「クーベルタンの教育的テーマの受け

入れ」(Müller, 2006) は、1997年にルアーブルでクーベルタン・スクールの国際的ネットワークが立ち上げられた後、そこで行われている課外活動にも反映されている (Müller, 1998b)。

11―2 学校スポーツのための文化的課題としてのオリンピック教育

オリンピック教育の第二の考え方は、オリンピック・ムーブメントの歴史に関するドイツの専門家たちの議論や、クーベルタンとカール・ディーム(1882~1962年)のオリンピズムについての著作の理解・受容と批判的分析に基づいている。

ディームは、1906年に若手ジャーナリストとしてオリンピックと関係をもち始めた。このとき、近代オリンピック10周年を祝うため、4年ごとのものではない特別なオリンピックがアテネで開かれていた。1913年、ディームは1916年にベルリン開催が予定された第5回オリンピックの準備事務局長に任命された。この大会は第一次大戦のために中止されたが、大戦の前に、ディームとクーベルタンはすでに知り合いになっていた。ディームにとってオリンピックの理念は「完璧な人間の讃歌」を意味していると、彼は1920年に述べている (Diem, 1967, p.2)。しかし、その意見をもち続けたわけではなかった。1935年にディームがベルリン・オリンピックの組織委員長となり大会の企画をする責任者になったとき、クーベルタンはIOC委員長を退いてから10年の年月が経っていたが、ディームの招待を受けた。このとき、第2章で紹介したように、クーベルタンのオリンピックの哲学であるオリンピズムについての有名な放送が行われた。ベルリン・オリンピックの開会式のために計画されたプログラムは、クーベルタンに強い印象を与えた。特に、彼が称賛するベートーベンの第九交響曲のなかの「歓喜の頌歌」が含まれていることに感銘を受けた。

ディームは、彼自身とドイツを近代オリンピックとオリンピックの理念の創始者の後継者であると考えていた。１９３８年のラジオ放送で、ディームは次のように述べた。

「ドイツは、オリンピックの理念の精神的守護者に任命された。近代オリンピックの創始者クーベルタンは死の直前に、ドイツ政府がオリンピック研究所をつくれば、自分の著作をそこに寄贈したいと話した」(Diem, 1942, p.257)

この意思を実行する時間はなかった。１９４４年、研究所は爆撃で破壊され、古い資料や図書の大部分は失われた。１９４７年にケルン体育大学が開設されたが、ディームは副学長に任命され、１９６２年に死ぬまでオリンピック関連の活動を続けた。

ディームのこの後期のオリンピックに関する著作から、彼のオリンピックの思想と理念に関する立場を明らかにしたものを紹介する。１９４８年に自著『オリンピック精神に関して（*In the Olympic Spirit*）』のなかで、彼は次のように述べている。「競い合いの努力のなかで、スポーツマンは完全な満足感を経験する。その満足感は、高い目標への挑戦、自身の完全さへの努力などのなかで、スポーツマンが自己に与えられた使命を果たすことから生まれる。その使命感とは、自己の存在について深く考えた人なら認めるか、少なくとも薄々気づくに違いない、人間としての能力をこの世で十全に発揮する、ということである」(Diem, 1967, p.88)。また、『スポーツと体育の本質とその教え（*The Essence and Teaching of Sport and Physical Education*）』の末尾には、ディームの考えるオリンピックの思想と、その教育の課題との関連について詳細な記述がみられる。

「スポーツは、若者のエネルギーを解放し、生活の真剣な側面に影響を与える。しかし、スポーツは手段であって、それ自体は生活の真剣な側面ではない。スポーツは隆起する筋肉によって気品ある体形を実現する方法ではあるが、身体活動から精神的美しさを引き出していく道程の第一歩にすぎない。スポーツは敵対者を仲間とみる機会を与え、勝ったときには敗者を称え、負けたときには次の勝利に向かって士気を奮い立たせるが、それはスポーツのなかでの公正さが生活のなかでの公正さにも向けられているときにのみ可能となる。

スポーツは、芸術作品に囲まれたときに、古代オリンピアの崇高さに正しく達することができ、その深遠な意味がスポーツを愛する人々に理解されたときに、それらの人々の生活に有意義な貢献をする活動となる。

スポーツは、世界の若者に騎士道精神をもって結びつくことを呼びかけるものであり、世界平和の心構えをつくることへのささやかな貢献である」(Diem, 1964, p.230)

クーベルタンがオリンピズムという言葉で表そうとしたことは、ディームにとっては古代オリンピックの崇高さにまでスポーツを向上させることを意味した。ディームのオリンピックに関連した教育の課題と目標についての著作は、その内容において、クーベルタンのよく知られた思想にかなりの程度合致している。

彼の活動は著作だけではなく、組織をつくるような実践的活動も含んでいた。ここで特に述べておくべきことは、彼が古代オリンピアの町に、国際オリンピック・アカデミー（ＩＯＡ）という形で、「オリンピズムの大学」をつくることに努力したことである。それは、ギリシャの友人ジーン・ケトシアスの協力のもとに、第二次大戦後に行った主要な仕事であった。彼の夢は１９６１年になって実現した（Müller, 1995)。

オリンピックの発展に対するさまざまな批判と、1996年のアトランタ大会の準備期間において表れた批判の展望のなかで、ディームの生徒であったオモ・グルーペは、オリンピック教育の可能性を考えるにあたって、オリンピズムという「偉大な思想を放棄」する必要があるかどうか、という疑問を発している。

グルーペはクーベルタンの構想したオリンピックと、100年後のオリンピックの現実とを明確に区別している。彼は、この問題を研究するために、クーベルタンとディームをはじめとして多くの学者の著作を参照した。そのなかには、ハンス・レンク（Lenk, 1964）、ホジャー（Hojer, 1969）、ヘファー（Höfer, 1964）、マルター（Malter, 1969）などが含まれている。その結果、グルーペはオリンピズムの5つの中核的原則を次のようにまとめている（Grupe, 1997, pp.226-230）。

（1）「心身を一体とした人間の調和のとれた発達という原則」
（2）「自己実現の目標」。「スポーツの能力を高めることは、言わば、よりよき自己の実現につながる」ということであり、クーベルタンの言葉では、人間の完成へ向かっての生涯にわたる目標、ということである。
（3）「アマチュアリズムの理想」。ディームの言葉で言えば、「物欲」に屈しない「スポーツマンらしい誠実さへの訴え」である。
（4）「スポーツを通しての道徳的規律と原則の尊重」。フェアであること、正直であること、礼儀正しいこと、などが含まれる。
（5）「スポーツの平和の思想」。オリンピック・ムーブメントが当初から主張してきた。

これら5つの原則は、詳細にわたって検討するならば、クーベルタンの提唱した5つの原則と一致していない。これらは、オリンピックの思想と「芸術と文化」の統合について扱っていない。これはクーベルタンもディーム も切望したものであり、ミューラーも初期の著作（Müller, 1977, 1990a, 1990b）で論じ、また今日取り上げている。しかし言葉遣いの若干の違いを別にすれば、グルーペにとって、グルーペの5つの原則は教育的課題を含んでいる点で、クーベルタンの5つの原則と実質的に同じである。グルーペにとって、「オリンピック」という言葉は次のことを意味するものであった。「スポーツの能力を習得するためのトレーニングは、明らかにフェアであることや平和的であることのトレーニングと結びついており、そのことはオリンピックを目指してスポーツに関わるすべての人に当てはまる。能力、達成、競争という原則はオリンピック・スポーツにおいては極めて重要なものである」（Grupe, 1997, p.235）。彼は、このような原則が、１９９０年代のドイツの体育において「快楽的で楽しい経験になってしまったスポーツ」とは「対極にある思想」であると考えた。

最後に、グルーペは「オリンピックを志向した教育の特別な点」を説明している（Grupe, 1997, p.237）。彼は、学校スポーツはオリンピック教育という概念のなかに包括されることがよいと指摘した。グルーペは、オリンピック教育を次のように定義した。「能力、フェアであること、連帯、平和を志向した特別なスポーツ教育」（Grupe, 1997, p.240）。彼がオリンピック教育の教育的課題の結論のなかで述べているように、オリンピズムを古いものとして見捨てることは、まだできないのである。

グルーペは、オリンピズムについてさまざまなところで述べられた基本原則を整理・統合して、中心的教育課題とした。クーベルタンの競技者のための「平等」という原則から、グルーペは「すべての人のためのオリンピック・スポーツ（Olympic Sport for all）」という考えを導き出した（Grupe, 1997, p.230）。もし、このグルーペのオリンピックの考えがすべての人に適用されるならば、それは学校スポーツにとって1つの課題となる。

「オリンピック・スポーツ教育は、明らかにスポーツの達成と成績の維持を重視する。スポーツ全般に関しても、個人種目に関しても、ダンスのような美的分野に関しても達成と成績の維持は重要であり、社会的達成もまた1つの重要な部分である。オリンピック教育は、達成と能力向上への要求を除いては十分には理解できない。オリンピック教育が生徒に対して何も要求せず、何も解決策を与えないならば、特別な教育的意義はない」(Grupe, 1997, p.241)

グルーペは、オリンピック教育が「オリンピックの大会の宣伝」ではなく、「オリンピックの歴史を振り返り、問題を明らかにすること」を含むものでなければならないことを強調した。

彼は、オリンピズムのなかの理論的な教育学的原則を、オリンピック教育のなかに統合的に組み入れた。それらの原則は、「能力 (ability)」「フェアであること (fairness)」「連帯 (solidarity)」「平和的であること (peacefulness)」などであった。また、この原則を教育する過程を、すべての生徒のための学校スポーツの課題の1つと考えた。そして、この課題を1つの基本的授業の原則である「練習 (practice)」と結びつけた。グルーペはこの言葉を「達成目標へ向かっての努力」を意味するものと考えた。さらに、ここでわれわれが付け加えるならば、努力するには「何かを習得しようとする意思が必要である」ということである。

これまで述べたようなグルーペの考えは、オリンピック教育をオリンピズムの歴史や哲学的原則の教育から一歩進んで、学校スポーツの文化的課題を扱う教育へと変化させた。その後に、彼の言明したことからは若干の後退はあったけれども、オリンピック教育のグルーペの考え方は、シーデントップのスポーツ教育モデルのなかの要素や目的と比較するべきものを含んでいた（10－1節参照）。

しかし、およそ10年後に、グルーペはディゲルとの共著で次のように述べている。「実際には、〃オリンピック〃という考えは、ハイパフォーマンスのスポーツのために考えられた原則である。すなわちハイパフォーマンス・スポーツに関わる競技者、競技役員、組織のためである。そして彼らは、国際性、平和主義、フェアな精神を行動の原則として、常にスポーツの最高のパフォーマンスを目指さなければならない。このことについて、われわれの考えることは、フェアな精神というものは、何かの賞を目指してあるルールのもとで行われるスポーツの試合のなかで最もよく学ばれ、そして試されるものだ、ということである。そしてクーベルタンも、そのような状況でしかそうした精神は学べないと言ったかもしれない。クーベルタンが〃身体訓練〃あるいは〃スポーツ教育〃と呼んでいた学校スポーツのなかでは、フェアプレーの精神を学ぶ可能性は低くなるのではないかと考えられる」(Digel & Grupe, 2006, p.17)。

しかし、もし組織的な練習が成功への意志と結びつけられ、ベストなパフォーマンスを達成しようとするすべての生徒との競争のなかで組織的な練習が行われるならば、学校スポーツのなかでフェアであることを教えるのは、なぜ可能ではないのだろうか？　グルーペが彼の以前の意見を修正したいと思ったのか、クーベルタンのオリンピックの原則を現代のハイパフォーマンス・スポーツのシステムにより密接に関連付けようとしたのか、については、さらに検討が必要である。

11―3 体育のための教授目標としてのオリンピック教育

オリンピックは、体育教師やスポーツ教育学者によって、彼らの授業と現代のスポーツ・イベントに関連性をもたせるために、常に教材として用いられてきた。オリンピックが学校外のスポーツ・イベントに影響を与えるようになるにつれて、大会そのものと、その歴史的基盤と背景や、それにまつわる日々の政治的問題は、学校体育のイベントのさまざまな側面にも影響を与えるものと受け止められた（Joeres, 1976; 1988; Geßmann & Schulz, 1984）。

ゲスマンは学問的知見・研究を分析し、さまざまな専門家のオリンピック教育の教授法を整理して、その構造を見いだそうとした。彼は分析の結果から４つの動向を発見した。

第一の動向――オリンピック教育の5つの教育的課題についてのグループによる研究を調べると、体育のなかで達成されるべきオリンピック教育の中心的目標は2つある。それは、「トレーニングや試合での身体的努力目標に向かっての努力」と「個人の努力が、ルールの遵守やフェアな態度のなかで、人類の仲間としてのチーム・メイトや相手などの連帯感のなかで持続されること」である（Geßmann, 1992, p.195）。ゲスマンはこの目標について、学生の立場に立った意見を述べている。「私は、これまでに達成したことのないレベルのパフォーマンスを成し遂げたいが、フェアなプレーをするスポーツ仲間の一人であり続けたい」（Geßmann, 1992, p.196）。

第二の動向――オーストリアのアンドレクスによるオリンピックの思想と、その学校体育に対してもつ意義についての著作のなかに、われわれは、パフォーマンスの向上や競争の思想に関連した哲学的原理と教育学的原理とが別のものであることを見いだす。彼は、達成というような原理とは違う、教育の原理―「無気力の克服」「進歩することの楽しみ」「身体全体への気づき」など―を強調している（Andrecs, 1990, p.31）。

これらはすべて、オリンピックの理念と価値の広範で多様な側面のなかに含まれている目標である。しかし、ゲスマンは、アンドレクスが「達成の対抗原理である調整」により大きな力点をおいていると、考えている。もっとも、当時は、体育にあたるオーストリアの学校での授業は「身体運動」と呼ばれており、今日まで「スポーツ教育」と呼ばれたことはない。スポーツ的な特性は要求されたこともなく、試みられたこともない。このようにみると、アンドレクスがオリンピズムから導いた授業目標は、パフォーマンスを志向した競争という方法による社会的人格形成より身体運動という方法による調和的で全体的な教育により強く関連している。

第三の動向――この動向は、教科を越えた授業計画にみることができるだろう。そこでは、さまざまな教科の授業がオリンピックに関連した問題・話題を扱うが、主としてオリンピックについての知識や、オリンピック大会に対する態度に重点が置かれる。以下はその例である。「宗教や社会科の授業では、スポーツにおける道徳的態度についての勉強が行われ、美術の授業では、ポスターやコラージュをつくること、漫画や風刺画を分析すること、五輪マークをもとにしてデザインを創造することなどが行われる。音楽の授業では、オリンピック讃歌や各国の国歌が教材となる。地理の授業では、過去のオリンピック開催都市が取り上げられ、その国の経済・文化についても学ばれる」（Geßmann, 1992, p.198）。このオリンピックについての知識学習に加えて、運動やゲームを含む実践的な授業がしばしば行われる。しかし、それらはほとんどの場合きまじめなものではない。「オリンピックの知識の勉強は、その背景に遊戯的活動が置かれている。その目的は、オリンピックをあまり重大なイベントであると感じすぎないようにするためである（Geßmann, 1992, p.198）。楽しそうなオリンピック企画の例は、広場を使った遊戯のような活動である。具体的には、空き缶の山にボールを投げる「カンーカン」という活動や、下半身を袋のなかに入れて両足跳びで競争する「サック・レース」などを使って、「5種競技」のまねをするような活動である。このような授業プロジェクトにおいては、スポーツ活動は自発的に、そして練習なしに行われる。

第四の動向――4番目の動向は、ゲスマンによる「〝オリンピック〟の話題についての知的取り組み」と呼ばれるものである。この教授法が第三の動向と異なる点は、それが運動の実践を伴わないスポーツ授業のなかで行われることである。〝オリンピック〟を取り扱う授業は、実技の時間を圧迫すると考えられている。

ゲスマンは、これらの4つの動向のうち1番目のものだけが、体育におけるオリンピック教育に適していると考えている。彼はそれを、「活動構造」としてのオリンピック教育と呼んだ。

「オリンピック教育が、学校スポーツにとっての新しい課題となるか、学校のスポーツ授業に〝オリンピック〟の特色を加えるか、いずれにせよ、オリンピック教育は、その中核として、根気強く、厳しいトレーニングと実践の復活を支持しているが、バランスを保つために、自己の心身に配慮すると同時に、スポーツのパートナーとの良好な関係が保たれるように調整されなければならない」(Geßmann, 1992, p.199)

このことを、別の言葉で言えば、オリンピックの歴史と推進運動のさまざまな側面を学校の他の教科のなかや、スポーツ授業のなかで、知識学習の対象として扱うことであり、それはゲスマンの考える「オリンピック教育」ではない。

10年後、ゲスマンは、オリンピック教育に関する彼の教育学的立場を詳細に、そして幅広く説明する論文を発表した（Geßmann, 2002）。彼はこの論文のなかで、学校で現在行われているオリンピック教育を4つのレベルに分け、そのうちの最初の2つが彼の構想するオリンピック教育の要件を満たすものであった。

オリンピック教育に関する彼の「重要な原則」は次のようなものだった。「オリンピック教育は能力向上という考えに基礎を置いている。その考えは、目標達成へ向かっての進歩のための個人の努力を、体力の向上と人格の発達に役立てようとするものである」（Geßmann, 2002, p.16）。この個人の運動能力の向上とスポーツでの達成と並んで、社会的側面が存在する。「この社会的側面は、集団的トレーニングの過程で育成されるだけでなく、競争や試合のなかでも養成される。ということは、われわれはそのような機会に、スポーツの対戦相手をスポーツのパートナーとして認識し、相手の価値を認めるようになる、ということである」（Geßmann, 2002, p.16）。ゲスマンはこのように、スポーツ能力の向上に関心をもっていたが、同時に、社会的行動や態度の学習や、その現実の場面での適用にも関心をもっていた。

（1）オリンピック教育の要件を満たす第一の中核レベルは、オリンピック・スポーツへの参加を扱っている。体育授業のなかで行われるオリンピック・スポーツ活動に関して、ゲスマンは3つの教授法の基準を示した。それらは次のようなものである（Geßmann, 2002, p.17）。

①運動学習とスポーツ技能の長期にわたる組織的学習。
②ルールの遵守と、対戦相手を友人として、パートナーとして認識すること。
③学校でのスポーツ祭など、学んだ技能や社会的行動を確かめるための、パフォーマンスの場所と方法。

ゲスマンは、オリンピック教育のこのレベルとそのなかの3つの教授法の基準を、オリンピック教育の中核要素と考えた。ここで彼は、教育理論の基本原則、つまり自己実現と自己陶冶を考慮しており、クーベルタン、ミュラー、グルーペたちにならっている。ゲスマンの考えの中心には、「フェアな精神と相互の尊敬のなかで、力を発揮し競い合うこと」(Geßmann, 2002, p.18)があるように思われる。

2年後にゲスマンは、彼の考えを図7のような図式を用いて示した(Geßmann, 2004a)。

(2)ゲスマンは、第二のレベルを生徒の「オリンピズムの検討」と名づけた。「第一のレベルとは違って、第二のレベルにおいて、われわれはオリンピックの思想や背景に関する知的な理解を得た」(Geßmann, 2002, p.18)。そこで、ゲスマンはこのレベルで、オリンピックの思想全体を支え

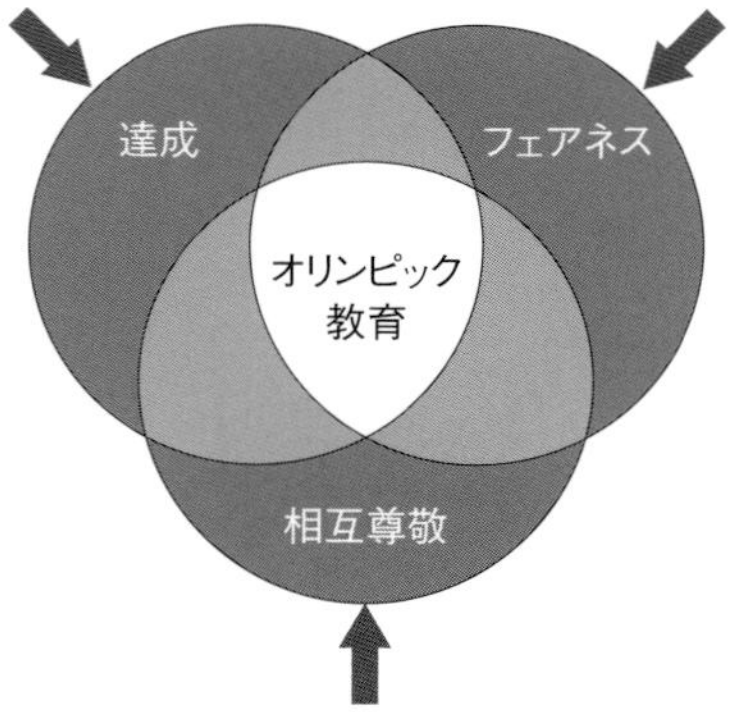

図7／体育での授業目標としてのオリンピック教育
出典：Geßmann, 2004a, p.146

ている哲学的・教育学的基礎を分析し探求することに言及した。この哲学的・教育学的基礎はクーベルタンによって提言され、グルーペによって分析されたものである。ゲスマンは、「体育がオリンピック教育を行うことができるのは、体育が、能力の獲得や達成と競争への興味などと、それによる社会・文化的な発達の関係を明らかにしたときである」と、述べている（Geßmann, 2002, p.19）。

ゲスマンはオリンピックについての第三、第四のレベルを「末梢的な」ものとして、オリンピック教育との関係は少ないとしている。

（３）第三のレベルも知識学習のレベルであり、「オリンピアの再生」と呼ばれている。「オリンピア」の思想は最初の２つのレベルでのようには、敷衍されたり応用されたりすることなく教えられた。このレベルでも、オリンピックの歴史資料や史実が使われた。

（４）第四のレベルをゲスマンは「オリンピックの放棄」と呼んだ。このレベルでは、「ナンセンスなオリンピック」とか「面白いオリンピック」といった授業があり、授業の基準を満たしていないだけでなく、相反するものである。

まとめ●ロルフ・ゲスマンにとっては、オリンピック教育の目標を達成するためには、体育授業の２つの目標が極めて重要であった。それらは運動技能と社会的行動であり、運動技能は「達成」を目指し、社会的技能は「フェアプレー」と「相互尊敬」を目指すものである。これら二重の目標を達成するためには、３つの授業方法の基準が必要と考えられた。１つ目は、ルールを守り、相手に敬意を払いながら長期のトレーニングを続けること、２つ目は、習得したことを示すためのスポーツ大会や祭典を組織すること。そして、３つ目はオリンピック教育の成果を実際にテストすることである。

11—4 日常生活のための価値の教育としてのオリンピック教育

オリンピック教育に関するミューラー、グルーペ、ゲスマンの教育学的概念のなかにわれわれが見いだすさまざまな強調点や重みづけの違いを比較すると、そこには相違があるもののすべてに共通する中核的要素がいくつかある。この中核はクーベルタンの教育の原則を含んでいる。それは、（1）心身の調和ある訓練のなかでの自己完成、（2）目的をもったスポーツ能力のトレーニングを通した社会的・道徳的行動（フェアプレー、礼儀正しさ、相互尊敬）の育成、という2つである。

これら2つの教育的目標とそれらを発達させる原動力は、スポーツにおける互いの競い合いである。その競い合いのなかで互いの競争相手は互いの成長のパートナーとなる。

もちろん、これらの中核的要素に加えて、3人の概念はオリンピック教育の歴史的基礎と理論的基礎を共有しており、クーベルタンの重要な著作と通じるものがある。彼らはオリンピック教育のヨーロッパ的考えの特徴を、オリンピズムの歴史的・教育学的ルーツにさかのぼることだと強調した。しかし、驚くべきことに、多くの国々では、オリンピック教育の理論的方向づけや、主題となる内容をつくるためになされた努力が、国際オリンピック委員会（IOC）のオリンピック憲章にある基本原則のみを基礎においてなされた。英国、カナダ、米国、オーストラリア、ポルトガル語-スペイン語文化圏、アジア文化圏の国々ではオリンピック教育の理論的方向づけをそのようにした。そのようになったのは理由がある。その1つは、オリンピック憲章は「基本原則」を示しており、それは簡潔かつ具体的に、国際オリンピック・ムーブメントが目指すべき教育的課題と目標を含んでいることである。

59項からなるオリンピック憲章のなかから、われわれは3つの「基本原則」を抜き出すことができる(IOC, 2007a, p.11)。これらの原則はフランス語と英語で書かれており、オリンピック教育の課題の一覧として国際的にも頻繁に引用される。

「1項―オリンピズムというものは1つの人生哲学であり、それは、肉体と意志と知性の資質を高揚させ、均衡のとれた全人のなかにこれを結合させることを目的としている。オリンピズムが求めるのは、文化や教育とスポーツを一体にし、努力のうちに見いだされる喜び、よい手本となる教育的価値、普遍的・基本的・倫理的諸原則の尊重などをもとにした生き方の創造である。

2項―オリンピズムの目標は、あらゆる場でスポーツを人間の調和のとれた発育に役立てることにある。またその目的は、人間の尊厳を保つことに重きを置く平和な社会の確立を奨励することにある。

4項―スポーツの実践は、人間の権利の1つである。何人もいかなる差別をも伴うことなく、友情、連帯、フェアプレーの精神をもって相互に理解し合うことを求めるオリンピック精神に基づいてスポーツを行う可能性をもたなければならない。スポーツの組織と運営は独立したスポーツ組織によって管理されなければならない」

この3つの項を詳しく読んでみると、そこにはクーベルタンによって述べられた哲学的・教育学的原則を反映したオリンピックの根本原則が示されており、そればミューラー、グルーペ、ゲスマンらの考えたオリンピック教育の中心的課題のなかにもみられることが分かる。しかし、2つの点で小さな違いがある。この違いは小さいが見過ごすことができない。

（1）オリンピック・スポーツは文化や教育に深く関わり、それらと結びつけられねばならない。それゆえに、われわれはオリンピック教育を学校のなかだけで、そして体育の一部として扱うだけではなく、オリンピックの思想を生活と文化の一部分として根付かせることに配慮する。「オリンピズムは人生哲学」と明らかに述べられている。クーベルタンの言葉は、ミューラーが著作のなかで強調した調和と均衡の原則を思い起こさせる。

（2）人生哲学は、スポーツ以上に重要なものである。そして学校や授業などよりも重要なものである。われわれは、スポーツの範囲を超えて、スポーツのなかでのフェアプレーと同じようなライフスタイルでの生き方を求めなければならない。そのことはまた、スポーツでの対戦相手やパートナーへの敬意を多くの人に向けることを要求する。

ライフスタイルは、人の行動や態度や考え方などとなって現れる複合的な構造をもっており、それは、日常生活の多様な社会的環境のなかで、個人の行為を特徴づけ、方向づける。

オリンピック憲章をさらに詳しくみると、次のような価値を含んでいることが分かる。それは、よい手本であること、倫理的規範を尊重すること、人間の尊厳を護ること、互いの尊敬、友情、連帯、そしてフェアプレーである。

オリンピック教育の教育的課題と目的を決定するために、オリンピック憲章の根本原則を参考にする人は、この普遍的な人間の価値とそれに基づく行動への呼びかけを重要視せざるをえないであろう。それはスポーツにおいても日常生活においても、である。

これら2つの考え、つまり、オリンピックに関する価値の教育を強調し、それをスポーツのライフスタイルと日々の文化的ライフスタイルのなかに統合することは、カナダのビンダーによって提唱されたオリンピック教育の概念のなかにも含まれている (Binder, 2000a, 2001, 2006)。その考えは、この10年で国際的な注目を集めるようになった。

ビンダーは、スポーツで勝つことや1位になることをあまり重視せず、価値の教育によって人生の発達課題を習得することを重視している。彼女はオリンピックの価値教育の高い目標に、「人生のチャンピオンであれ!」という表題を掲げ、この目標に向けて5つの発達課題を設定した (Binder, 2000a, p.36)。

(1) 身体活動とスポーツを教養と融合させることを通して、人格を豊かにすること。そしてそのことは、生涯を通して必要な経験であると理解すること。
(2) フェアプレーと結びついた人間の連帯、寛容、相互尊敬の意識を育てること。
(3) 平和と相互理解の奨励。異なる文化の尊重。環境、人間の基本的価値と重要性の保護。地域や国の要求を調和させること。
(4) オリンピックの基本的理念に従って優秀さと達成を目指す努力を奨励すること。
(5) 古代オリンピックと近代オリンピックの歴史を振り返ることで、人間の文明の継続性の意識を育てること。

ビンダーにとってオリンピック教育は、主として価値の教育である。それは世界的に認められているＩＯＣのオリンピック憲章に基づいたものであり、彼女はこの方法をグローバルな教育であり、学校スポーツへの異議申し立てであると考えている（Binder, 2001, 2004）。現在、ＩＯＣは「オリンピックの価値教育プログラム」の一環として、ビンダーを『価値に関する教授―オリンピック教育キット』という名前の教材の準備担当者に任命している（IOC, 2007）。このプロジェクトはオリンピックの価値を5つの簡潔な概念にまとめている。それらは、身体的努力のなかに喜びを見いだすこと、フェアプレー、他者への敬意、最高の達成を成し遂げること、身体・知性・感情のバランスなどである。

まとめ●スポーツを通して習得される価値の教育としてのオリンピック教育という考えは、スポーツだけでなく日常の社会的・倫理的・道徳的ライフスタイルを向上させることを目的として、スポーツの生活世界と日々の文化の生活世界を結びつける。したがって、オリンピック教育は、単に学校や体育授業のスポーツのためだけの課題ではない。オリンピック教育は、青少年の生活世界と、彼らがスポーツをしたりさまざまな現実の問題に価値規範をもって対処するような学校外の彼らの生活世界とをつなぐことになる。

11―5 社会環境のなかでのオリンピック学習としてのオリンピック教育

学校スポーツの枠のなかで、さまざまなオリンピック教育の実践の可能性を展望すると、そのような教育を要求することは、学校スポーツの可能性の限界内でできるかどうかについて疑問が生ずる。しかし、学校スポーツは、すでに他の教科とともに多くの学際的目標をもっている。さまざまな学校のガイドラインやカリキュラムは、すでに長年にわたって、そのような目標を持ってきた。たとえば、健康教育、環境教育、そして異文化間研究などである。近年では、学校スポーツの新たな目標として「価値を志向した」目標が強調されるようになった。これは、価値志向の「教育的学校スポーツ」の復活、あるいは再評価の試みとも言える。

そこでは、学校スポーツの重点は、フェアプレー、コミュニケーション、参加者間の相互の敬意などであり、「オリンピック教育」の課題を間接的にではあるが扱っている。そして、それらの価値を扱うことは「オリンピック教育」としてまとめられるようになってきた。

今日、学校における価値の教育としてのオリンピック教育は、学校スポーツの学際的教育課題の1つと考えられている。オリンピックに関する言語、歴史、地理、宗教などの話題に加え、フェアプレーや他文化への尊重などの、現代の青少年に要求される行動が、オリンピック教育に含まれ、強調されるのは当然である。同様に、児童に異なる宗教や信条の人たちへの敬意を教えることは最も重要な教育的課題である。このような価値のすべては、学校におけるオリンピック教育の中核に含まれている。そして、そのような価値は学校スポーツの枠を越えて、学校での社会的学習と人間学的学習に貢献することができるし、また、そうしなければならない。

学校スポーツの課題の1つとして、オリンピック教育は、学校における価値教育に貢献しながら、スポーツ行動と人間的行動を充実させることを目指している。この教育的課題は、学校の授業中に少年少女に与えられるだけではない。フェアプレーや相互尊敬などは、教室と遊び場の両方で、子どもたちの行動を特徴づけるものとならなければならない。厳格に言えば、オリンピックの教育的課題は学校そのものを越えた広がりをもつものでなければならない。古い格言にあるように、「われわれは学校のために学ぶのではなく、人生のために学ぶ」のである。

オリンピック教育は、青少年の社会的行動や道徳的行動を育成・向上させるために学校スポーツを役立たせることを目指している。そこでの目的の1つは、学校外のさまざまな場面で遭遇する運動、ゲーム、スポーツのどれに熱中するか、受け入れるか時には拒否するかの価値判断をする基準を、青少年が自分でもてるようにすることである。その判断の対象になる活動は、現代社会において多様にあり、学校外の組織的・非組織的レジャー活動で経験され、大衆スポーツ、健康スポーツ、競技スポーツ、冒険スポーツ、楽しみのスポーツなども含まれる。

オリンピック教育に適していると考えられる、学校以外のスポーツの場はスポーツクラブである。そこでは、青少年にさまざまな教育的活動を施すことが可能である。オリンピックの価値教育の場として考えられる環境や社会的な場は他にも考えられる。少年少女が、運動、ゲーム、スポーツを行うために集まる非組織的で多様な場所である。

学校スポーツと並んで、青少年が日々の余暇時間の一部を費やすのは、こうした学外の運動文化である。ドイツの学校スポーツとユース・スポーツに関する多くの研究は、10～12歳のグループのおよそ40％の女子と60％の男子がスポーツクラブの活動的メンバーであるが、この年齢グループ全体の約90％が学校外の自由時間に運動、ゲーム、スポーツを行っていることを示している（Gogoll, Kurz & Menze-Sonneck, 2003）。ヨーロッパの他の国々では、組織されたユース・スポーツに対する参加率はドイツより少ないが、非組織的な身体運動の参加率はほとんど同じである（Brettschneider & Naul, 2007, p.17）。子どもたちの活動のなかで、彼らの社会的行動と道徳的行動は、クラスメイトやスポーツの指導をする大人たちによって、しばしば、まったく無意識に影響を受ける。これらの青少年は、学校外での好ましい経験や否定的な経験をもって、学校に出てくる。このような比較的組織されていない場での学習過程は、校庭や学校スポーツにおける青少年の行動に影響をもつようになっている。

学校やスポーツクラブでの価値教育を成功させるためには、こうした外部の影響を考慮する必要がある。オリンピック教育に携わる学校の教師とコーチは、倫理や規範を検討する際、生徒の学校外でのスポーツに関する経験も、関係しない経験も考慮し、「受け入れられない行動」を防ぐために、どのような経験が望ましくないのかを判断しなければならない。

現在のところ、スポーツクラブと非組織的なスポーツの場が、学校外で児童がスポーツから、そしてスポーツそのものについて重要なことを学ぶ、2つの中心的社会環境である。これらの社会環境は、スポーツの場のみならず日常生活の場における、子どもたちの社会的行動、自己尊厳感（自尊感情）、道徳的判断に影響を与える。

青少年が時間を過ごす組織化されたスポーツや、非組織的なスポーツのさまざまな状況は、クラブのルールのみによって決められるものではなく、大人のクラブ・メンバーやコーチなどによっても、その特徴が決定される。さらに、若者の自由な運動や、非公式のスポーツに関する行動のルールや規則は、青少年が同意したものではない。そのようなルールは、むしろ社会的につくり出されたものであり、文化的な世界観であったり、政治的な影響を受けたものであったりする。たとえば、文化・スポーツ政策が、学習環境としての学校や学校スポーツに影響を与え、特に、われわれの社会の競技スポーツのさまざまな側面に影響を与えている。

オリンピック教育は、社会的・政治的影響を排除することはできない。また、競技スポーツ、各種スポーツ協会、オリンピックに向けた準備のための国のスポーツ政策などからの影響を排除することはできない。

今日のマスメディアにおける話題としての「オリンピック」は、テレビのニュースで報道され、スポーツ番組が毎週あるほど頻繁に取材対象になっている。そのなかには、競技者の薬物使用や、薬物の犠牲者や、ドーピングをさせる業者などのネガティブな話題も取り上げられる。多くの青少年はこのような番組をみたり、ネット上のスポーツ・サイトをみたりして、「オリンピック」の話題に出会うことになる。したがって今日われわれは、社会政策やスポーツ政策を学校やスポーツクラブや日常生活と同じように、青少年に影響を及ぼす社会的環境と考えなければならない。また「オリンピック」という話題を取り扱う際には、特に注意しなければならない。

今日、オリンピック教育は、図8に示したような社会的・政治的関連状況を考慮することによって、課せられた教育的課題を果たすことができる。その理由は、児童たちがメディアを通してプロ・スポーツやオリンピックに関する社会的・政治的側面に触れているからである。

学校におけるオリンピック教育の範囲では、子どもたちが生活しスポーツを行っている多様な社会状況で、オリンピックについて学ぶ組織的・非組織的な場での学習過程が考慮されなければならない。オリンピックの価値に関する学習としての授業、調査、プロジェク

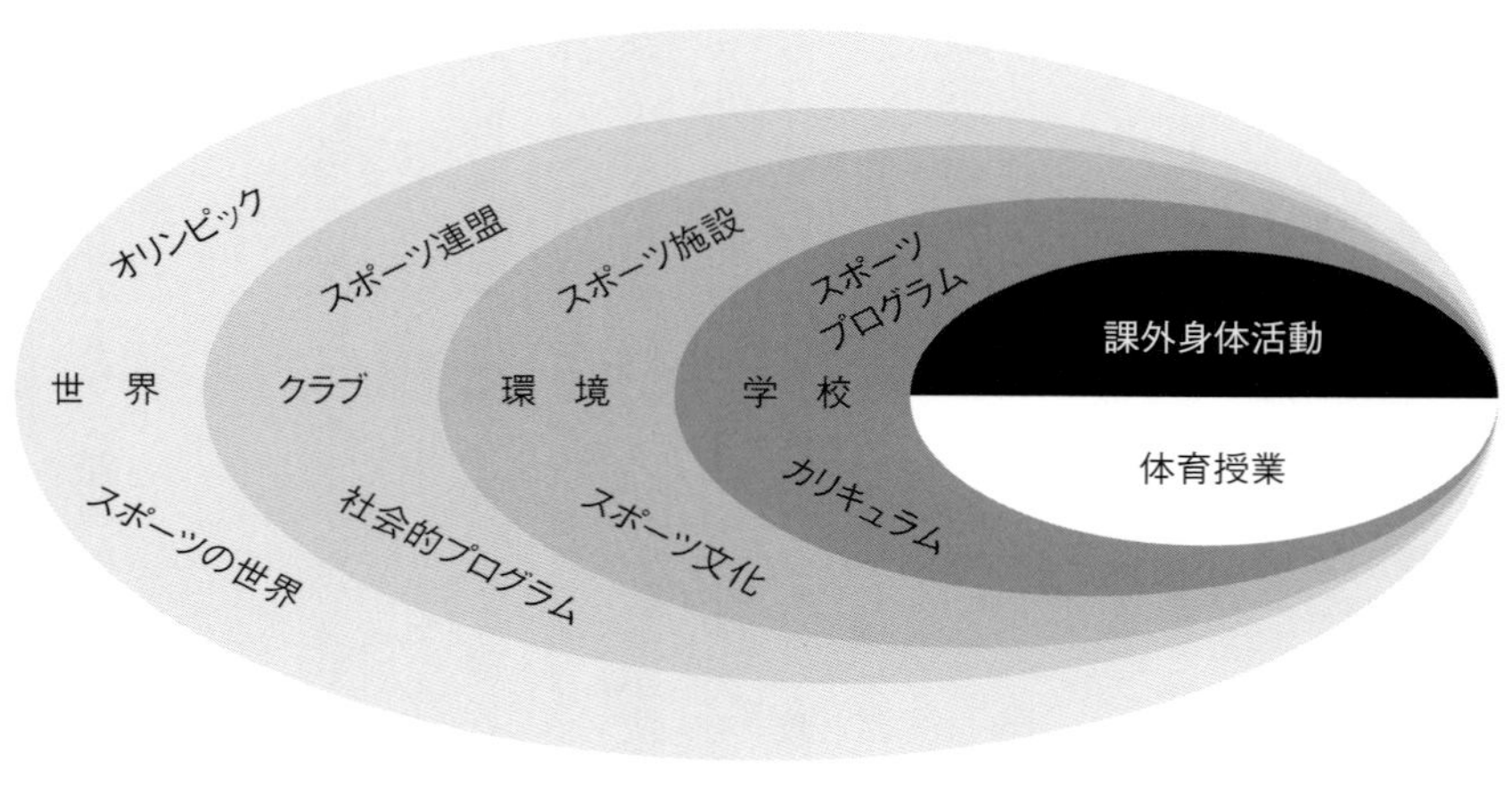

図8／オリンピックに関する学習基盤としての5つのソーシャル・セッティング

トを企画・実施する際には、これらすべての状況の影響や制約を考慮しなければならない。

まとめ●オリンピック教育は、すべての児童を対象にして計画されている。また、オリンピック教育は学校スポーツのすべての種目を教材にして行われるが、それらに限定されることはない。オリンピック教育は学校における教科の枠を超えた価値教育の役割を果たしており、体育以外の教科におけるテーマにもなっている。しかし、オリンピック教育が学校での価値教育の役割を果たすことは、児童・生徒の学校外のスポーツとそれ以外の複雑な生活世界も考慮したとき、はじめて可能になる。

その生活世界とは、子どもたちのスポーツの内外での社会的行動、道徳的行動に影響を与える好ましい出来事と好ましくない出来事の双方を、子どもたちが経験しやすい環境である。このようなさまざまな生活場面は、「ソーシャル・セッティング」（社会的生活環境）と呼ばれている。青少年は、このソーシャル・セッティングで適用されるルールや道徳的規範を、かなりの程度自分たちでつくっていくが、それらの規範は社会・文化やメディアの世界観・価値観の影響を受ける。こうした価値観は、歴史的原則やスポーツ政策などの影響を受けている。これらの社会的影響は、青少年のスポーツだけではなく、オリンピックの現状にも及んでいると考えられる。

第12章 オリンピック教育を行うための教授学的アプローチ

第11章でみたように、オリンピック教育の異なる5つの教育学的考え方には、多くの共通点がある。しかし、かなりの違いもある。

オリンピック教育のために何を重視するのかという点で、それぞれの考え方の間にある違いは、学校スポーツのどのような局面で、またどのような時代の教授学の潮流において主張されたのか、という脈絡を踏まえて理解されなければならない。オリンピックの発展と、過去の東側・西側世界をめぐるスポーツ政策の影響は明らかである。

これら5つの教育学的概念を教授法の側面から詳細に検討すると、わずかにロルフ・ゲスマンの考え方のみが、オリンピック教育を学校現場の3つの要請に結びつけている。その要請とは、運動学習を長期で系統的に遂行すること、体育授業のなかで継続的にトレーニングをすること、習得した技能を授業以外の何らかの場で応用すること、などである。しかし、その他の教育学的概念も授業のための教授法の提案を含んでおり、いずれも学校におけるオリンピック教育に対して独自の力点のおき方がなされている。

12-1 「知識志向」と「経験志向」の教授法

ノーバート・ミューラーの考えは、クーベルタンの著作ならびに「競技的宗教性」という言葉に歴史的基礎を置いており、オモ・グルーペと同じように教育的目標を重要視したが、その考えはオリンピズムを幅広く総括するとともに、彼の教育理論における目標を示すものとなっている。

オリンピズムの歴史的・哲学的背景のなかに多くの共通的立場（考え方）を発見するのと同様、ミューラーが、グルーペのオリンピックの原則を正しいと認めることができるのは（Müller, 1998）、驚くべきことではない。ミューラーはオリンピックの平和の思想に関して、平和をつくることはさまざまな文化をもった人々が知り合い、共に集い、意見を交換することなしには達成されないという点で、クーベルタンと近い考えをもっていた。ミューラーにとっては、オリンピック教育は、オリンピズム、オリンピックの祭典、美術や文学の文化史の知識なしには、そして、さまざまな文化の人々が集うことなくしては、考えられないものであった。

ミューラーと比較すると、グルーペはオリンピック・ムーブメントのレガシー（遺産）や文化史よりも、オリンピック大会の現代の発展の陰に隠れがちな、文化的課題としてのオリンピックの教育学的遺産に、より大きな関心をもっていた。その課題こそ、今日果たされるべきものと考えられた。

これら2つの考え方は、ともに、「過去の知識」としての歴史を含んでいる。オリンピックの文化的遺産の知識であろうと、あまり顧みられることのなかったオリンピック・ムーブメントの教育的遺産の知識であろうとも、それらの知識には歴史が含まれている。しかし、グルーペは、オリンピックの思想のスポーツ教育学的遺産を、現代の運動教育に置きかえようと考えた。それは、従来の教育的原則とは共通点がほとんどないものだった。

グルーペとは対照的に、ミューラーはもう1つの教授学的な要因を強調した。彼は授業に関心を払うだけではなく、子どもたちの学校やクラスの外での経験・出会いに特に関心を払った。たとえば、キャンプや探検、博物館の訪問などである。スポーツの機会は、人々が知り合うさまざまな文化活動のうちの1つにすぎない。他のそのような文化活動には、美術、音楽、ダンス、文学などがある。このような文化領域は、クーベルタンが「精神と文化」をつなぐと考えたもの、つまり調和と均衡（eurhythmics）である、とミューラーは考えた。ミューラーの考えは、学校におけるオリンピック教育の学際的性質と、学校内外での多様な文化領域における経験を共有し話し合うことなどに、特に注意が向けられている。

オリンピック教育を教えるための2つの教授学は、以下のようにまとめることができる。

（1）「知識志向」の方法は、オリンピックの思想を、歴史や教育的伝統によって説明することを目指している。この方法は、「知識の伝達」や「知識の説明」の形式で行われ、テキスト、読み物、パフレット、教師用指導書などが用いられる。幼児や青少年は、古代と近代のオリンピックについての名前、データ、出来事を年齢に応じて教わる。オリンピック開催都市の国の歴史や現代の知識、文化的話題も、教材のなかに含まれている。この課程では、オリンピックの理念、五輪マーク、祭典などの解説なども行われる。このような内容は、子どもたちがオリンピックの文化や歴史を思い描くことに役立つ。この方法は、世界のオリンピック教育の教授法で最も共通して行われていることである。その目的は、青少年にオリンピックの目的と使命を理解させ、オリンピックの祭典とオリンピック・ムーブメントの伝統を知らせるために、知識を伝達することである。その知識のなかには、国内的観点と国際的観点からのものが含まれる（Girginov & Parry, 2005, p.216）。

多くの国のオリンピック・アカデミー（NOA）が、ブックレット、パンフレット、ガイドブック、ポスターなどを出版しているが、これらは暗黙のうちに知識志向の方法に基づいている（Müller & Spangenberg, 1999; Andrecs, 1999, 2007）。

（2）「経験志向」の方法は、学校内外でのゲーム、スポーツ、美術、音楽での人との出会いを用いる。たとえば、ユース・キャンプ、学校間の交流、祭典・式典などがあり、それらはオリンピズムの精神である相互尊敬をつくり出す前提としての親睦を促進するために行われる。たとえば、国際的なネットワークである「ピエール・ド・クーベルタン・スクールズ」でつながっている学校間の協力（Nikolaus, 2006）や、オリンピックを祝うユース・キャンプの開催などである。このような運動と関連して、われわれは多様な「フェアプレー・キャンペーン」の例をあげることができる。それらは、オリンピックの原則である正直、フェアネス、多文化への精通や敬意といった、オリンピックの思想である平和を愛する心を育てるための、人々の出会いやイベントを企画し実行するものである。このような目的をもってつくられた授業計画やキャンペーンは、「若者のオリンピック経験（Young people experience the Olympics）」と呼ばれることがある。この呼称は、昔の標語である「若者のオリンピックを目指しての訓練（Young people train for the Olympics）」という言葉を想起させるものではあるが、明らかに競争的側面からは距離をおいたものである（Dahm, Schorr & Braun, 1995）。

まとめ●これら2つの有力な方法は、オリンピック教育の授業のための国際的な「背景に隠されたカリキュラム」と、簡潔にまとめることもできるだろう。

12―2 「身体的達成志向」と「生涯スポーツ志向」の教授法

ゲスマンによる教育学的概念は、教科体育のための教育目標としてのオリンピック教育を強調している。彼は、達成、フェアネス、相互尊敬という、オリンピックの原則の3つの要素を重要視している。図7で示した3つの要素の相互関係のなかで、彼は教育学的な意味での個人の「自己完成」を体育の1つの要素と考えた。この目標は、オリンピック教育の授業の目標でもある。

ゲスマンは、このような概念に基づいて授業法を発展させていった(Geßmann, 2004b)。「達成」は、スポーツの完成のための学習と努力を押し進める基本的な志向を表しており、社会的価値観に関する発達の基礎になっている。この「達成」は、対戦相手との競争的出会いを通して経験される。「フェアネス」は、対戦相手を助け、援助し、配慮して、共に達成を目指すことへの心構えを表している。「相互尊敬」は、成果によって示される客観的な努力と、目標達成を目指す過程における努力の両方を認める態度を表している。対戦相手は、競争のなかで示された努力とその結果の達成によって尊敬され、また相違点も尊重される。

ゲスマンの3つの教授学の構成要素は、さらに、個々の学習目標の一覧を提示することによって説明されている。そこでは達成の原則とフェアネスの思想について、指導過程を理解できるように、次のような問題に結びつけられている(Geßmann, 2004b, p.146)。

この個別の学習目標のリストは、2つのことを明らかにしている。ゲスマンはこれらの目的を体育に参加する児童や若者に期待される望ましい社会的行動であると考えている一方、オリンピック教育の結果がスポーツやスポーツ教育の場を超えて日常生活にまで及ぶ道徳的行動であると考えている。

オリンピック教育のこうした二重の目的によって、ゲスマンは教育的なスポーツ授業に、具体的な教授学的基礎を与えることができると期待した。

最後に、ゲスマンは自身の教授法を次のように定義している。「オリンピック教育」は、スポーツの意味と価値の問題とを結びつけたスポーツの能力向上を目指す教育と理解されるべきである。つまり、オリンピック教育は達成教育と社会的教育の組み合わせなのである (Geßmann, 2004a, p.148)。

このオリンピック教育の教授法はドイツでよく行われているだけでなく、東ヨーロッパや、シーデントップの「スポーツ教育モデル」が体育のカリキュラム作成に応用されている国においても行われている。

■「生活世界志向」の教授法

ビンダーによる生活世界志向のオリンピック教育の教育学的概念は、オリンピックの原則を、青少年のスポーツや生活の他の領域における社会的経験と結びつけている (Binder, 2000a)。このようにして、スポーツ経験や社会・文化的経験は、オリンピックの価値や理念に結びつけられる。オリンピックの理念は、青少年の道徳的行動の基礎になる社会的価値を身につける過程で、個人に課せられた努力目標であると理解される。「人生のチャンピオンたれ！」というプロジェクトは、学校での授業と宿題で構成される学業のための5つのカリキュラム領域を含んでいる。それらの授業のトピックスは次の5つである (Binder, 2000a, p.45)。

身体、知性、感情―子どもたちが身体活動に参加する動機づけ
フェアプレー―個人の生活や地域における生活でのスポーツの精神
多文化主義―差異を越えての共存
卓越の追求―アイデンティティ、自信、自尊感
オリンピックの現在と過去―その祭典とオリンピック精神の称揚

ここに示されたトピックスを注意深くみると、これまでに述べてきたオリンピック教育の教授法とは、いくつかの点で異なっていることに気づく。

ビンダーらは最初、すべての青少年は人格のすべての面を健全に発達させるため、定期的に身体運動、ゲーム、スポーツに参加することが必要であると主張する。現代の世界で成長する青少年はスポーツの機会が少なく、運動をしないライフスタイルである。このことは（悲しいことに）北米だけの問題ではなく、ヨーロッパ、オーストラリア、そしてアジアの一部でも問題になっている。

運動不足、そして受動的なライフスタイルは、オリンピック教育の目標とは矛盾するものである。

そこで最初の段階において、青少年に運動する喜びを経験させることが試みられる。

スポーツにおけるフェアプレーの経験は極めて重要である。そして、青少年の学校や社会という生活世界におけるフェアプレーの経験の重要性は、なおさらのことである。スポーツと生活世界の2つの領域での経験は、オリンピック教育のなかで生活世界での応用を考慮して統合され、そのことで実際に役立つものになっていく。

異文化理解の学習は、相手に敬意を示すことや、相互尊敬や異なる運動・スポーツ文化への肯定的な態度をもつことを、教え、奨励しなければならない。この教育は、互いに「見知らぬ」生活世界を背景にもつ青少年の文化的習慣や、考え方に対しても行われなければならない。

スポーツの能力と達成は、個人のアイデンティティ（主体性）、自信、自己尊厳感などの発達と強化の1つの根源であると考えられている。

最後に、ビンダーの授業のトピックスには、オリンピックの価値や、オリンピックが発展して今日の状態に至った、その背後にある思想に関する重要な情報の伝達が含まれている。

この生活世界志向の方法によって、カナダ、オーストラリア、ニュージーランドなどのオリンピック教育が注目されるようになった。近年では、この生活世界志向のオリンピック教育は、ヨーロッパのいくつかの国にも取り入れられ、それに伴いその成果の実証研究も行われるようになった（Rychtecky & Naul, 2005; Rychtecky, 2006, 2007）。また、アテネの夏季オリンピック（２００４年）、トリノの冬季オリンピック（２００６年）の準備期間の教育プログラムのために、上級指導教材の開発も行われた（Gisis, Nikolaidis & Papadopilos, 2004; Gemelli et al., 2006）。

オリンピック教育の生活世界志向として拡張された方法に賛成するにせよ、そのような拡張は「真のオリンピック教育」ではないと反対するにせよ、1つだけ確かなことは、個人の技能習得と達成志向も、他者との出会いによって他文化を理解する経験志向的な学習も、いずれか一方のみが、この教授法の中心ではないということである。この教授法は、オリンピック教育のこのような2つの伝統的教授法を統合したものである。それは、フェアプレーの思想を伴った活動的ライフスタイルを形成する教授法と、相互の出会いのなかで他文化のルールや規範を経験することを強調する教授法の統合とも言えよう。また、オリンピック教育のなかで何をいつ行うかは、スポーツの観点あるいは社会的観点のいずれかだけから考えるのではなく、さまざまな生活世界での社会的関係を通して統合的に考慮されるべきである。

「経験志向」の教授学と「スポーツの能力志向」の教授学にみられるこれら2つの視点は、学校に在籍している生徒たちが接している幅広い社会的・文化的経験と彼らが日常的に意識している価値や理念に影響を与える。そのことから、個人的経験によって、オリンピックの理念と現実を批判的に分析する能力を身につけていくことが可能になっていく。

しかしながら、これら4つの異なる教授法を考慮する際に、オリンピック教育のための2つの原則を忘れてはならないだろう。

（1）オリンピック教育の実施にあたって、どのような社会的・文化的背景と教育の客観的条件が、学校の児童とその授業に関連しているのか？

（2）オリンピックに関して、児童はどのような個人的経験をするのだろうか？　そして、オリンピック教育について、どのような個人的な経験が、学校の授業に表出するのだろうか？

これら2つの教授学的問題は、青少年の学校外の生活世界に関するものである。オリンピック教育に関することのような問題に答えるには、「生活世界志向」の教授法が必要であり、その他の3つの教授法には限界があるだろう。

4つの教授学的方法のすべては、オリンピック教育について1つの理論的道筋を強調しており、その道筋によってオリンピック教育の内容と範囲を決定している。「生活世界志向」の方法の特別な貢献は、他の3つの方法と、いわば「直交」しており、それらの不十分なところを補い、発展させる位置にあることである。しかし、「生活世界志向」の方法は、テーマの取り上げ方や、他の研究との脈絡をつける上で、他の3つの方法の重要な要素による補完を必要とする。このように、オリンピック教育の問題全体を十分にカバーするためには、4つの教授学的方法のすべてが必要なのである。

まとめ●学校におけるオリンピック教育は、さまざまな教科と学習目標を含んでいる。体育は、運動技能とスポーツの能力の習得と発揮を扱い、さらにそれを越えて、スポーツの場でルールを順守することや、チームメイトや対戦相手にフェアな態度で接することなどの社会的目標を扱う。生徒は同時に、学校やスポーツの場以外での振る舞いや態度を決定する行動パターンを身につけなければならない。このような社会的学習の目標に加えて、オリンピック教育は生徒の主体性を強化し、自己信頼感、自主的な実行能力、自己尊厳、連帯などの人格的特性を育てなければならない。ここで、「身体と精神」は、オリンピズムの精神において調和がとれ一体となる。同じ精神に基づき、オリンピック教育には「知性と文化」の教育が含まれ、音楽と美術の授業が行われる。しかし、他の教科（語学、歴史、地理、政治、宗教、哲学など）による授業教材は、オリンピック教育に独自性を与えることに役立っている。その教材によって、オリンピック・ムーブメントとその思想における、意味とシンボル、祝祭と行事、戦争と平和、倫理と道徳などが教えられ、実際に行われる教授法には、「スポーツ能力志向」「経験志向」と、理論的な「知識志向」のものがある。

12—3 オリンピック教育の統合された教授法

オリンピック教育のための教育学的概念について本書では、クーベルタンの思想や著作から導き出された歴史的・教育学的オリンピズムに焦点を当ててきた。一方、ミューラーは自らの調和と均衡の原則と経験志向的教授法を尊重する点でクーベルタンの歴史的遺産に近いところにいる。一方グルーペは、学校スポーツの授業の一要素としてオリンピック教育の文化的課題を尊重する点で、自らの教育学の範囲をクーベルタンの考えよりも広いものにしている。二人の考え方は双方とも、オリンピックの思想の哲学的・教育学的原則によって決定されており、ゲスマンも同じ思想に従っている。しかし、ゲスマンの「スポーツ能力志向」の教授法は、オリンピックの中心的原則のうちの３つ―「達成」「フェアネス」「相互尊敬」―に基づいた目標をもっている。

クーベルタンの遺産であるオリンピックの思想の原則に加えて、オリンピック教育の第二の基盤がある。それは、国際オリンピック委員会（ＩＯＣ）のオリンピック憲章であり、オリンピックの根本原則を示す条項のなかには、いくつかの教育的課題が明示されている（IOC, 2004, 2007a）。このオリンピック憲章の規約とそのなかに含まれるオリンピックの根本原則は、「生活世界

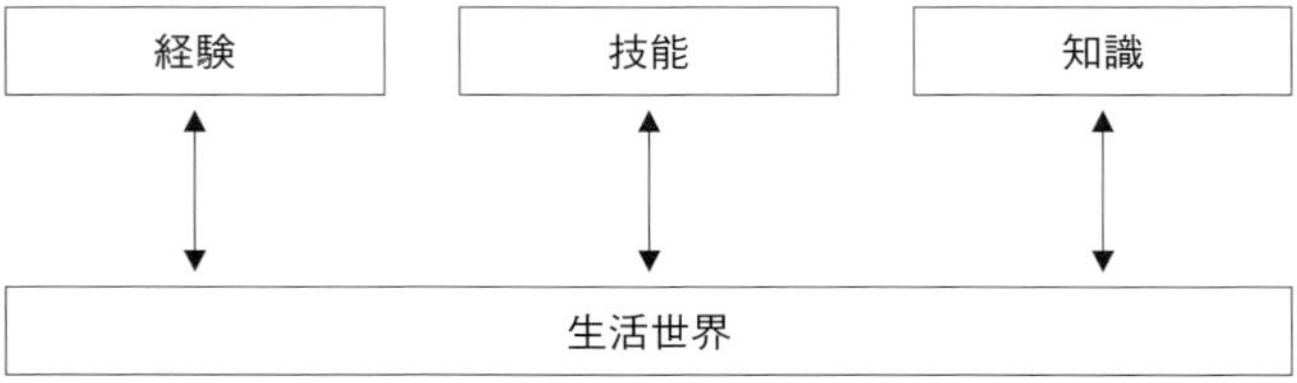

図9／オリンピック教育の教授法

志向」の教授法による価値教育としてのオリンピック教育の主要な目的となっている。この生活世界を考慮した考え方は、先に論じた3つの教授法、つまり「経験」「技能」「知識」に関する教授法を効果的に関連付ける。しかし、これら3つの教授法は、手に手を取って進行していくものではなく、むしろ反対に、それぞれが独立して行われる。1つの教授法が他の教授法のなかに組み入れられたり、融合したりすることも難しい。原則的には、このことは生活世界志向の教授法にも当てはまり、他の3つの方法を取り込むこともできず、統合することもできない。

さらに、われわれは、オリンピック教育の教授法の成果が、先に示した「社会的状況」という概念とどのように結びつけられているのかを、いまだに確認していない。この概念は、学校、学校スポーツ、現代スポーツなどと、現代のオリンピックのもろもろの側面とを結びつける橋渡しの役割を果たす。この概念は、オリンピックの思想が、運動やスポーツを通した青少年の社会化過程において、文化的課題を考えることを提唱する。そして、このことが、オリンピック教育のさまざまな授業の課題を生み出す。

■伝統的な教育学的・教授学的基盤の拡張

オリンピック教育における教授法の伝統的な基盤は2つある。1つは、クーベルタンの歴史的遺産であるオリンピズムの歴史的・教育学的基盤であり、もう1つは、オリンピック憲章のなかでオリンピックの根本原則に関する規約による基盤である。両者には、かなりの共通点がある。ドイツの博学な専門家は、専門家が読むような歴史的・教育学的文献を頻繁に引用するが、ヨーロッパや世界の他の国々では、オリンピック憲章のなかのオリンピックの根本原則を基盤にして考えている。

これら2つの基盤は、多くの共通事項を含んでいる。共通事項は、「相互尊敬」と「フェアプレー」の提唱であるが、共通した弱点もある。それは、両方とも教授の目的である教育課題を、オリンピック・ムーブメントの現状と変化から導き出しており、さまざまな生活世界での青少年のスポーツ教育や運動を通した社会化の観点からみた、個人的教育課題についての言及がないことである。

したがって、これら2つの伝統的基盤は、オリンピック・ムーブメントの現代的様相のもとで、さまざまな生活世界で成長している青少年に影響を与える現代の諸問題を考慮した、オリンピック教育のための適切な全体像を描くにはもはや十分ではない、と言える。そこで、2つの方法、つまり教育課題としての教育学的オリンピズムの方法と、オリンピック憲章の根本原則に依拠する方法の両方は、(1)現代的で客観的な検証を必要とし、(2)青少年の個人の教育的課題を考慮して、補強する必要がある。

(1)たとえば、客観的にみるならば、「アマチュアリズム」の第3原則は、1981年のIOCのバーデン・バーデンにおける決議によって、オリンピックの理念の1つではなくなった。したがって、オリンピック・ムーブメントのこの歴史的根本原則は、それ以来、オリンピック憲章には含まれなくなった。

改訂された第4根本原則も、時代遅れになっている。それは正直と公正さ(フェアネス)の原則である。オリンピックの従来の慣習に強い影響を与えている現代のプロ・スポーツのお金の問題や、トレーニングや試合のための薬物投与などの問題は、われわれに、現代的な観点から、正直と公正さ(フェアネス)のオリンピックの原則を定義しなおすことを要求している。この再定義には、スポーツにおける薬物使用に際する危険予防の詳しい説明や日常生活での薬物乱用の結果についての説明などが含まれるべきである。そして、そのような行為は倫理的・道徳的行為ではないことが明示されるべきである。

現在のミューラーの6つの根本原則（11－1節参照）の考え方にも、問題がないわけではない。ミューラー自身が言うような「体育から最も離れた形態」がオリンピック教育に適したものであるならば、小学校でゲーム大会の代わりに行われる、遊びオリンピックやミニ・オリンピックでさえも、オリンピック教育に適した授業と考えられるようになるだろう。しかし、そのような「気晴らしの遊びのような」活動やそのお祭りの提唱者・支持者も、それがオリンピック教育の教育的課題であることには懐疑的であるし、まったく否定する者もいる。そのようなスポーツの授業に、オリンピック教育の推進を期待することもできないようである。ゲスマンも指摘しているように、オリンピック教育を推進する授業であるために必要な基準がつくられる必要がある。

（2）諸根本原則もまた、青少年教育のカリキュラムにおける教育課題として、その内容が操作化される必要がある。つまり、個人の教育課題として実施する方法が、客観的に書き表される必要性である。

グルーペやミューラーによる基本原則も（Grupe, 1997; Müller, 1998a）、オリンピック憲章のなかの根本原則も、青少年のための教育的課題を直接には記述していない。彼らはオリンピズムの目標を一般的な言葉で述べており、オリンピックの思想に基づいて若者の教育を行うためにスポーツを用いることが述べられている。そこでの目的の1つは、オリンピックの思想の倫理的・道徳的価値と理想へ向けた教育である。

オリンピック憲章における根本原則も、クーベルタンからグルーペを経てミューラーに至るまでのオリンピズムに関する多くの著作も、極めて一般的な概説であり、今日のオリンピック・ムーブメントとの関係が希薄なだけでなく、特定の「教育的課題」を明らかにする点で不十分である。そのような「教育的課題」は根本原則の背後に隠れている。だからと言って、このことで、諸原則そのものを批判するわけではなく、オリンピックについての教育学にある文化的規範を、オリンピック教育のための教育的課題に変換するという、具体的な教授法に関する課題があることを認識する必要がある、ということを指摘したい。

オリンピック教育の基礎となっている伝統的な原則に対する2つの批判は、その教育目標と現代のオリンピックとの関係が不十分であることと、教育的課題に合致する具体的な教授法の作成が欠如していることである。

そのために、伝統的原則は2つの重要な点で補足される必要がある。

最初の補足は、オリンピック・ムーブメントを、現代との関係の上で理解することである。その際、「現代のオリンピックの様相」を1つの「社会-文化状況空間」として考慮する。その理由は、そのような現代との関係づけは、オリンピック憲章のなかの根本原則の修正を促すだけでなく（たとえばアマチュア規定の削除）、新しい条項をつくることにも役立ち、歴史的なオリンピックの教育学的・文化的理念を新しく

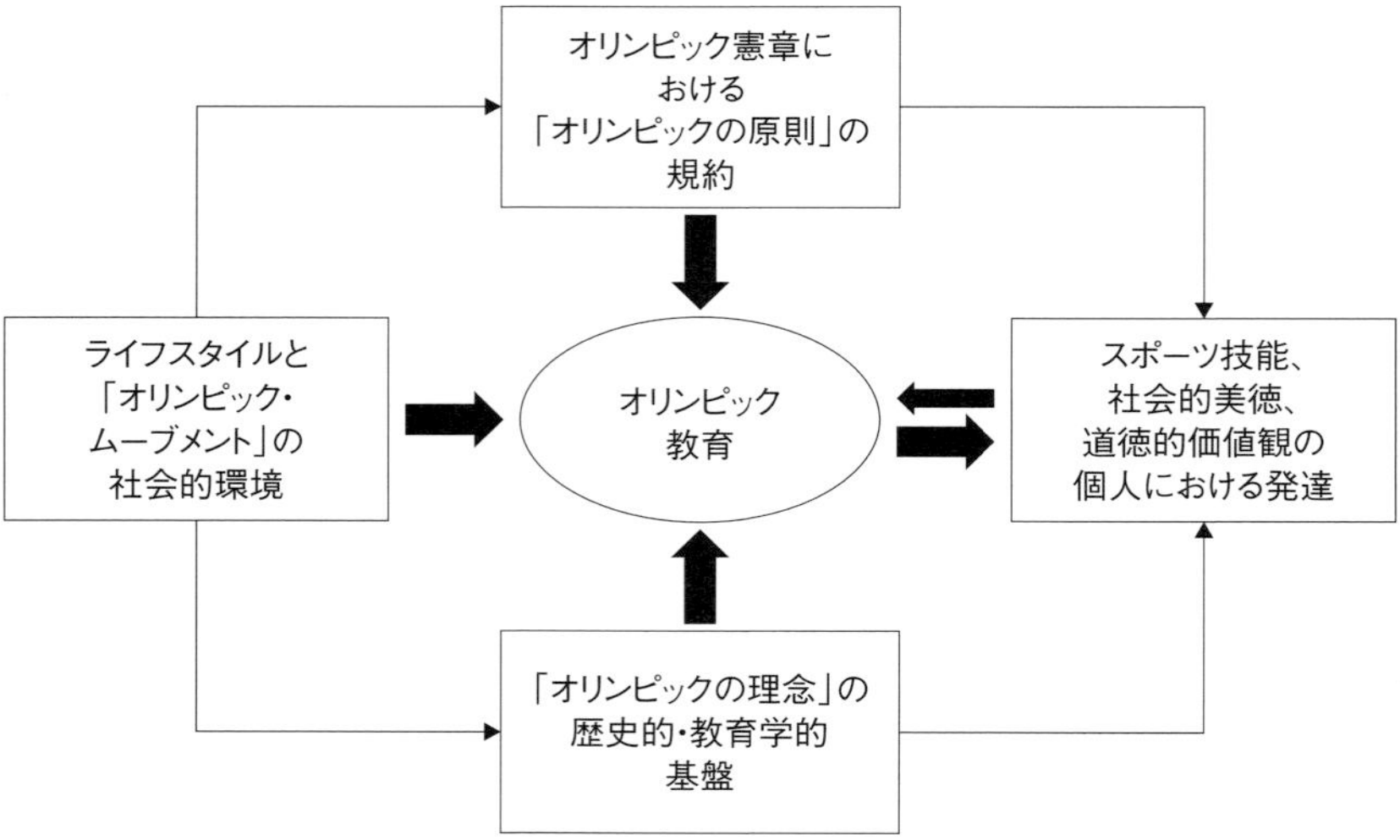

図10／オリンピック教育のための統合的教授法

強化することにもつながる（たとえばアンチ・ドーピング教育をフェアプレー教育の新しい要素として加える）からである。

第二の補足は、規約に示された原則や歴史的・教育学的原則の変更である。この変更は、今日の青少年が運動やスポーツを知り、経験し、楽しみ、運動やスポーツを通して「彼らのオリンピック」に出会う社会的条件を、考慮するために行われる。このような、人為的につくりだされた社会的条件は、スポーツのなかにでも生活世界のなかにでも存在する。

このような意味でのオリンピック教育は、学習の唯一の場としての学校を超えたものであり、学校をたくさんある学習の場の1つとみるような教育であると考えられる。オリンピックについての学習は3つの教授学的概念である、「経験」「技能」「知識」などが組み合わされ、統合される。

個人の発達のためのオリンピックの学習は、現実の生活世界のなかで、それを通して行われる。

オリンピックに関する学習のこのような概念は、2つの伝統的な原則に新しい2つの原則を加えており、「オリンピック教育のための統合的教授概念」と名づけられている。その統合の方法は以下のとおりである。

- さまざまな場所で学習が行われる。その場所には、学校、学校スポーツ、一般生活場面、スポーツクラブ、スポーツ競技やオリンピックなどが含まれる。
- 学校の多くの教科のなかで学習が行われる。統合的教授法によるオリンピック教育の実行。
- さまざまな形態のオリンピック教育のなかで学習が行われる。社会的・文化的経験や、スポーツでの努力や、オリンピズムの価値や道徳規範に関する知識などの統合を通しての学習。

■4つの教科領域でのオリンピックに関する学習

教育学的オリンピズムの伝統的原則にわれわれが追加した2つの原則は、オリンピック教育のための統合的教授法の重要な基盤となる。「現代のオリンピックの具体的諸側面」というテーマは、オリンピック教育のための社会的・文化的背景について青少年自身の見方に配慮した授業内容を含む必要がある。このことから、学校でのオリンピック教育の中心的教育課題を次のように引き出すことができる。

1つの課題は、スポーツや社会的・文化的生活世界が、「現代のオリンピック」のさまざまな様相に与えている影響を分析することである。

このことは、「オリンピックの原則」とその歴史的「文化的理念」を検証し、発展させ、推進させる一方で、「現代のオリンピック」の問題を「オリンピックの原則」にとっての障害であり危機であると認識し、拒否し、修正していくこと、などが含まれなければならない。

オリンピック教育にさまざまな教科の関与が必要な理由は、「経験と能力と知識を統合することによって個人を発達させる」という教育的目標があるためだと、簡潔に言い表すことができる。それらの教科は、青少年の観点からみた、オリンピックの社会学的・人間学的背景を取り上げる。

このことから、オリンピック教育の中心的教育課題が次のように導き出される。

その課題とは、スポーツ能力の発達と、社会性、道徳、知性に関する教育を統合的に支援することである。その課題は個人のスポーツ能力を達成、勝負、フェアプレーのいずれの面でも促進するが、個人の望ましい社会経験と道徳的価値観の形成を促進する目的も含まれる。スポーツをするなかで、オリンピックの思想の倫理的・道徳的原則を経験したり、道徳的行動について学ぶことや、オリンピック・ムーブメントの価値と理念の知識を習得することなどは、スポーツにおいて道徳行動が経験され学習されることを課題とし、その結果としての知識が日常生活なかでの良心や善悪の判断力の形成に役立てられるようにする目的をもって行われる。

これら二組の課題は、青少年のスポーツと日常生活での社会規範と価値観を扱っている。個人の発達課題としては、青少年各個人のスポーツ能力、社会性、道徳的行動、オリンピックに関する知識などがあるが、それらはオリンピックの原則のなかにある広く認められた望ましい原則や、歴史的・教育的な行動規範に合致していなければならない。

このような背景のもとにオリンピック教育の発達課題を見直すと、統合的教授法は4つの領域に分けられると思われる。それらは、スポーツ能力学習としてのオリンピック学習、社会的行動学習としてのオリンピック学習、道徳学習としてのオリンピック学習、オリンピックについての知

オリンピズム
伝統と現実における規範と価値観

教科領域	性質	行為	態度
スポーツでの努力	運動の努力	競技参加	フェアな行動
社会的行動	自己完成への熱望	よい手本になること	連帯のなかの行動
道徳的行動	ルールの順守	価値観受容	他文化の尊重
オリンピックの知識	知識の習得	オリンピックの価値の理解	オリンピックの理念と現実の比較

図11／統合的オリンピック教育の教授法マトリックス

識学習としてのオリンピック学習である。

ここで、われわれの拡張した原則によって定義されたオリンピズムの規範や価値を、伝統と現代の間の葛藤のなかにある文化的課題として、考えてみるとよいだろう。この葛藤を教師が論じるためには、それを青少年の発達課題を論じる言葉に書き換える必要がある。

われわれが、望ましい行動様式を形成する教育について、その方向を決めるためには、どのような前提条件が必要なのか。また、どのような素養・性質が生徒たちの行動のなかになければならないのか、を考えなければならない。

オリンピック教育に関係する教科領域と児童の個人の発達課題は、2次元のマトリックスとして示すことができる（図11）。4つの教科領域はそれぞれ、発達課題によって3つの下位領域に分けられる。その結果、12のオリンピック教育に関する教授基準が区分される。

ここに示した12の特徴は、オリンピックの根本原則を取り上げ、それらを現代のオリンピックの発展と関連付けて配列したものである。これらはオリンピック教育の課題を性質、つまり人格特性との関連において示している。このような性質を、われわれは行為によって発達させることを目標としており、同時にその行為が青少年の身体、社会性、道徳的行動について望ましい方向づけをもった態度を育むことを狙っている。

行動パターンの3つの領域

マトリックスのなかの基準は、スポーツを教育手段として青少年の望ましい性質を形成する際に修得されるべき社会的規範や価値観を示している。ここで目指される性質は、学ぶ熱意、知識を習得する欲求、よい成績を示したい欲求、ルールを守る熱意などである。さまざまな社会的場面での他者との多面的な交流は、スポーツと一般生活に適用する個人の行動を発達させるに違いない。そのような行為とは、よき手本となろうとすること、競技に参加すること、オリンピックの価値を学ぶこと、オリンピックの理念を理解すること、などである。青少年のさまざまなスポーツ活動は、スポーツと一般生活のなかでフェアに行動し、他者と連帯感をもって行動し、異なる文化の差異を尊重し、理想的な価値観と現実を比較するような方向性をもった態度を育てなければならない。このようにして形成された行動は、知的にも理解され基礎づけられる。

4つの教科領域

4つの教科領域は、上昇らせん状のカリキュラムと考えることができる。先に示した4つの教科領域はすべて同じように重要であり、相互に関連し補足し合っている。このように、オリンピック教育の統合的教授法が構成されている。

「スポーツでの努力」は、オリンピック教育の運動技能領域における出発点となる。しかし、「スポーツでの努力」は単独では目標とはならず、スポーツと日常生活での社会的行動を教えることを目指している。スポーツの能力が「社会的行動・振る舞い」の発達の基礎となり、また、並行して発達しなければならないのと同様に、社会的行動は「道徳的行動」の基礎あるいは準備段階である。道徳的行動はある事柄について正否の判断を伴うものであるが、正しい判断を伴う道徳的行動には、社会的・倫理的・認知的基礎が必要である。そして、「オリンピックの知識」に関する授業の目標は、オリンピックの歴史の期日や出来事についての知識が第一ではなく、むしろ、オリンピックの思想の意味や、生徒自身が遭遇する正否の判断に迷うような状況で道徳的行動をする際の規範や価値に関する知識に重点が置かれる。このように、この授業の目標は、なぜ人はフェアに振る舞い、人々の違いを尊重しなければならないのかという疑問に対して、個々人の答えをもたせることになる。

①スポーツでの努力●「スポーツでの努力」はオリンピック教育のなかで、有能さや技能を扱う授業領域である。この領域では、基礎運動能力の発達とスポーツ技能の向上が目標とされる。ここでは、持続的な構造化された学習過程によって、技能と能力を組織的に育てていく目標が追求される。それと同時に、個々の生徒は運動能力とスポーツ技能において「達成した結果を示す」必要がある。そして、その能力や技能は、他者との友好的競争のなかで徐々に育てられる。このような、個人の最高の成績を目指した「競技への参加」のなかで、フェアプレーの思想は、生徒たちが他の参加者に対して、競い合いながらも節度をもって、常に「フェアに行動する」態度へと方向づけられる。

②社会的行動●「社会的行動」という教科領域は、(①で示した) スポーツ能力の領域を基礎として発展し、社会的状況のなかでのスポーツ行動や態度の方向づけを補足的に充実させる目標をもっている。「よい手本を求める」ことは、オリンピック憲章が述べているように、人が見習いたいと思うような「よい手本」を目指すことを意味している。自己完成を熱望することは重要なことであり、個人の生涯にわたってのスポーツと、生活のなかで技能と能力を完全なものにしていこうとする学習によって支えられている。ここで言う学習とは、クーベルタンや、後にグルーペが教育原則として述べたような、個人の「自己完成」へと導く生涯を通した学習である。

この意味で、「自己完成」としての生涯学習は、その前提条件としてよい手本を求めることが必要である。そのような手本に従うなかで、人は仲間の一員として、共通の価値基準をもつようになる。

このようなわけで、仲間意識あるいは連帯感をもって行動することは、他者の行動規準に従って自分自身の社会的行動を方向づけることを意味する。

③道徳的行動●第三の教科は、道徳的判断行動を育てるために、スポーツでの努力や、スポーツに関連した社会的行動を利用する。

スポーツのルール・ブックには従うべきルールが書かれており、スポーツ行動を規制している。その一方で、スポーツ自体も「明文化されていない」ルールを含んでおり、そのルールはスポーツの特定の状況で、特定の行動を行うことが道徳的であることを示唆する。この「明文化されていない」スポーツのルールは、個人の行動を規制する価値となっていくが、この価値のシステムは、個人が外部から「受け入れた価値」に基づいて形成される。スポーツのなかでの行動と、学校や職場や日常生活での行動には、異質の要素が含まれることがしばしばある。そこで、場や状況によって矛盾した基準で行動しないための価値を受け入れ、自分のものにすることが重要になってくる。そして、そのような価値を受け入れて行動していることを、スポーツの場や他の生活場面で出会う人々に示し、信頼を獲得することは極めて重要である。こうした価値は、人々と共通の判断をする基礎となる。ルールや受け入れた価値に従うことにとどまるだけでは十分ではない。ルールや価値は、個人のさまざまな生活状況と世界のさまざまな文化的状況における生活の構成要素でもある。クーベルタンは、当時、近代スポーツとそのルール、そして価値は、国家間および異文化間のすべての人々に共通した行動の判断基準の基礎を与えられると考えた。この観点から言うならば、オリンピック・スポーツは、オリンピック憲章にもうたわれているように、宗教や社会体制や人種による差別を認めないという、典型的な規範と価値をもっている。このような、世界の競技者とその異なる文化に対する無差別かつ平等の態度を、クーベルタンは「相互尊敬」と呼んだ。この態度はオリンピックの中心的原則の1つである。統合的オリンピック教育のための1つの教育課題としての、この「相互尊敬」は、青少年が異文化と出会ったときの行動パターンに道徳的方向づけを与えている。そこで重要な態度は、他の異なったさまざまな文化に対する十分な理解を伴った尊敬である。

④オリンピックの知識●4番目の教科領域は、オリンピックの知識を扱うものである。これは他の教科領域を補足し拡充していくものであり、スポーツ能力や社会的・道徳的行動に焦点をあてた科目の足りないところを補うものでもある。この領域では知的な討論が行われ、世界のスポーツやオリンピックのもつ社会規範や価値の伝統的で理想的な考えと、現実との葛藤、ずれが話題として取り上げられる。

そこでは、オリンピック・ムーブメントの発展の歴史に関する知識と、そのなかで尊重された社会的行動と道徳的行動の理論的背景を教師は教え、生徒は学ばなければならない。加えて、生徒も教師も、オリンピックの理念を知的に理解し、現実の場面でその理念がどのように生かされるか、また、そのような理念が強調される意図は何であるのかを理解しなければならない。最後に、教師も生徒も、現在、われわれのスポーツでの行動や、社会的行動、道徳的行動のよりどころにすることを期待されている価値が本当によいものであるかを、批判的に検討しなければならない。社会批判的な、そして自己批判的な観点をもつためには、オリンピックの価値に含まれる考えを現実と比較して、スポーツや日常生活のなかで矛盾が生じていないかどうかが考慮されなければならない。

オリンピックの学習の教科領域は、独自の目標をもった4つの部分に分かれており、極めて現代的なものに思われるが、クーベルタンの歴史的な見解や言葉と密接につながっている。

第2章で引用したように、クーベルタンは、1918年の「オリンピック・レター」第3号で、オリンピズムに関する教育の4つの使命を述べている。彼は教育領域として、「肉体」「理性」「人格」「良心」をあげた。教師がこれら4つの教育課題を取り上げるときには、教師も生徒もオリンピックの学習のための4つの教科を勉強することになるであろう。それらは、現代のオリンピズムに関する身体的領域「肉体」、社会的領域「理性」、道徳的領域「人格」、精神的領域「良心」である。オリンピックの学習では、これらの領域を、身体活動、スポーツ競技、学校の授業、日常生活などを通して学ぶことになる。

■問題

（1）スポーツ教育とオリンピック教育によって達成することのできる共通の目標は何でしょうか？

（2）体育教科において、オリンピック教育によっても扱うことのできる領域は何でしょうか？

（3）オリンピック教育の５つの教育学的概念は何でしょうか？

（4）オリンピック教育の教授法のうち、最もよく知られている２つの方法は何でしょうか？

（5）オリンピック教育はどのような理由で、教科体育の目標をもとにつくられるカリキュラムの一部となりうるのでしょうか？

参考文献

・Georgiadis, K.（2007）. Defining Olympic education. In IOC（ed.）*Vth World forum on sport, education and culture* (pp. 208-213). Lausanne: IOC.

・Siedentop, D., Hastie, P. & Mars v.d. H.（2004）. *Complete Guide to Sport Education*. Champaign/Ill.: Human Kinetics.

・Parry, J.（1998）. Physical Education as Olympic Education. *European Review of Physical Education*, 4（2）, 153-167.

・Müller, N.（2004）. *Olympic education*. http://olympicstudies.uab.es/eng/lec/pdf/muller.pdf

- Binder, D. (2006). *Teaching Olympism in schools: Olympic education as a focus on values education.* http://olympicstudies.uab.es/lec/pdf/binder.pdf

第V部

オリンピック教育の評価研究

オリンピックの理念が青少年の発達に役立つことを願い、その理念のなかの社会規範や価値を、学校やスポーツクラブでのオリンピック教育によって育てようと望む人々は、言葉で述べられた目的が現実に達成されているかどうかを、自分自身に問うてみるべきである。この問いに答えるためには、オリンピック教育の諸課題と諸目的として青少年が習得すべき技能、知識、行動が、実際に習得されたかどうか。習得されたとしたら、どの程度、どのような方法によって習得されたのか、について客観的に確かめられなければならない。ヴィルムチックやクロス&ジョーンズは、オリンピック教育の努力目標とその現実を分けて考えることを明確に指摘している（Willimczik, 2002, 2004 a・b; Cross/Jones, 2007）。

たとえば、体育教師、大学体育学部の学生、学校の児童・生徒が「オリンピック教育」というものをどのようにみているのか、についても実証的で明快な証拠を必要とする。オリンピック教育の使命、目的、内容は何であり、そのうちのどれが大切で、どれが重要でないと考えられているのか、そして、どれが現実的に達成可能と思われているのかを知る必要がある。また、どのような教授法が好ましく、どのような教材や教育機器が有効なのかも知る必要がある。そして、どのような教材や機器が、オリンピック・ムーブメントの歴史についての知識や、オリンピックの理念に関する知識の教育に役立ったかを知る必要がある。

オリンピック教育の課題・目標に関する著作の数の多さに比べると、教育の結果の評価についての研究、特に効果に関する科学的に明快な答えを与える著作を見つけるのは困難である。しかし、これまでにも関連文献のいくつかは出版されている。オリンピック教育の普及状況の研究、オリンピックについて児童の習得した知識の研究などが発表されている（第13章）。その他の評価研究の例は、オリンピックの理念に対する児童・生徒の態度に関する評価研究である。オリンピックの価値の評価やオリンピック選手になりたいという希望と、スポーツ活動への動機づけの関連なども研究されている（第14章）。最後は、教師やコーチのためのオリンピック教育プログラムの問題についての議論である。オリンピック教育の授業のなかで、どのようなプログラムが実施され、どのような意図のもとに行われ、授業の受講生はそのプログラムをどのように受け止めているのか、について論じられる（第15章）。

＊　＊　＊

第13章 オリンピック教育と教師・生徒のオリンピックに関する知識の評価

13–1 体育教師はオリンピック教育をどう思っているのか

2001年にオリンピアで、ドイツ・オリンピック委員会による第5回教員研修セミナーが開催されたが、ドイツからの参加者のうち93人が「今日の学校におけるオリンピック教育」の専門家として、ヴィルムチックによる調査に協力した（Willimczik, 2002）。質問紙では、次の3つの大きな問題が問われた。「オリンピック教育学の特性は何か？」「オリンピック教育学のどのような特性にあなたは賛成し、また反対するのか？」「ドイツの西部と東部の教師を比較したとき、強調される特性に違いはあるのか？」

調査されたすべての教師は、価値の教育、フェアプレー、国同士の理解と友好、尊敬、競争、努力と励ましあいの精神などの言葉をオリンピック教育学の特徴としてあげた。オリンピック教育学の最も望ましい4つの特徴としては、フェアプレー、国同士の理解と友好、達成動機、オリンピックの理念があげられた。このような回答に関して、ドイツ西部と東部の参加者の間に有意な差はなかった。しかし、学校における「価値の教育」は、中学校の教師より小学校の教師によって、より重要なものと評価された。調査協力者の65％は、自分たちの授業シラバスが、オリンピック教育学と矛盾するものではないと考えているが、３分の１の教師はオリンピック教育学が現在では「堅苦しく、時代遅れ」であると考えていた。

巨大化、商業主義、インチキといった特性が、オリンピック教育学の目標にはならない特性としてあげられたが、これらは実際にはオリンピックと結びついている特性である。オリンピック教育学に反する特性としてあげられたのは、勝利至上主義、商業主義、ドーピング、非現実性などであった。

ヴィルムチックは、この調査研究の結果を次のように総括した。「オリンピック教育学は、他の教育学的原則や日常の学校生活と、矛盾するところがあるのは疑いない。……オリンピック教育学は、スポーツ教育学よりも、実際の学校のなかでは、かなり〝多面的な観点による〟教育内容を含んでいる。……調査に協力した教師たちが言っているように、オリンピックの現実の姿には負の側面もあり、巨大化、商業主義、ドーピングなどは、オリンピック教育学が批判的な考察をすべき重要な問題を内包している」(Willimczik, 2002, pp. 7-8)。

ヴィルムチックは、２００４年に、ドイツ・オリンピック委員会のセミナーに参加した教師の調査を行い、その結果を53人の小学校教師（旧西ドイツ地域29人、旧東ドイツ地域24人）の調査結果と比較した。そして２つの大きな違いを発見した。「オリンピック教育学の内容について、西側の教師は、東側の教師よりも批判的であった。また、セミナーに参加した教師よりも小学校教師のほうが、オリンピックの教育学の強調する内容を低く評価した」(Willimczik, 2004a, p.272)。

オリンピック教育学を特徴づける最も重要な主張は、「価値の教育」としてまとめられる。そのなかには、「フェアプレー」「他者の尊敬」「連帯」「国際理解と親善」「平和教育」などの概念が含まれる。

このような概念が、オリンピック教育学における「価値の教育」の内容として適切なものかどうかについて、

表2／調査結果

テーマ	平均値			
	セミナー参加教師		小学校教師	
	西ドイツ	東ドイツ	西ドイツ	東ドイツ
フェアプレー	1.95	1.93	1.56	1.62
相互尊敬	1.84	1.81	1.61	1.38
協力	1.75	1.62	1.58	1.28
文化の理解	1.71	1.78	1.50	1.67
平和教育	1.65	1.72	1.04	1.50

出典：Willimczik, 2004a, p.275

「同意」（＋2）、「どちらとも言えない」（＋1）、「不同意」（0）の3段階で評価された。その結果、オリンピック委員会のセミナー参加者に東西の地域による差はなかったが、小学校教師の東西の地域差は有意なものであった。

5つのテーマすべてについて、小学校教師は控えめな評価をしており、「価値教育」と「平和教育」では東西の平均値に大きな差がある。しかし、平均値の差が最も大きいのは、「意志の教育」であり旧西ドイツの平均値の0・14に対して、旧東ドイツの平均値は1・12であった。「達成の原則」は西0・76／東1・48、「訓練する動機づけ」は西0・84／東1・57であった。この結果は、小学校教師の学校スポーツの経験を反映しているだけでなく、学校スポーツの授業の背景にある教育観や、明文化された教育の任務の考え方の違いを反映していると考えられる。

ヴィルムチックは、研究結果を次のように要約している。「自由記述の質問の結果、達成や競争の概念、そして〝訓練する動機づけ〟や〝力を発揮する動機づけ〟などの特性は、オリンピック教育学の特性であるとみなされた。しかし、このような観点に対しては、西側の小学校教師は、東側の教師よりも、そして特にオリンピック委員会のセミナーに出席した教師たちよりも、批判的であった」（Willimczik, 2004a, p.277）。よいスポーツ教育の意味することに関しては、旧西ドイツのセミナー参加者と若い教師との間に大きな差がみられた。

教師たちへの調査は、ケムニッツ大学のフンメルをリーダーとする研究グループによって行われた（Hummel, Erdtel & Adler, 2004）。この調査では、ライプツィヒがオリンピック開催都市に立候補したことに関連し、ザクセン州の体育教師に対して、スポーツ授業のなかでどのようなことをしたいのかを質問した。465名の体育教師のうち19％は「包括的な知識の伝達」と答え、同じく19％が特別な「生徒のプロジェクト」をつくることと答えた。そして、15％が「生徒のスポーツへの関心を高める」と「価値の教育にオリンピックを役立てる」と回答した。「価値の教育にオリンピックを役立てる」と回答した教師のうち、30％が「フェアプレー」を、15％前後の割合で「チーム・スピリット／連帯」「国際理解と親善」「寛容・尊敬」をあげた。

これらの研究を要約すると、教師たちによってあげられたオリンピック教育の課題と目的は、オリンピックの根本原則に極めて近いものであり、オリンピック教育に特有の課題は「多面的な」価値の教育と考えられていることが分かる。しかし、オリンピック教育も、オリンピックの思想の理想と現実を授業のなかで検討するために、オリンピックを批判的に、そして建設的に扱うことが期待される。

13—2 生徒、体育学部学生、体育教師はオリンピックについて何を知っているのか

オリンピックに関する生徒と体育学部学生の標準的な知識についての研究は、ドイツ国外ではある程度行われてきたが、ドイツ国内では少ない。そのうちの1つは、1969年に旧東ドイツのリーベルによって行われた。リーベルは中学校5年生（日本では中学3年生）から大学2年生までを対象にして、伝達されたオリンピックの知識に関する調査を行った。彼は知識伝達の方法を3つのレベル—組織的な知識伝達、非組織的な知識伝達、知

識伝達なし─に分けた。その結果、非組織的な知識伝達が最も多く行われていることが分かった。このことは、社会主義の身体文化の歴史的・社会的・政治的発展とは無関係に、オリンピックに関する知識伝達が行われてきたことを意味する。中学5年生から8年生（日本の高校3年生）までは、ほとんどの学校で「オリンピック」についての話題が取り上げられていた。全調査参加者の57％では「古代オリンピック」の話が、62％では「近代オリンピックの歴史」が取り上げられていた。さらに、全体の51％はオリンピックの思想や、クーベルタンのことを知っていると答えた（Riebel, 1969, p.261）。この調査の原著には、次のようにコメントがつけられている。「（学校で学ばれたスポーツの知識のなかで）回答の多い上位4項目のうち3項目までがオリンピック問題に関したものであった。組織的に伝達された知識のなかで、その回答数が1位の事項は〝古代オリンピック〟であった。東ドイツのオリンピック委員会（ＮＯＣ）が、国際オリンピック委員会（ＩＯＣ）に対して西ドイツと平等に認識し扱うように争ったことは、〝近代オリンピックの歴史〟のなかのテーマに含まれるかもしれない。さらに、〝スポーツとナショナリズムの関係〟や、〝スポーツと階級闘争の関係〟といった事項が上位にあることは注目すべきことである」（Riebel, 1969, pp.259-260）。この研究の著者は、結局は、国はオリンピックの理念やオリンピックの歴史を児童・生徒に理論的に教えることを怠り、社会主義の国づくりにおいて、オリンピックの平和思想を教育のなかで強調することを忘れていた、と指摘した。

プロイスやクロウスキーによる「オリンピックに関する知識」の調査結果（Preuß, 1996, 1998, 2002; Kurowski, 1992）は、いくぶん失望させるものであった。この一連の研究は、体育学部学生と高校最上級生を対象にしていた。

プロイスは、東西ドイツおよびオーストリアの体育学部生という3つのグループの調査を3回（578人：1992年、628人：1996年、518人：2001年）にわたって実施した。そこで使用された質問紙はヴィリバルト・ゲップハルト研究所で開発されたもので、クーベルタンという人物や、オリンピックの理念の意味についての知識を調べることを目的としたものであった。クーベルタンについての知識は、3回の調査で年をおうごとに低下傾向を示した。クーベルタンがオリンピックの創始者である、という知識をもつ学生の割合は、3回の調査で60%から80%までの幅があった。しかし、クーベルタンについて、それ以上のことを知っている学生はほとんどいなかった。

クーベルタンのことを知っている学生の割合を、オリンピックに関する行事に参加した経験のある者とそうでない者とで比較すると、参加経験のあるグループのほうが知っている学生の割合が明らかに大きかった。最も重要なオリンピックの理念は何か、という問いに対する答えで多かった項目を順にあげると、「フェアプレー」「勝つことよりも参加することが重要」「国際的な理解と親善」「平和」である。しかし、3つのグループ間には、興味深い地域差と年代差がみられた。「フェアプレー」の理想は、オーストリアのグループよりもドイツのグループによって重要と評価されたが、オーストリアのグループは「アマチュアリズム」の重要性を高く位置づけた。経年的比較で顕著な変化は、旧東ドイツの「国際理解・親善」と「平和」に対する態度にみられた。2000年の調査ではこれらの項目を重要と評価した学生の割合は9%と5%であったが、1992年の調査ではそれぞれ44%と48%であった。

この結果を振り返って、プロイスは次のような結論を述べている。「この研究によれば、ドイツ語圏の体育専攻大学生はクーベルタンのことをあまり知らない。しかし、オリンピックに関連したイベントは、オリンピック・ムーブメントについての知識を豊かにすることに貢献している」(Preuß, 2002, p.301)。

オリンピックに関する問題について、さらに詳細な研究が標準化された質問紙を使って行われた(Kurowski, 1992)。この研究は、ケルンの12歳と13歳の297人の少年・少女(男子188人、女子109人)を調査協力者にして調査を行った。質問紙は、次の6つの領域に関するものであった。それは、「オリンピック大会とスポーツ種目に関する知識」「オリンピックのシンボルに関する知識」「オリンピックに関する人物と組織の名前の知識」「競技者はどの程度、手本の役割を果たしているか」「オリンピックの理念や標語に対する意見・態度」「オリンピックについての情報源と関心ある情報」である。

調査協力者の11%が、「オリンピア」が古代オリンピックの開催地であったことを知っていた。40%は、多肢選択問題で、古代オリンピックの時代を正しく答えた。近代オリンピックの最初の開催地が「アテネ」であることを知っていた生徒は3人に一人であり、その開催年が「1896年」であることを知っていたのは、わずか23%であった。「IOC」という略語の意味を知っていた者は3分の2で、五輪のマークの意味を知っていた者の割合も同じであった。それに対して「ピエール・ド・クーベルタンとはどんな人か?」という問いには、28%が答えられなかった。当時のIOC会長の名を「サマランチ」と正しく答えられなかった生徒は、72%強であった。そして、悲しむべきことに、オリンピック・チャンピオンが他の人の手本となる役割を果たしているかどうかという質問には、62%が無回答であった。

現代のオリンピックに当てはまる言葉として、調査協力者があげたのは、「メディアの大騒ぎ」「世界的ハプニング」「商業化」「プロ化」「巨大化」などの順であった。しかし、大多数の者は、オリンピックが「フェアネス」や「国際理解・親善」を失ってしまったかということには疑問をもっていた。また、中高等学校の年齢の協力者のうち75%は、テレビからオリンピックに関する情報を得ていると答えた。

その約69%は、学校でオリンピックについて授業を受けたか、という質問に「いいえ」と答えている。高校生を含めて、オリンピックに関連することを体育の授業で学んだものは13%であったのに対して、ラテン語の授業で学んだものは15%で最も多かった。

この研究の著者は、次のように結論を述べている。「学校の生徒のオリンピックに関する標準的な知識は、極

表3／ICCSPEの研究の標本　（人）

	ベルギー	チェコ	エストニア	フィンランド	ドイツ	ハンガリー	合計
12歳女子	185	95	—	307	259	116	962
15歳女子	261	120	328	290	214	111	1324
12歳男子	186	111	—	254	251	99	901
15歳男子	240	113	312	257	221	112	1255
合計	872	439	640	1108	945	438	4442

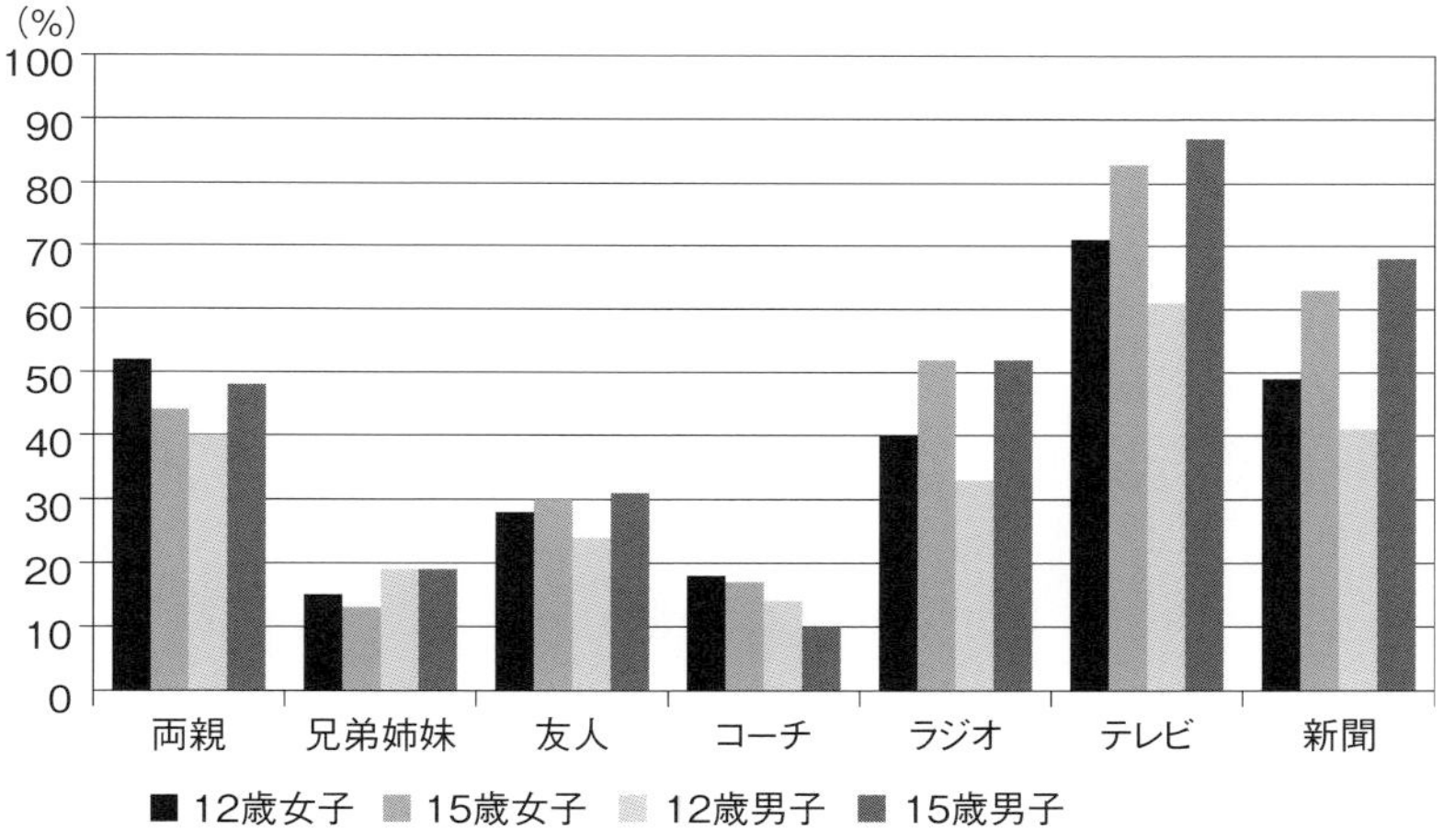

図12／オリンピックに関する情報源

めて貧弱である。進学校のグラマースクールの6年生でも知識は乏しい。彼らがもっているオリンピックに関する知識は、現代のオリンピックに関するものであり、その情報源はテレビに依存している」(Kurowski, 1992, p. 214)。

この解釈は、1994〜1995年に行われた他の比較研究によっても確かめられた。その研究は、IOCと国際スポーツ科学・体育協議会(ICSSPE)の委託による青年を対象とした国際的スポーツ研究の一部と

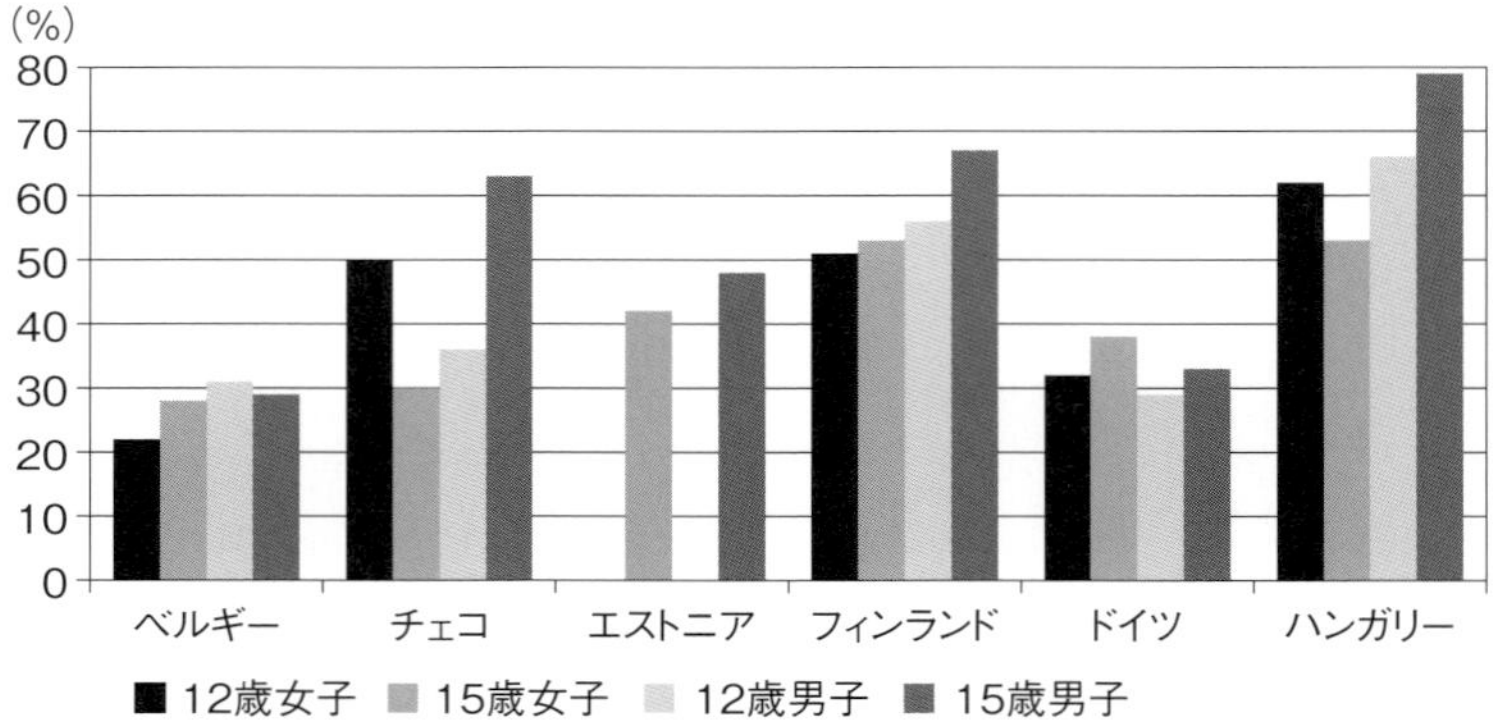

図13／オリンピック・ムーブメントに関する授業

して、ヨーロッパ6か国（ベルギー、エストニア、ドイツ、フィンランド、チェコ、ハンガリー）の12歳と15歳の男女約7000人を研究参加者として実施された。このうち4442人が、オリンピックの理念に関する調査に答えた。

オリンピックに関する情報をどこから得たのかについては、6か国とも個人的情報源（両親、兄弟姉妹、友人、コーチ）よりもメディア（新聞、ラジオ、テレビ）によるものが有意に多かった（図12参照）。

メディアからの情報が圧倒的に多いことは、コーチからの情報が少ないことと同様に驚くべきことではない。

学校におけるオリンピックについての授業から情報を得ていると答えた生徒の割合は、6か国を比較すると統計的に有意な差があった（図13参照）。

この研究に参加した生徒の多くは、学校で「オリンピック教育」と呼べるような授業でオリンピックに関する情報を学んではいなかった。例外は、ハンガリーとフィンランドの男女の生徒たちであり、最大はハンガリーの15歳女子で78・4%、最低はフィンランドの12歳男子の50・6%で、学校の授

表4／第1回近代オリンピックの開催された場所（正しい答えを選んだ生徒の割合）　(%)

	ベルギー	チェコ	エストニア	フィンランド	ドイツ	ハンガリー
12歳男子	64.5	55.0	—	46.0	45.9	63.6
15歳男子	67.5	65.2	59.0	49.6	67.9	58.6
12歳女子	48.1	48.4	—	39.7	41.5	65.5
15歳女子	61.7	68.4	54.9	43.9	63.7	75.5

表5／近代オリンピックが最初に開かれた年（1896年を正しく選択できた生徒の割合）　(%)

	ベルギー	チェコ	エストニア	フィンランド	ドイツ	ハンガリー
12歳男子	23.1	37.7	—	18.6	30.9	51.0
15歳男子	39.2	54.1	52.8	22.0	40.5	27.3
12歳女子	14.6	22.3	—	18.4	25.2	50.4
15歳女子	25.7	61.4	28.1	17.8	23.9	32.1

業でオリンピックのことを学んでいた。チェコの15歳女子も62・9％と高い割合を示した。ベルギーとドイツでは、この比率が先にあげた3か国に比べて低かったが、これらの国では学校外の活動のなかでオリンピックに関する情報に接する機会が多かった。たとえば、スポーツクラブや「オリンピック記念日」などの行事であった。

「情報源」が多様であることや、「学校での授業」の違いなどを考慮すると、オリンピックに関する歴史、理念、シンボルなどの知識の程度に違いが出てきても不思議ではない。

15歳では、多くの生徒が近代オリンピックの最初の開催地がアテネであることを知っていた。男子において最高の割合はドイツの生徒が示した67・9％で、女子ではハンガリーの75・5％であった。12歳の男女も正しい答えを知っていたが、その割合はハンガリー（女子65・5％）、ベルギー（男子64・5％）、チェコ（男子64・5％）などが多いほうで、国による割合の違いはかなり大きかった（表4参照）。

15歳の生徒では、チェコの男女（54・1％と61・4％）と

表6／ピエール・ド・クーベルタンという名前を聞いたことがありますか？
（「はい」と答えた生徒の割合）　（%）

	ベルギー	チェコ	エストニア	フィンランド	ドイツ	ハンガリー
12歳男子	25.3	19.0	—	3.6	6.9	25.0
15歳男子	59.3	31.5	22.0	5.8	2.6	4.7
12歳女子	12.7	9.7	—	3.9	1.6	25.2
15歳女子	35.8	44.0	6.9	5.2	12.6	13.8

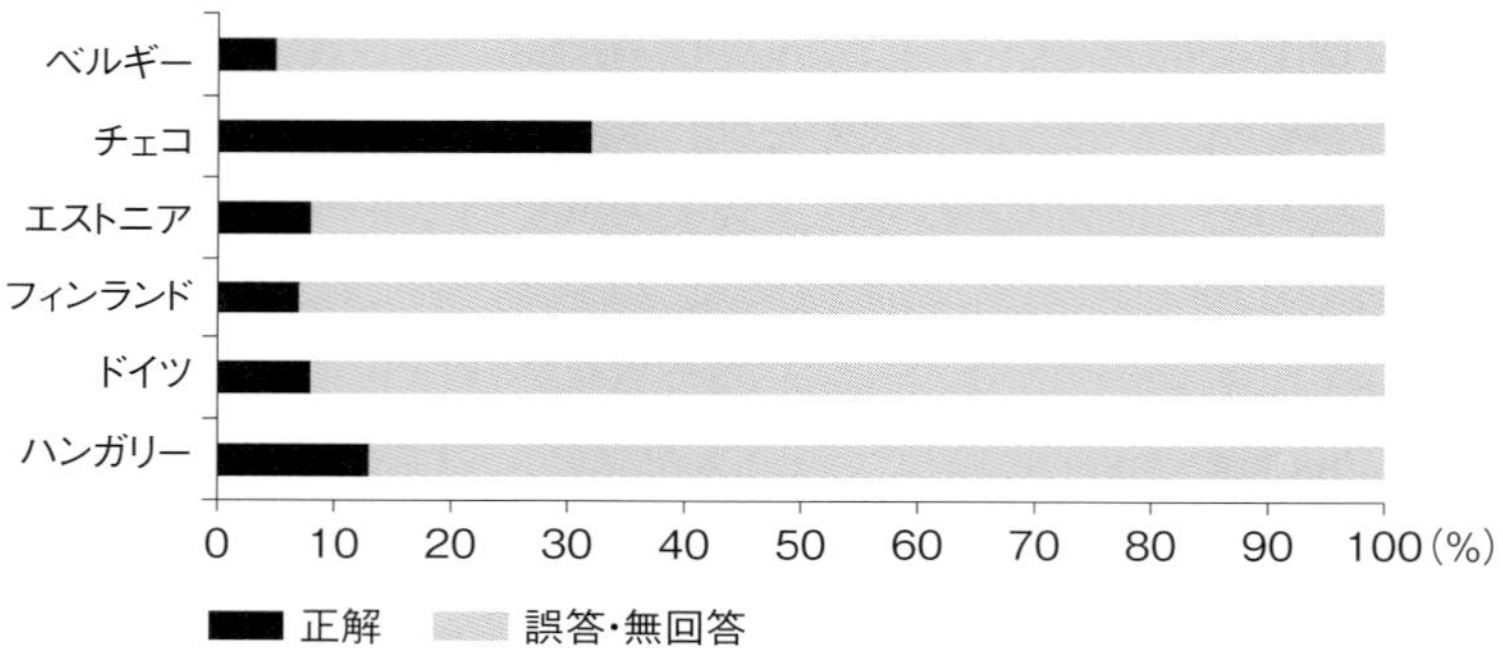

図14／ピエール・ド・クーベルタンはどんな人ですか？（正しい答えを選んだ生徒の割合）

エストニアの男子（52・8%）を除くと、近代オリンピック初開催の年を1896年と知っていた割合は少なかった。12歳の生徒では、ハンガリーの男女の正解者の割合（50・4%と51・0%）が多かった（表5参照）。

表6には、ピエール・ド・クーベルタンという名前を聞いたことがあると答えた生徒の割合が示されている。「はい」と答えた生徒は、さらに、その人は何をした人なのかを問われた。もし、彼がオリンピック・ムーブメントの創始者、IOC会長、あるいは1900年のオリンピックの主催者であったと知っていれば、その生徒は「正しい」答えをしたものとして数えられた（図14参照）。

クーベルタンの名を聞いたことがあると答えた割合が最大なのは、ベルギ

表7／オリンピックの精神という言葉を聞いたことがありますか？（「はい」と答えた生徒の割合）（%）

	ベルギー	チェコ	エストニア	フィンランド	ドイツ	ハンガリー
12歳男子	42.6	31.8	—	47.4	17.7	67.3
15歳男子	55.3	46.8	26.6	50.0	41.3	18.8
12歳女子	30.1	25.2	—	40.7	12.7	16.4
15歳女子	46.9	38.7	12.6	38.1	28.1	47.2

ーの15歳男子で59・3％、女子ではチェコの44％であり、その他の国の割合は少ないものであった。ドイツとフィンランドの割合は全体的に低く、他の国との比較では統計的に有意な差があった。このことは、オリンピックに関する「知識」の領域で、国による違いがあることを示すものであった。

極めて多くの生徒が、近代オリンピック創始者の名前を思い出せなかった（図14参照）。ベルギーやチェコの15歳でも、多くの生徒はクーベルタンの名前は知っていても、何の理由で有名なのか知らなかった。しかし、チェコの生徒のうち32・6％は正しく説明できた。

オリンピックの精神（Olympic Spirit）という言葉を聞いたことのある生徒の割合が50％を超えていたのは、ベルギーの15歳男子（55・3％）と、ハンガリーの12歳男子（67・3％）だけであった（表7参照）。女子では15歳のベルギーとハンガリーの割合が最も高く、約47％であった。ドイツは12歳の男女とも、ヨーロッパの他国に比べて低い割合の生徒しか、オリンピックの精神という言葉を聞いたことがなかった。

オリンピックの理念でフェアプレー以外のことを知っている生徒の割合は、全般的に30％以下であった（表8参照）。最も高い割合を示したのは、15歳の女子のハンガリー（45・7％）と、ドイツ（41・8％）であった。若い12歳のグループでは、ハンガリーの男子（34・4％）と、チェコの女子（25・3％）が高い割合を示したが、他の国では3人中2人の生徒は、オリンピックの理念についてフェアプレー以外のこと

表8／あなたはオリンピックの理念についてフェアプレー以外のことを知っていますか？
（「はい」と答えた生徒の割合）　(%)

	ベルギー	チェコ	エストニア	フィンランド	ドイツ	ハンガリー
12歳男子	15.6	25.2	—	13.0	26.1	34.4
15歳男子	28.7	30.8	15.1	12.4	28.4	29.6
12歳女子	8.6	25.3	—	7.3	17.3	25.2
15歳女子	21.2	21.6	7.3	10.2	41.8	45.7

を聞いたことがなかった。

オリンピックのシンボルである五輪の意味については、興味深い年齢差と文化差がみられた（表９参照）。15歳男子ではベルギーが71・９％を示していたのに対して、フィンランドは11・６％であった。15歳女子ではベルギー、チェコ、ドイツが60％以上であったのに対して、フィンランドは９・６％であった。ハンガリーでは、12歳のグループが15歳のグループよりも高い割合を示し、12歳女子の55・７％が五輪の正しい意味を知っていたのに対して、フィンランドでは13・４％であった。12歳男子ではベルギーが最大の割合（62・１％）を示し、フィンランドは最低（15・５％）であった。年齢差に関してみると、ハンガリーとフィンランドを除いては、年長者の15歳のほうが年少者の12歳よりも五輪の意味を知っている割合が大きかった。

これらヨーロッパ諸国における研究結果は、オリンピックに関する知識が十分には普及していないことを示しているが、同時期あるいはそれ以後に行われた東ヨーロッパ、アフリカ、アジアでの研究も同じような結果であった。

たとえば、１９９４～１９９６年にかけて実施されたポーランドの研究では、12～16歳の生徒１２４８人が調査参加者になったが、わずか18％がＩＯＣ会長の名前を知っているにすぎなかった（Nowocien, 1999）。南アフリカの体育学部生６１２人が参加した調査では、男子の12％、女子の10％がＩＯＣ会長の正しい名前を知っているにす

表9／あなたはオリンピックの五輪の意味を知っていますか？（「はい」と答えた生徒の割合）　(%)

	ベルギー	チェコ	エストニア	フィンランド	ドイツ	ハンガリー
12歳男子	62.1	43.3	—	15.5	48.3	53.5
15歳男子	71.9	67.0	18.8	11.6	61.9	33.0
12歳女子	44.2	52.7	—	13.4	42.1	55.7
15歳女子	63.5	63.1	12.5	9.6	63.0	39.6

ぎなかった（v. Wyk et al., 2007）。マレーシアでは、706人の研究参加者のオリンピックに関する知識調査が行われた。参加者のなかには児童、教師、小学校教師、学部生が含まれていた。オリンピック知識テストは、すべてのグループで不十分な点数であったが、児童の点数（正解率45％）が教師の点数（正解率37％）を上回っていた（Khoo et al., 2006）。

ここに示した研究の著者たち全員が、近代オリンピックの歴史的事項の知識不足を補うためには、オリンピック教育の授業を行うことを勧めている。ノヴォシエンの研究では、90％の児童がそのような授業を受けることを希望していた。

第14章 オリンピックの理念とスポーツ活動での達成動機の評価

14—1 生徒たちは、オリンピックの理念の理想と現実をどのように評価しているのか

オリンピックの基本的理念には、８つの事柄がある。それは友情、平和、努力のなかの喜び、連帯、心身の調和、相互尊敬、高潔、フェアプレーであり、それらの特性はオリンピック憲章における根本原則の1、2、4項に書かれている。この特性に関する調査が、オリンピックの理念に関するヨーロッパ諸国の比較研究として行われた（Naul, 1998, pp.39-41）。そしてその後の研究で、４つの特性（努力のなかの喜び、平和、連帯、フェアプレー）について、より詳細な調査研究が行われた（Telama et al., 2002, pp.96-101）。その研究では、オリンピックの理念について、その理想と現実の違いが明らかになった。

努力のなかの喜び●調査の結果は、すべての国で12歳と15歳の男子・女子ともに、オリンピックの原則における

「努力のなかの喜び（joy in effort）」という考えを望ましいこと（理想）として支持している（支持率が最大のグループでは90%）。しかし、彼ら彼女らは、オリンピック・ムーブメントのなかで重要視される「努力のなかの喜び」が「現実に存在する」ということには批判的であった。15歳のグループでは、男子のほうが女子よりも批判的であった。しかし、ハンガリーを除いて、約60%の生徒は、「努力のなかの喜び」が現実に存在することを信じていた。12歳の生徒について国による違いをみると、ドイツとハンガリーでは、チェコとフィンランドよりも「望ましさ（理想）」と「現実」の違いを感じていた。

平和●「平和（peace）」というオリンピックの理念の評価については、国の間で有意な差（$p<0.01$）がみられた。オリンピックにおける「平和」の推進を「望ましいこと」と考える割合が、最も大きかったのはドイツの12歳女子で94%、最も割合が小さかったのはエストニアの15歳女子で64%であった。「望ましさ」と「現実」の差は、ハンガリーとチェコで他の諸国よりも小さく評定されていた。ハンガリーにおいては、すべてのグループで「望ましさ」と「現実」の間に差はみられなかった。しかし、エストニア、フィンランド、ドイツでは、12歳と15歳の生徒の多数は、オリンピック・ムーブメントによって「平和」が推進されたということには懐疑的であった。

連帯●オリンピックの理念について、その「望ましさ」と「現実」との間に最も大きな差があったのは「連帯」であった。しかしながら、オリンピックの理想としての「連帯（solidality）」という考えには、ドイツの15歳男子の支持率が66%だったのを除いては、すべてのグループが80～90%で支持していた。それに対して、「連帯」が現実のものとして実践されていると評価したグループは1つもなく、最も大きな割合で肯定的評価をしたのはチェコの43%であった。

フェアプレー●「フェアプレー（fair play）」の理念については、それを望ましく大切なものであると信じている生徒の割合は、12歳で87～97％、15歳で78～93％であった。しかし、「フェアプレー」がオリンピックのなかで推進されているか、という「現実性」に関する評定では、国によって差があった（p<0.01）。

ドイツとチェコの男女生徒の大多数（最大で70％）は、「フェアプレー」が「現実に」信奉されており、実践されていると信じていた。しかし、フィンランドとハンガリー、そして特にエストニアの生徒たちは、強い疑いをもっていた。

まとめ●すべての国の全グループの生徒が、オリンピックの重要な理念である「努力のなかの喜び」「平和」「連帯」「フェアプレー」のすべての望ましさを強く支持しているのは、注目すべきことであった。しかし、12歳と15歳の男女では、これらの理念がどの程度オリンピック・ムーブメントのなかで支持され、推進されたのか、そのような理念が現実に実現されたのか、ということに関しては疑問をもっているグループもあった。ハンガリーを除く多数の他のグループは、オリンピックの理念の「努力のなかの喜び」も「フェアプレー」も現実に実現されていることに同意していたが、「平和」と「フェアプレー」についての評価は国によって違っていた。チェコとハンガリーの生徒の多くは「平和」を推進する効果の現実性を信じていたが、他の国の生徒はそうではなかった。「フェアプレー」については、ドイツとチェコの生徒はそれがオリンピック・ムーブメントによって現実に推進されたと考えていたが、他の国の生徒は疑いをもっていた。「平和」や「フェアプレー」のようなオリンピックの理念は世界的な規範であり、オリンピックの根本原則として世界的に認知されている。しかし、そのような理念でも、その望ましさの程度や、オリンピック・スポーツのなかでどの程度実現されているかについての認識には、文化による違いがあるようである。

さらに驚くべきことは、「連帯」という理念についての生徒たちの反応である。「連帯」が、オリンピックの理

表10／HVO因子の平均値と標準偏差（男・女）

国	標本（人）	平均値	標準偏差
ドイツ	567	11.5	2.4
チェコ	346	11.2	2.5
ハンガリー	377	11.1	2.0
フィンランド	868	9.9	2.5
合計	2158	10.8	2.5

念の1つであると認識している生徒が多数派である国はなかった。この結果は、「連帯」の意味の受け取り方にさまざまな違いがあるにせよ、現代のオリンピック・ムーブメントや若者のスポーツ生活の社会的状況のなかで、「連帯」の要素が欠如していることを示しているのかもしれない。

「オリンピック質問紙」（Telama et al., 2002, pp.262-269）のなかには、オリンピックの理念に関する52項目の質問が含まれている。それらの項目は、オリンピックの価値として重要かどうかについて、生徒たちによって4段階（「強く同意」から「強く不同意」まで）で評定された。そのデータを因子分析した結果、4つの因子が抽出された。その結果、オリンピックの理念の質問項目は、4つのグループに分類された。それらは、オリンピズムの人間的価値（HVO）、オリンピズムの社会的価値（SVO）、個人の達成の追求（IPE）、プロフェッショナリズムの個人的利益（PPP）などの因子であり、その信頼性はクロンバックのα係数で確かめられた。

オリンピズムの人間的価値（HVO：α＝0.70）●この因子には14項目が含まれていた。それらは「文化的理解」（因子負荷量0.54）、「相互尊敬」（0.48）、「道徳的原則」（0.46）、「フェアプレー」（0.41）、そして「調和のとれた身体と精神」（0.30）などであった。オリンピック憲章のなかの3つのオリンピックの原則（相互尊敬、フェアプレー、調和のとれた身体と精神）は、この因子のなかに含まれていた。また、オリンピックの原則と密接に関係したオリンピックの理念の道徳的側

表11／SVO因子の平均値と標準偏差（男・女）

国	標本（人）	平均値	標準偏差
ドイツ	666	10.6	3.7
チェコ	311	11.6	3.2
ハンガリー	305	12.2	2.7
フィンランド	849	11.9	3.3
合計	2131	11.5	3.4

面を強調する項目群（文化的理解、文化を豊かにすること、民族間の寛容）を含んでいた。そして、この因子に負の関係を示した項目は「ずるいプレー」であり、この因子が道徳的価値を示すものであることを示した。

オリンピズムの社会的価値（SVO：α＝0・70）●この因子には16項目が含まれていた。それらは「よりよい世界」（因子負荷量0・57）、「法の順守」（0・54）、「平和」（0・48）、「連帯」（0・45）、「差別の拒否」（0・45）、「平等」（0・37）などであった。これらの項目はオリンピックの原則のなかでも強調されている。また、社会性の向上を意味する「紳士的に振る舞うこと」や「清廉・潔白」などの項目もこの因子に含まれていた。

個人の達成の追求（IPE：α＝0・59）●この因子には10項目が含まれていた。それらは「喜んで最大の努力をする」（因子負荷量0・54）、「スポーツマンシップ」（0・52）、「ルールの尊重」（0・47）、「競い合い」（0・35）、「努力のなかの喜び」（0・34）などである。このなかで「スポーツマンシップ」と「努力のなかの喜び」の2項目は、オリンピック憲章のなかの理念としても取り上げられている。この因子に含まれる項目は、オリンピックの理念のなかの個人的・伝統的教育目標と関係している。それらの項目は、オリンピック競技を目指すなかで形成されると期待される個人の人格特性を示すものでもあった。「だまし・あざむき」という項目は、この因子と負の関係をもっており、この因子が優れた達成の追求を意味することを保証し

表12／IPE因子の平均値と標準偏差（男・女）

国	標本（人）	平均値	標準偏差
ドイツ	750	8.8	1.6
チェコ	375	9.1	1.3
ハンガリー	397	9.1	1.2
フィンランド	968	9.4	1.0
合計	2490	9.1	1.3

ていた。

プロフェッショナリズムの個人的利益（PPP：α＝0・69）●この因子には15項目が含まれていた。それらは「富」（因子負荷量0・59）、「金を稼ぐこと」（0・55）、「人気」（0・53）、「勝利第一」（0・53）、「だまし・あざむき」（0・46）などであった。この因子はオリンピックの原則、一般的道徳基準、教育的価値とは相いれないものであるが、オリンピック競技者のスポーツ・キャリアによってもたらされる「個人的利得」であると、若者たちによって認識されていた。また、この因子はオリンピックの道徳的規範から逸脱した行動パターンと関連しているようでもあった（「誠実さ」はこの因子に対して、負の負荷量をもっていた）。この因子と関連のあるいくつかの項目は、現代のオリンピック・ムーブメントについての批判的評価を表すものであった。たとえば、商業化、ごまかし、薬物の不正使用などであった。

ここに示された4つのオリンピックの理念に関しては、各国の年齢・性別のグループで文化による差が存在する（$p<0.001$）。しかし4つの因子の重要さの評価については、明確な序列が存在していた。ヨーロッパでの調査では、HVOとSVOの2つの因子の序列が高かったが、フィンランドではSVOの序列が高く、ドイツではHVOの序列が高かった。IPE因子は、根本的なオリンピックの理念からは逸脱したPPP因子よりは上位に評価されたが、ハンガリーでは2つの価値は同じレベルで評価された。

表13／PPP因子の平均値と標準偏差（男・女）

国	標本（人）	平均値	標準偏差
ドイツ	667	8.0	3.3
チェコ	349	8.3	2.9
ハンガリー	350	9.1	2.2
フィンランド	930	8.3	3.0
合計	2296	8.3	3.0

まとめ●オリンピズムの人間的価値（ＨＶＯ）とオリンピズムの社会的価値（ＳＶＯ）の因子は、オリンピックの理念のなかの（客観的な）思想や精神を強調するものであり、個人の達成の追求（ＩＰＥ）の因子は、オリンピックの競技に対する個人の関わり合いの結果もたらされると期待される教育的側面と個人的価値を強調していた。

プロフェッショナリズムの個人的利益（ＰＰＰ）の因子も個人的価値に関わるものであったが、商業化や薬物不正使用などへの寛容さを含んでおり、ＨＶＯや、スポーツマンシップやルールの順守を含むＩＰＥとは、道徳的に矛盾するものであった。

14―2 オリンピックの理念に関する因子の評点とスポーツ活動での達成動機の関係はどのようなものか

ここで紹介する研究の目的は、オリンピックの理念に関する因子の評点と達成動機（目標志向）との関係を、ヨーロッパの研究対象グループについて調べることであった。２つの質問紙の信頼性（内的整合性）はクロンバックのα係数によって確かめられた。

達成動機の質問紙は、ニコルスやドゥダによって開発されたもの（Nicholls, 1992; Duda, 1992）を使用した。この質問紙は、身体活動に関する課題志向を測定する６項目と自我志向を測定する６項目から構成されていた（Duda,1992; Duda & Whitehead,1998）。

2つの尺度の内的整合性係数による信頼性は、課題志向性では0・69、自我志向性では0・80であった。各項目は4段階のリカート尺度（「強く同意」から「強く不同意」）で評定された。

現実の生活状況での個人の行動は、動機づけによって影響される。個人の欲求と状況の変化がどのように知覚されるか、それらが合致しているか矛盾しているか、によって行動は影響を受ける。個人の欲求と環境の要求を比較することで、与えられた状況での願望や個人の要求、そして目標は影響を受ける。何かを達成しようとする状況では、通常その状況が自分にとってどの程度困難であるかを評価する。つまり、その課題に成功するためには、どのような身体的能力と精神的能力が必要であるか、その結果が自分にとってどのような影響を与えるかを評価する。

すべての個人は、2つの異なる目標志向性をもって個人の能力を発揮すると考えられている。その2つの目標は「課題」と「自我」である。

課題志向：課題志向型の人は、自らの能力を発揮し、技能を発展させ、新しい技能を習得することや、課題をマスターすることに集中しようとする。この志向性をもった人は、能力と努力を一体のものとして考えており、努力の発揮とエネルギーを使うことを通して、適応的行動を発達させ向上させていく。その結果、さらに努力に傾注していく。彼らが能力を示すことは、努力に基づいており、他者との競合によってではなく自己との競争、すなわち内的な動機づけに基づいている。

自我志向：それに対して、自我志向的な人は、彼らの自我が脅かされる結果をもたらすような状況に置かれたときに、自分の能力と自己イメージを心配する。身体的な努力が必要とされる状況で、自分の能力では成功しそうもないと判断すると、努力を控えることが多い。しかし、他者に対して優位に立つことで能力が発揮できたと

表14／自我項目と課題項目への肯定的回答の合計点と「(自我/課題)志向」(E/T)の比率(年齢・性・国)

年齢・性	12歳男子			12歳女子			15歳男子			15歳女子		
志向性	自我	課題	E/T	自我	課題	E/T	自我	課題	E/T	自我	課題	E/T
チェコ	14.46	17.99	0.80	14.22	18.32	0.78	16.38	17.47	0.94	14.99	17.17	0.87
ドイツ	14.42	19.23	0.75	13.73	19.14	0.72	15.07	19.28	0.78	13.55	19.03	0.71
フィンランド	13.2	19.4	0.68	12.2	19.8	0.62	14.4	19.7	0.73	12.9	20.4	0.63
ハンガリー	14.9	18.7	0.79	13.5	18.2	0.74	14.0	18.3	0.77	13.5	19.4	0.70

きには、適応的な達成行動が生じやすくなる。そのために、自我志向型の人は、最小限の努力で他者よりよい結果を示すことに成功することで、自分の能力の優秀さを示すことに集中する。

表14に示した結果は、目標志向理論を確認したものとなっている。つまり、「課題志向」の項目は「自我志向」の項目より高い評点を与えられており、研究参加者の「同意」の程度が高いことを示している。目標志向性における2つのタイプの両方とも、年齢差や性差よりも国の違いのほうが大きいようである。(自我／課題)志向の比率は12歳のグループのほうが15歳のグループよりも、自我志向の割合の低い傾向を示していた。たとえば、チェコの15歳グループの課題志向の得点は12歳のグループより低下したのに対し、自我志向の得点は増大していた。この比率はドイツとフィンランドのほうがチェコとハンガリーよりも低く、望ましい傾向を示し、特に15歳の年長グループでは顕著な差がみられた。

オリンピックの理念に関する4因子の評点と達成動機の志向性(自我・課題)の相関関係が、表15(a～d)にヨーロッパの国別に示されている。

まとめ●自我志向と課題志向の目標志向性とオリンピックの価値(SVOとHVO)の間に大きな正の相関関係がみられたのは、フィンランドの12歳男子とハンガリーの12歳男女であったが、その相関関係の程度は統計的に有意なものではな

表15／目標志向性(自我・課題)とオリンピック4因子のピアソンの相関係数($^{*}p<0.05$;$^{**}p<0.001$)

(a)チェコ

	男子				女子			
	12歳		15歳		12歳		15歳	
	自我	課題	自我	課題	自我	課題	自我	課題
社会的価値SVO	-0.35*	-0.27*	-0.20	-0.09	0.10	0.27	0.10*	-0.34**
プロ意識PPP	-0.22	-0.04	-0.20	0.07	0.10	0.13	0.21	-0.32**
人間的価値HVO	-0.14	-0.09	-0.12	-0.03	-0.09	-0.06	-0.14*	-0.04
個人的達成IPE	-0.05	-0.26**	0.15	0.02	-0.02	-0.07	-0.29*	-0.06

(b)ドイツ

	男子				女子			
	12歳		15歳		12歳		15歳	
	自我	課題	自我	課題	自我	課題	自我	課題
社会的価値SVO	-0.21*	-0.17*	-0.16	-0.29**	-0.04	-0.35**	-0.09	-0.10
プロ意識PPP	-0.34**	-0.04	-0.38**	-0.11	-0.23**	-0.09	-0.19*	-0.02
人間的価値HVO	-0.03	-0.21*	-0.14	-0.33**	0.05	-0.13	-0.08	-0.19
個人的達成IPE	0.04	-0.21*	-0.18*	-0.21*	0.02	-0.26**	-0.11	-0.16*

(c)フィンランド

	男子				女子			
	12歳		15歳		12歳		15歳	
	自我	課題	自我	課題	自我	課題	自我	課題
社会的価値SVO	-0.13*	0.06	0.11	0.01	-0.03	-0.05	0.02	0.03
プロ意識PPP	-0.05	-0.12	-0.03	0.02	-0.02	-0.13	0.03	-0.02
人間的価値HVO	0.00	-0.01	0.03	-0.02	0.12	-0.12	0.05	0.00
個人的達成IPE	0.01	0.00	0.09	0.00	-0.05*	-0.03	-0.08	-0.05

(d)ハンガリー

	男子				女子			
	12歳		15歳		12歳		15歳	
	自我	課題	自我	課題	自我	課題	自我	課題
社会的価値SVO	-0.13	0.08	-0.06	-0.48**	0.17	0.03	-0.05	-0.03
プロ意識PPP	0.03	0.00	-0.24**	-0.08	-0.30*	-0.26*	-0.48**	0.06
人間的価値HVO	0.23*	0.19	0.06	-0.33**	0.20	-0.01	0.00	-0.10
個人的達成IPE	0.02	0.05	-0.05	-0.35**	0.07	-0.13	-0.14	-0.05

かった。逆に、チェコとドイツの調査協力者全体において、自我志向と課題志向の目標志向性とオリンピックの価値の間に大きな負の相関関係がみられた。これらの負の相関係数には統計的に有意なものが多く存在した。

これらの目標志向性とオリンピックの価値の負の相関関係を詳細にみると、ドイツの12歳と15歳の男女で大きく、チェコでは15歳女子で－0・34と大きな値を示している。課題志向とオリンピズムの社会的価値（SVO）の相関関係には負の値を示すグループが多く、ドイツの12歳女子のグループは－0・35と最大の値を示している。チェコの15歳女子は先に示したように－0・34であり、ハンガリーの15歳男子は－0・48であった。

自我志向とプロフェッショナリズムの個人的利益（PPP）の支持の相関関係では、負の高い値を示したグループがあった。ドイツの15歳男子は－0・38を示し、ハンガリーの15歳女子は－0・48を示した。以上の結果を要約すると、自我志向と課題志向を含む目標志向性という動機づけ的要因とオリンピズムの社会的・道徳的価値の間には、明らかな関係があるとは言えないようである。少なくとも本章で示したヨーロッパの調査結果は、関係性を示していない。実際、年少の男女児童のほうが、オリンピックの価値の要因を年長の学年の男女よりも肯定的かつ率直に受け入れているようにみえる。

14―3 オリンピック・チャンピオンは若者たちの手本となっているのか

先に述べたヨーロッパの研究で使われた「オリンピック質問紙」の質問項目のいくつかは、エリート競技者とオリンピック・チャンピオンについてのものであった。生徒たちは次のような質問を受けた。

表16／標本数 （人）

	ベルギー	チェコ	エストニア	フィンランド	ドイツ	ハンガリー	合計
12歳女子	185	95	—	307	259	116	962
15歳女子	261	120	328	290	214	111	1324
12歳男子	186	111	—	254	251	99	901
15歳男子	240	113	312	257	221	112	1255
合計	872	439	640	1108	945	438	4442

（1）どのオリンピック・チャンピオンをあなたは好きですか？
（2）どのオリンピック・チャンピオンをあなたは嫌いですか？
生徒たちがチャンピオンの名前を書いた後で次の質問がなされる。
（3）あなたがそのチャンピオンを好き（嫌い）な理由は何ですか？
次に、オリンピック・チャンピオンになりたいかどうかについて、個人の願望が聞かれる。
（4）あなたはオリンピック・チャンピオンになりたいですか？「はい」「いいえ」で答えてください。
（5）「いいえ」と答えた人は、その理由を述べてください。

調査に答えた標本はヨーロッパ6か国（ベルギー、チェコ、エストニア、フィンランド、ドイツ、ハンガリー）の12歳と15歳の男女、4442人であった（この調査では、エストニアの12歳の子どもは入っていなかった）。

この質問に対する回答率は、国によって違いがあった（チェコでは50％であり、フィンランドでは20％であった）。ベルギーを除く各国においては、自国の有名なオリンピック・チャンピオンの名前とその業績があげられた。それは、たとえばチェコのザトペック、あるいはフィンランドのヌルミやヴィレンなどであった。ベルギーの子どもたちは、国際的なヒーローのみを「好き」と答えた。たとえばカール・ルイスやリンフォード・クリスティなどであった。*他の国の子どもたちも彼らを「好き」と答えた。ベルギーを除いては、自国のオリンピック・チャンピオンが、外国のチャンピオンよりも「好き」な選手として選ばれていた。また、さまざまな種目の選手のなかでも、陸上競技の選手が選ばれる傾向があり、オリンピック競技種目のなかで陸上競技の人気が上位であることを反映しているように思われた。

「嫌い」なオリンピック・チャンピオンの名もあげられたが、その数は「好き」な者の数よりも少なかった。フィンランドやドイツなどでは、外国の選手よりも自国の選手の名前が多くあげられた（例えば、フィンランドではニッカネンやニエミエン、ドイツではクラッベ、ベッ

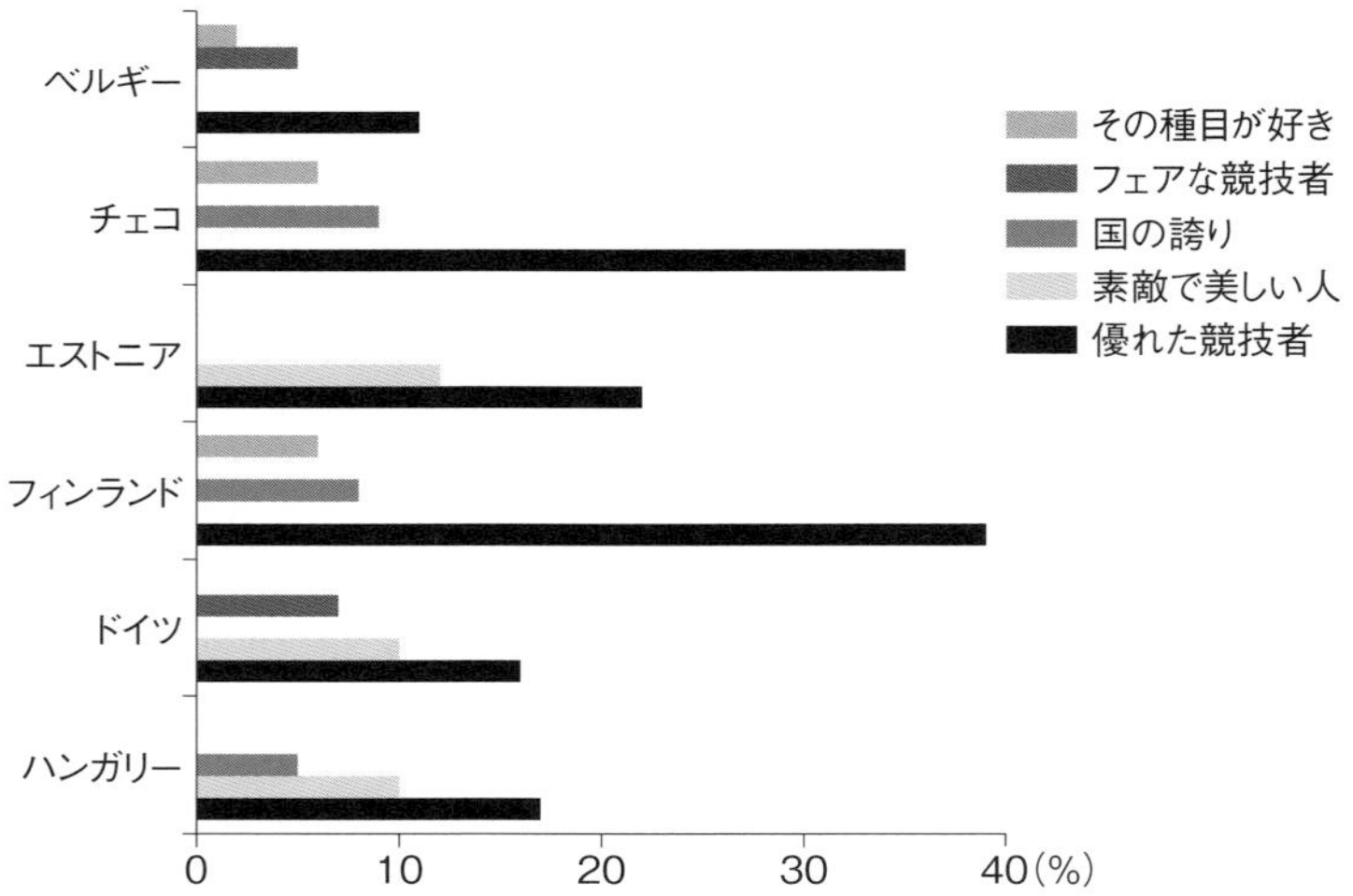

図15／好きな男性のオリンピック・チャンピオンを選んだ理由

カー、ファン・アルムシック）。ドイツを除くすべての国で、「嫌い」なオリンピック・チャンピオンとして外国の選手の名前―ベン・ジョンソンやボナリー、ハーディング、ブブカなど―があげられた。*興味深いことに、何人かのオリンピック・チャンピオンは、何人かの生徒に「好き」と評価されると同時に、他の何人かの生徒からは「嫌い」という評価を受けていた。ここではチャンピオンが指名された理由が大切である。図15と図16には、チャンピオンが好まれた理由と嫌われた理由が示されている。

*訳注
・エミール・ザトペック：チェコの長距離走者。1948、1952年オリンピックで金メダル4個を獲得。
・パーヴォ・ヌルミ：フィンランドの長距離走者。1920年オリンピックで金メダル2個を獲得。
・リンフォード・クリスティ：英国の

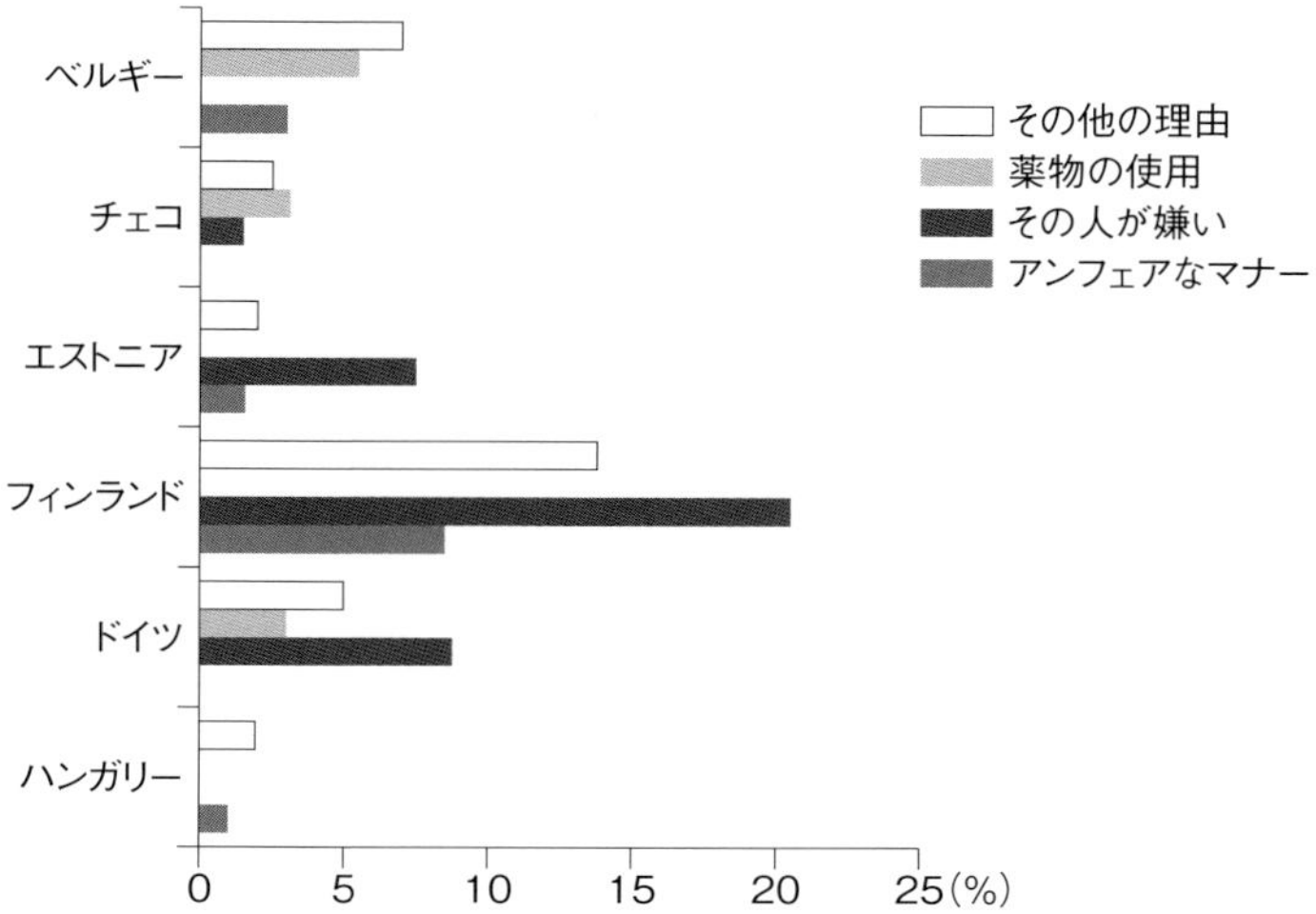

図16／オリンピック・チャンピオンを嫌う理由

短距離走者。1992年オリンピック100mで金メダル。
・ベン・ジョンソン：カナダの短距離走者。1988年オリンピックの100mで優勝するも、ドーピングが発覚し、メダルはく奪。
・スルヤ・ボナリー：フランスの女子フィギュアスケーター。1992年冬季オリンピックのエキシビションで規則違反の演技を行った。
・トーニャ・ハーディング：アメリカの女子フィギュアスケーター。1994年オリンピックに先立つアメリカ予選会の前に、ライバルのナンシー・ケリガンが襲撃され負傷した事件があった。後日、ハーディングもこの襲撃事件に関与していることが明らかになった。
・セルゲイ・ブブカ：旧ソ連（現ウクライナ）の棒高跳び選手。世界選手権6連勝。世界記録更新を1cmずつしか行わなかった。1988年オリンピックで、5m90で優勝が確定すると、それ以上の記録への挑戦を棄権。

各国の子どもたちに好かれているオリンピック・チャンピオンの最も大きな理由は「優れた競技者」として達成した成績である。第2の理由は、極めて個人的な好みによるもので、エストニア、ドイツ、ハンガリーでは、「素敵で美しい人」であることであった。チェコやフィンランドでは「国の誇り」という理由があげられたが、ドイツではそのような理由はまったくあげられなかった。オリンピックの理念の1つであるフェアプレーに関しては理由としてあげられはしたが、ベルギーとドイツの生徒たちによって第3位にあげられたにすぎない。チェコとフィンランドの生徒たちは、好きなオリンピック・チャンピオンを選んだ第3番目の理由として、その選手の種目をあげていた。

「素敵で美しい人」というような個人的好みによる評価は、好きなオリンピック・チャンピオンの理由の2番目に重要なものだった。オリンピック・チャンピオンが嫌いな理由は、男性でも女性でも、彼ら彼女らの公の場でメディアに現れた外見や社会的行動が、オリンピックの精神に照らして「よい手本」とは思われないというものであった。エストニア、フィンランド、ドイツの少年・少女にとっては、このことはオリンピック・チャンピオンを嫌う最も重要な理由であった。「薬物不正使用」を含む「不正」は、ベルギーとハンガリーの生徒が「嫌い」の理由としてあげた最大のものであり、チェコやフィンランドやドイツの生徒がオリンピック・チャンピオンを嫌う2番目の理由であった。

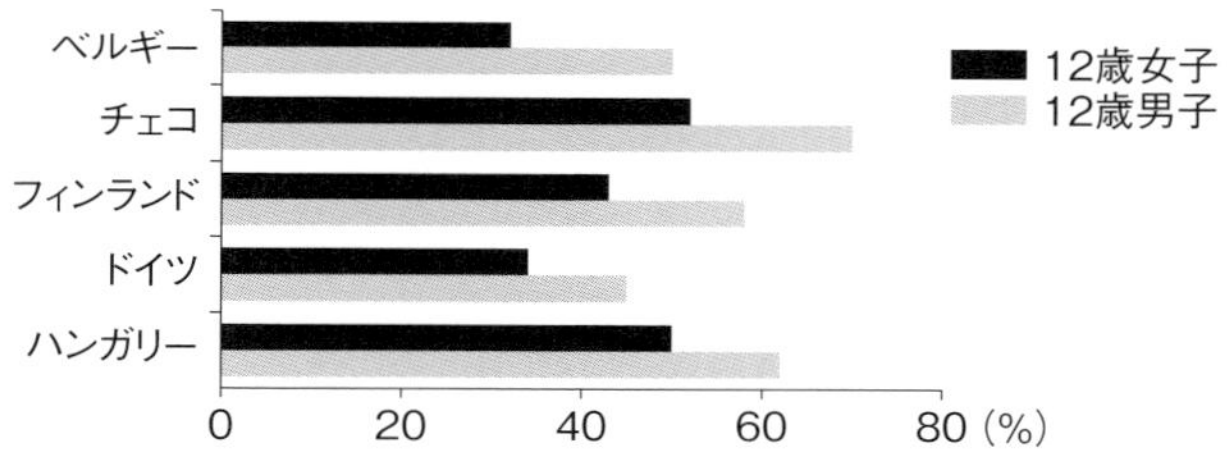

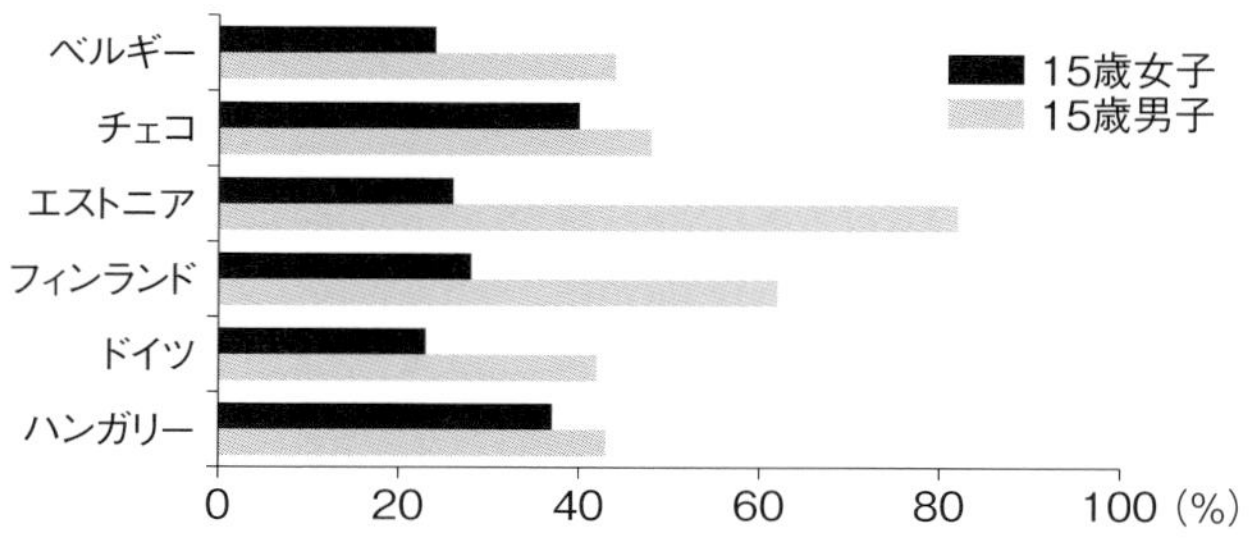

図17・18／「あなたはオリンピック・チャンピオンになりたいですか？」という問いに「はい」と答えた生徒の割合

オリンピック・チャンピオンになりたいという願望

本研究で回答した少年少女の大多数は、オリンピック・チャンピオンになりたいという願望をもっていなかったが、性、年齢、文化による幾分の差はみられた。チェコ、フィンランド、ハンガリーの12歳男子と、エストニアとフィンランドの15歳男子のみで過半数がオリンピック・チャンピオンになりたいと答えていた。すべての年齢グループで、女子よりも男子のほうがその傾向が強かった。

オリンピック・チャンピオンになりたいという個人の願望に関しては、西ヨーロッパの国々（ベルギー、ドイツ）と東ヨーロッパの国々（チェコ、ハンガリー）の間には有意な文化による差（$p<0.001$）が存在した。特に、12歳の男女と15歳の男子に差がみられた。

オリンピック・チャンピオンになりたいという理由には、第一に競技で勝てるような身体的能力と精神力をもつことへの憧れがあげられた。続いて「喜びと楽しさ」があげられ、3番目はオリンピックの選手としての「栄光と名声」の追求であった。この順位は、国によってほとんど変わることがなかった。

オリンピック選手に憧れない理由には、文化による差が幾分みられた。「有名になった結果への恐怖」が、ベルギー、フィンランド、そして特にドイツの60％もの男女によってあげられた。その理由には、他のレジャーを楽しんだり、友人と過ごしたりする機会や時間がなくなるということが含まれていた。これに対して、チェコの男女は、練習や試合での「多大な努力」が必要なことをオリンピック・チャンピオンになることを憧れない第一の理由としてあげた。

まとめ●上記の結果をまとめると、年少である12歳の男子はオリンピック・チャンピオンを賞賛し、自分もそうなりたいという願望が年長である15歳の男子と女子よりも強い傾向を示した。本研究では、どの国においても女子の大多数はオリンピック・チャンピオンが賞賛される理由は単純ではなかった。極めて主観的な理由、たとえば外見の好ましさやスポーツマンらしさなども、成績と同様に重要な理由であった。オリンピックの理念にかなった理由、たとえば「フェアなプレーヤー」であるというような理由は、オリンピック・チャンピオンを賞賛する理由としては重要なものではなかった。オリンピック・チャンピオンになることを望む生徒たちの願望は、部分的にはオリンピックの理念（努力する喜びや競い合い）に根ざしている。しかし、その願望はまたオリンピック競技者のキャリアから得られる経済的利益や名声などの個人的利得とも結びついていた。

最後に、オリンピック憲章の基本原則に従った「よい手本」というオリンピック・チャンピオンの役割モデルは、オリンピック・チャンピオンを崇め賞賛する理由としては大きいものではなかった。しかし、オリンピック・チャンピオンになりたい理由としては2番目のものであった。

第15章 オリンピック教育の普及プログラムと教授法の評価

15—1 オリンピック教育プログラムの普及の研究

２００６年に国際オリンピック委員会（ＩＯＣ）は、各国オリンピック・アカデミー（ＮＯＡ）によるオリンピック教育の普及についての評価研究を始めた。バルセロナ自治大学のオリンピック教育センターは、この研究のための研究費を与えられ、約１４０か国のＮＯＡに質問紙を送った。その結果が２００６年の北京における第5回「スポーツ、教育、文化」世界フォーラムで報告された。そのなかで、ガベは質問紙に回答した90か国のオリンピック委員会（ＮＯＣ）のうち、61か国がオリンピック教育を実施していたと報告している（Gabet, 2007a, p.135）。この調査結果によると、すべての国のＮＯＣのおよそ50％が、いまだにオリンピック教育を実施しておらず、その発展に向けた支援を必要としている。そのなかには、アフリカ、南アジア、南アメリカのような環境が十分に整えられていないいくつかの地域が含まれている。そのような地域のオリンピック教育の遅れは、ＮＯＡの活動の遅れだけでなく、教師やコーチの教育をする高等教育機関の不足にもよっている。

われわれが必要とするような普及に関する研究が、ボールドによって行われたが（Bold, 2000）、ほとんど注目を集めなかった。それは、ドイツにおけるオリンピック教育の普及状況を研究したものであった。1992年には39の小学校で約5000人の児童がオリンピック教育を受けていたが、1998年長野オリンピックの年には、199の学校の約2万7500人が受講した。1996年からは、中学生である11歳と12歳の生徒が参加した。21世紀に入った今日の状況の詳細は不明であるが、2012年のオリンピック開催地に立候補しようとしたドイツの7都市で、オリンピック関連の行事やプロジェクトが行われた。シドニーやアテネでのオリンピックに際して、ドイツのNOCはオリンピックに関するパンフレットを、それぞれ5万部と6万部を出版した。

ここ10年以上にわたって、オリンピック開催都市の教育的活動について、オリンピックの後に評価研究が行われた。しかし、オリンピックに関連する教育の実証的研究は、1960年代後半にまでさかのぼる（Riebel, 1969）。開催都市のオリンピック教育の普及についての初期の研究の1つは、1998年長野冬季オリンピックの際に行われた。長野とサラエボ（ボスニア・ヘルツェゴヴィナ）の学校が提携校になった。サラエボは1984年冬季オリンピックの開催地であったが、紛争のためにオリンピック施設を含めて町は破壊されていた。以前にも述べたように、長野の「一校一国」というプログラムは、その後の開催都市（シドニー、アテネ、北京）のモデルになった。そのプログラムでは、インターネットやその他の手段によって、開催都市と世界中の提携校がコミュニケーションを行うことを目的とした。場合によっては、1つの学校が複数の提携校と交流した。

岡出（2002）は、長野における日本の児童・生徒の3つのグループ、合計1516人を対象に調査を行った。グループA（549人）は「一校一国」プログラムに参加し、市が主催したオリンピック関連行事に参加した。グループB（600人）は市外の学校の児童・生徒で、プログラムには参加していなかったが、市が主催したオリンピック関連行事に参加した。グループC（367人）は県外の学校の児童・生徒で、プログラムにもオリンピック関連行事にも参加していなかった。

質問紙調査の結果は、次のことを明らかにした。

（1）グループAは他のグループよりも、個人的交流と友情の重要性を認め、オリンピックの平和への貢献を認識した。

（2）グループAは他のグループよりも、オリンピック競技に強い関心を示し、オリンピック競技者と交流することを望んだ。

（3）グループAは他のグループよりも、他文化に対して強い関心を示した。他文化に対して強い関心をもっている児童・生徒はオリンピズムに対する理解の点で優れていた。彼らは、オリンピック競技が世界の友情と平和を促進するに違いないと信じていた。このような点で、長野市の「一校一国プログラム」は良好な効果があったと、結論付けられた（Okade, 2002, p.23）。

２００２年の「ＥＵスポーツの価値」プロジェクトにおけるオリンピック教育プログラムについても、その評価報告が出された。８－２節で簡単に紹介したオランダのプロジェクトは、ソルトレイク冬季オリンピックに向けてオリンピック教育の教材キット開発に力を入れた。そのプロジェクトは、「金メダルに向かって進むオランダ（Netherlands goes for gold）」と名づけられた。このプロジェクトで、国の小学校の約25％にあたる約１８００校に教師用マニュアル、生徒用ワークシート、ポスターなどが配布された。このプロジェクトの評価研究に参加したのは１０７校、３１０クラス、６５３０人の児童・生徒、55人の親であった。１０７校のうち98校が教師用マニュアルを使用し、96校がワークシートを使用し、80校がポスターを使用していた。また６つの学校は、学校行事にスポーツ選手が参加していたと報告した。しかし、オリンピック関連の文献を利用できるようにインターネットを利用可能にした学校はわずか23校であり、図書を充実させた学校はわずか５校であった。開発された教材の評価は、83校が（10段階評定で）7あるいは8をつけていた。教材の使用法には3つの方法がみられた。クラス全体の授業が37％、小グループの授業が35％、生徒個人の宿題が28％であった。児童・生徒に教材キットを使用した教師の意見が、評定尺度で求められた。その結果、78人の教師は「子どもにとって極めて興味ある／興味ある」と評定し、84人が「よい」と評定し、（「難しすぎる」と評定した教師は10人だけであった）、そして86人が「極めて素晴らしい／素晴らしい」と評定した。答えのなかに、次の3つの重要な記述的回答があった。「子どもたちは、オリンピックとは何であり、どのような意味をもち、どのような歴史があるかを学んだ」「生徒たちの間にスポーツのよい態度がみられるようになった」、そして「大切なオリンピックの理念は、学校の場面にも生かすことができた」(NOC*NSF, 2002)。

オリンピック教育の教材開発に関して、今日最も包括的で、事後の評価研究も十分に行われていると思われるプロジェクトは、２００４年アテネ・オリンピックの際に組織委員会の協力のもとに行われたギリシャ教育・宗教省のオリンピック教育プロジェクト（ＯＥＰ）である。生徒のための一連の小冊子、テキストブックやその他の教材に加えて、教師のための3つの授業マニュアルなどが、国際オリンピック・アカデミー（ＩＯＡ）のメンバーの協力によってつくられた。このことの詳細はジョルジアディスによって報告されている(Georgiadis, 2006)。ＯＥＰの活動の事後評価研究と教師の研修プログラムは、テッサリー大学の研究チームによって行われた。

ＯＥＰの活動の評価にあたって、グラマティコパウロスらは生徒が達成するべき6つの目標を考慮した(Grammatikopouls et al., 2005)。それは、教師用マニュアルに次のように記されている。

「(a) オリンピックの歴史を学ぶこと、(b) スポーツの原則と価値を尊重すること（それは、フエアプレー、ルールの順守、仲間の競技者への尊敬などである）、（c）オリンピックの重要性の理解、（d）ボランティア精神の大切さへの自覚、（e）スポーツと日常生活のなかで自己の行動を律する振る舞いを身につける、（f）健康のための運動の重要性を学ぶ（Kioumourtzoglou et al., 2001）」（Grammatikopouls et al., 2005, p.429）

最初の段階で、この研究グループは内部評価の適切な方法を開発しようとした。そこで先にあげた6つの目標が達成されたかを測定する質問項目がつくられ、予備テストとその統計分析の結果、21項目からなる「教育プログラム実施後の評価尺度」（ＥＳＥＰＩ）が作成された。第二段階では、ＯＥＰプログラムの教育にあたった体育教師２５４人（平均年齢35・4歳、標準偏差7・8歳）は質問紙に、1は「強く不同意」で、5は「強く同意」とする5段階のリカート尺度を使って回答した。回答結果のデータを因子分析した結果、6つの因子が確認できた。因子1は「施設」、因子2は「教育方法」、因子3は「管理」、因子4は「教材」、因子5は「人間関係」、因子6は「トレーニング」であった。クロンバックのα係数は、「教育方法」で0・92、「トレーニング」で0・61であった。

因子4（教材、α＝0・84）に負荷量の高かった5つの項目は、次のようなものであり、いずれもＯＥＰの教師用マニュアルに関係したものだった。

・『オリンピック教育―理論から実践まで（*Olympic education: from theory to practice*）』という本は、ＯＥＰの活動に役立った。
・配布された教材は、ＯＥＰ活動のためのよいアイディアを与えてくれた。
・『オリンピック教育―理論から実践まで』という本は、生徒たちの興味に合っていた。

・『オリンピック教育—理論から実践まで』という本は、内容が分かりやすかった。

・配布された教材は、教師にとって使いやすかった。(Grammatikopouls et al., 2005, p.432)

各因子間の相関係数で最大のものは「教材」と「トレーニング」(r＝0.55, p<0.01) であった。この評価研究のグループは、OEPにおいて教師用マニュアルを評価する適切な尺度を開発したように思われる。プログラム実施後の評価結果は、この報告書には書かれておらず、グラマティコパウロスによる2004年の博士論文を参照しなければならない。しかし、他の報告書によると、OEPのオリンピック教育の予備プロジェクトは1998／1999学校年度にギリシャにおける30の小学校で始められたが、次年度には400校に増え、2000／2001学校年度には3000校で45万人の生徒に対してオリンピック教育の授業が行われるようになった。この学校年度には、体育教員1000名の増員採用があり、2001／2002学校年度にはさらに1000名が増員された。これらの新規採用の教員たちは、「オリンピック教育教員」と呼ばれ、新設された「オリンピアード」という1時間の授業を担当した。

15-2 オリンピック教育に関する教授法の評価

ギリシャのオリンピック教育プログラムの一環として、体育教師たちは新しく開発されたテキストや教材キットを使って教授法の訓練を受けた。評価プロジェクトの1つの課題は、受講した教師による内部評価であった。この内部評価は、現職中の訓練がどの程度目標を達成したかを評価することであった。グラマティコパウロスらは、この内部評価のために1つの質問紙を作成した (Grammatikopouls et al., 2004)。「オリンピック教育プログラムの職能開発評価用紙」（ＰＤＥＦＯＥＰ）の作成のために３つの要因が選ばれた。それらはセミナーの「訓練」「研究グループ」「全体的な印象」などに関するものであった。新しく採用されたオリンピック教育の教師のうちの約40％、８１８人（男性３８９人、女性４２９人、平均年齢36・２歳）がこの研究に参加して質問紙に回答した（とてもよかった＝5、とても悪かった＝1の5段階評定）。

因子分析の結果得られた「訓練」の因子には、10項目が深く関わっていた。「訓練」因子の負荷量の高かった項目は、「２００４年のオリンピックに関する講義—研修５日目」（０・８０２）、「文化とオリンピックの講義—研修４日目」（０・７９７）であり、「オリンピック教育プログラム—研修１・２日目」の因子負荷量は０・３８４であった（Grammatikopouls et al., 2004, p.70)。

この研究の結果、オリンピック教育訓練コースへの参加者の内部評価をする質問紙は適切に作成されたが、その質問紙による調査結果は、参加者たちがオリンピック教育プログラムの目的についての講義よりも、オリンピックに関連する他の話を支持し、高く評価していることが分かった。このような調査結果と、著者のオリンピック教育の訓練コースでの経験をもとに考えると、訓練のための講習会のプログラムでは、一般的に興味をもたれているオリンピックの歴史や文化から講義を始め、その後にオリンピック教育という特殊なテーマに移り、最後に学校や体育館でのオリンピック教育の特別な必要性を述べることで締めくくることがよいように思われる。

「訓練」の因子負荷量が、「オリンピック教育プログラム」という項目で低かったことを考慮すると、第３因子である「全体的印象」の因子負荷量が「習得した知識は私の学校での仕事の役に立つ」という項目で低かった（０・４０２）ことは、驚くべきことではない。

オリンピック教育ための体育教師の指導・訓練の評価に加えて、中国において２００８年北京オリンピックの準備段階で、オリンピックの価値や原則をオリンピック教育のなかで教えることについての評価研究の新しい波が、みられるようになった。

この種の研究の初期のものの1つは、ビンダーによる「人生のチャンピオンたれ」(Binder, 2000a) というオリンピック教育教材の実践プロジェクトの一部として、香港の6つの小学校で行われた。この研究の目的は、オリンピズムの思想を学校生活のなかで実行に移すことであった。オリンピズムの思想とは、心身の統合、スポーツへの参加を通しての自己陶冶、フェアプレー、友情、平和と国際親善などを含んでいる。この研究の目的には、香港の6つの小学校での8週間にわたる価値を中心にしたオリンピック教育が小学生に与える影響を調べることが含まれていた。この研究では、各学校で統制群、教室群、体育館群の3つのグループがつくられた (583人)。教室群はオリンピックに関連する知識を教室で学んだ。体育館群はオリンピックに関する知識を、身体活動を通して学んだ。テラマらによるオリンピック質問紙 (Telama et al., 2002) が、8週間に及ぶ実験教育の前後に実施された。2つの実験群は統制群よりも、オリンピック質問紙の事後テストで有意に高い得点 (p<0.01) を示した。質問紙の事前-事後の得点を比較すると、教室群は3・55~4・17であり、体育館群は3・20~4・07であった。この結果は、身体活動を通してオリンピック関連の教授をするほうが強い効果を与えるということを示しているようである。

もう1つの研究はハーらによって行われた (Ha, Cheung & Wong, 2004)。この研究は、合計616人の5、6年生を、統制群 (192人)、教室群 (218人)、体育館群 (206人) の3群に分けて行われた。生徒たちは8週間の実験教育の前後にテストを受けた。実験教育の期間中、教室群と体育館群はオリンピックの価値と理念に関する教授を受けた。教室での理論的教授と学習のトピックは、教材のなかに示された5つの単元に従って行われた。それらは、「オリンピックの現在と過去」「卓越の追求」「フェアプレー」「身体と精神の調和」「多文化主義」

であった。体育館群の運動と学習の内容は、「陸上競技」「体操と基礎的運動」「ボールゲーム」「フィットネス」「フォークダンス」の5つであった。教室群では教師は授業の前半10〜15分間にオリンピックに関する知識を教授し、体育館群では教師は身体活動を始める前に教室群と同じ内容と時間での教授を行った。

事前‐事後テストには、ハロックによる「向社会的プレー態度と行動調査用紙」（ＨＰＰＢＩ）が使用され、また生徒と教師に対して半構造化面接が行われた。

事後テストの結果は、2つの実験群ともにＨＰＰＢＩの得点が向上した。体育館群は他の2群に比較して、事後テストの「道徳的判断」と「向社会的行動」で有意に優れた結果を示した（p<0.01）。この研究の予備研究としてハーは、206人の生徒を対象にして12週間の実験授業を実施し、構造化された面接調査を行った。その結果、体育館群は「身体と精神の調和」「オリンピックの現在と過去」「多文化主義」で高い得点を示した。これらの他にもオリンピック教育の評価研究が中国のグループから出されているが、そのほとんどが各大学の研究紀要に中国語で発表されたものである。

まとめ●オリンピック教育の評価研究は、さまざまな質問紙や調査項目を用いて、学校の教師や大学生や体育授業の生徒たちを対象に行われてきた。ほとんどの研究は、オリンピック教育の教授法を問題にし、そこで教えられるオリンピック・ムーブメントに関する「知識」と、オリンピックの理念に関連した「振る舞い・態度」に焦点をあててきた。さまざまな測定尺度が開発され、多様な研究方法が適用されてきた。しかし、比較的不足しているのは、スポーツクラブのコーチを対象にした研究と、若いエリート競技者を対象にした研究である。後者の場合には、オリンピックの理念のなかで強調されている社会的・道徳的発達が、彼らのスポーツキャリアのなかで達成されているかどうかを研究する必要があろう（Tavares, 2003; Bohnstedt, 2005）。この問題は、将来ユース・オリンピックの発展とともに重要な問題となってくるだろう。近年、オリンピック教育プログラムの普及とともに、そのプログラムの実証的評価研究が多くの国で関心を集め、支持されるようになった。学校内外でのオリンピック教育の実践研究に加えて、最新のオリンピック教育の普及状況に関する国家的な研究が必要な時代になっている。IOCは、NOCによるオリンピック教育の普及の調査だけではなく、児童・生徒、大学生、教師、コーチを対象にしたオリンピック教育の推進と訓練を行っている世界のさまざまな組織の調査へと、関心を広げなければならない。

■問題

(1) オリンピズムに関する知識のテストで、大学生の得点が低い理由は何でしょうか？

(2) 生徒たちが、オリンピックの理念の「現実性」を低く評価する理由は何でしょうか？

(3) 児童・生徒が、オリンピックの理念である「個人の達成の追求（IPE）」と「プロフェッショナリズムの個人的利益（PPP）」をほとんど同じように評価する理由は、今日のオリンピック・ムーブメントの発展に原因があるのでしょうか？　あるとすればその理由は何ですか？

(4) オリンピック選手の生き方を「よい手本」と考える人はその理由を述べてください。また、そうは思わない人は、その個人的理由を述べてください。

(5) オリンピック教育を教室で行うのと、体育館で行うのを比べると、その有利な点と不利な点は何でしょうか？

参考文献

・Tennenbaum, G. & Eklund, R. C.（eds.）（2007）. *Handbook of Sport Psychology*. London: Wiley（3rd edition）.
・Kirk, D., Macdonald, D. & O'Sullivan, M.（eds.）（2006）. *Handbook of Physical Education*. London: Sage.
・Richardson, V.（ed.）（2001）. *Handbook of Research on Teaching*. Washington, DC: American Educational Research Association.
・Carlton, D. & Covert, R.A.（2007）. *Designing and Constructing Instruments for Social Research and Evaluation*. London: Wiley.

・自国のオリンピック教育ツールキットに目を通すか、それがなければ、ＩＯＣのオリンピックの価値教育プログラム（ＯＶＥＰ）を例として参照してみよう。

結論

ピエール・ド・クーベルタンの著作の重要な記述を思い返すならば、彼はオリンピズムを1つの「精神の状態」と考えていたのであって、哲学的概念の首尾一貫した体系とは考えていなかったことが分かる。クーベルタンの後継者のなかには、彼を折衷主義者だと批判する者もいた。つまり、異なる哲学や教育学の流派からの借り物の寄せ集めの思想を織り交ぜたものである、と批判したのであった。

ハンス・レンクは1964年の学位論文のなかで、「オリンピズム」と呼ばれる複雑な概念の構造を分析した。しかし、クーベルタン自身もこの問題に十分に気づいていた。彼は、オリンピズムという考えを、文化の違いを越え、時代の変化に耐えうるような、独自の一貫性のある思想体系にまとめることを意図していたわけでなかった。彼のオリンピズムの考えは、今日の言葉で言えば、行動パターンの規準といったものであろう。それは、スポーツ活動と他者との社会的相互作用のなかで学習され、フェアプレーによる友好的な精神のもとで形成され、生涯にわたって育てていく個人の課題であった。

クーベルタンの調和と均衡の教育（eurhythmic education）における全体

論的思想は、身体、意志、感情の調和のとれた発達から出発し、それを越えて発展していった。しかしこう言うことは、彼自身が書いているように、「単純化しすぎ」であろう。教育による発達の課題には、第12章でも述べたように、生徒にとっても教師にとっても少なくとも4つの側面がある。われわれが今日になって理解することができることは、クーベルタンにとってオリンピズムという思想は哲学的概念の首尾一貫した体系ではなく、社会生活のための学習と人格形成の現実的結果として生まれたものであったということである。このことは彼自身がオリンピズムを「人生の哲学」と考え、今日のオリンピック憲章のなかでもそのようにうたわれている理由である。

人生のための学習や生涯にわたる学習は、学校や学校の授業だけによって行われるものではない。もちろん、学校での授業と学習はオリンピック教育の重要な部分であるが、学校でのスポーツと体育授業での身体活動に関して言うならば、学習は、「よい」ことも「悪い」ことも含めて、個人の経験によって広められ、深められていく。このことは、トーマス・アーノルドやグーツムーツの教育的思想を思い起こさせる。

学校は若者にとって、生活し、学び、運動し、スポーツをする多くの場の1つにすぎないので、オリンピック教育は学校の知識を教える授業だけで行われるものではない。若者は、学校以外のさまざまな場面でも学習と経験の機会に巡り合う。多様な余暇活動やメディアを通しても、学習と経験の機会が与えられる。社会的な美徳と道徳的価値観、つまり善であることと悪であることの区別は、組織的な授業よりも非組織的な経験によって、少年・少女に伝達される機会が極めて多い。よって、オリンピック教育に関しては、生活の一場面にすぎない学校と、学習の一側面にすぎない知識の授業の限界を超えて、非組織的な学習と組織的な授業の両方がともに中心的要素となる。

スポーツに関するさまざまな場面が、今日若者の複雑な生活世界のなかに存在している。それらは、家庭、学校、仲間、スポーツクラブ、全般的生活環境、オリンピックを含むスポーツ世界、それらを経験させるメディアなどを含んでいる。「オリンピック学習（Olympic learning）」という言葉は、このような状況での生徒や学生、若い競技者やオリンピック・チャンピオンのための生涯にわたる教育と育成を表すのに、最もよく適合した言葉である。

しかし、若者や若い競技者にとってのオリンピック学習において、今日最も重要な発達課題は何であろうか？

ある人は、オリンピックの原則の一覧をオリンピズムの精神を「正しく学ぶ」枠組みとして取り上げることができよう。また、ある人は12の教授学的原理を達成目標として使うこともできる。しかし、本書の著者は、今日の世界の多くの場面で青少年、親、教師、コーチ、ボランティア、スポーツパーソン、政治家が遭遇し解決すべき重要な課題には２つのものがあると考える。

（１）活動的な生活の減少。学校や一般の生活のなかでゲームやスポーツに費やされる時間が少なくなり、体育の時間の割り当ても減少の傾向を示している。この問題は、もちろん若い競技者の問題ではなく、仲間と競技をしていない人たちにとっての問題である。

（２）攻撃性や暴力、違反行為や薬物乱用、文化的・宗教的差別などの異常行動のパターンや道徳的原則からの逸脱の増加が、一般の生活のなかだけでなくスポーツ活動や学校生活でもみられる。この問題は、不幸にして、若いエリート競技者にもレクリエーション・スポーツの実践者の間にもみられる。

２つの重要な結論は、われわれは活動的な生活を取り戻さなければならないということと、道徳的原則を再構築しなければならないということである。これら２つの事柄は、オリンピック学習の基礎として再考されなければならない。

活動的な生活なしには、オリンピックの理念を達成することは不可能である。

道徳的原則を踏まえずには、オリンピックの理念に従って生活することは不可能である。

当然のことながら、身体的活動を行い、「肥満」にならないような健康的な行動を伴った活動的な生活のために、克服しなければならない問題はたくさんある。また、レクリエーション・スポーツも競技スポーツも、スポーツや日常生活のなかでの道徳的行動を脅かす要因を含んでいることも当然である。

しかし、両親、教師、コーチ、ボランティア、スポーツパーソン、政治家たちも、このような身体的・社会的・道徳的脅威に対する戦いを無視し続けるならば、オリンピックの価値の将来もオリンピック精神の教育も歴史的な空理空論となるだろう。

しかしながら、教育や学習におけるオリンピックの価値に対する過去20年の関心と、オリンピック教育の世界各国での国家的・地域的推進は、われわれを伝統的なオリンピックのメッセージと思想の新しい再生へと導いていくように思われる。これはまた、オリンピズムの創始者ピエール・ド・クーベルタンが追い求めた姿でもあろう。

訳者あとがき

本書はオリンピック教育に関して、クーベルタンやトマス・アーノルドの考え、オリンピック休戦財団や世界アンチ・ドーピング機構（ＷＡＤＡ）による教育プログラム、そして世界各国のオリンピック教育の実状などについても触れ、オリンピック教育の歴史的な流れとともに、国際的な広がりについて解説された書である。さらには、スポーツ教育とオリンピック教育の関係、教授方法やその評価方法にまで言及されており、まさにオリンピック教育に関する包括的な学術書といえる。

日本においては、東京２０２０オリンピック・パラリンピック競技大会を控えて、東京都では２０１４年度より、オリンピック・パラリンピック教育推進校を指定してオリンピック教育が行われ、２０１６年度よりは、すべての公立学校（約２３００校）で年間35時間のオリンピック・パラリンピック教育が開始されている。また、スポーツ庁では、東京都以外の府県でもオリンピック教育が展開されるように、２０１５年度より事業が始められている。さらに８００近い大学が、東京オリンピック・パラリンピック競技大会組織委員会と連携協定を結び、オリンピック・パラリンピック教育が徐々に始められている。

このような時に、本書のようなオリンピック教育に関する包括的な学術書の日本語版が刊行されることは、時宜を得たものであると思う。本書において、日本の取り組みについては、一校一国運動や筑波大学における取り組みなどが紹介されているが、本書の刊行により、東京都や各府県で進行中のオリンピック教育の質を深めていくことに少なからず貢献していくものと期待される。

本書の日本語訳に当たっては、市村操一筑波大学名誉教授に多大なご努力をいただいた。厚く感謝申しあげたい。また翻訳について懇切丁寧にアドバイスをくださった原著者のローラント・ナウル博士、そして日本語版の出版に労をとってくださった大修館書店にも感謝の意を表したいと思う。
この書が多くの関係者に利用されることを願いたい。

2016年5月

筑波大学オリンピック教育プラットフォーム事務局長
つくば国際スポーツアカデミー アカデミー長
真田　久

American Society for Sport Management.

Yuanpu Jin (2007). Olympism and humanism: the Renmin university approach. In IOC (ed.), Vth World forum on sport, education and culture (pp. 191-192). Lausanne: IOC.

Zablocki, W. (2000). Activities and future projects of the Polish Olympic Academy. In IOA (ed.), Report on the I.O.A.'s special sessions and seminars 1998 (pp. 631-635). Athens: Eptalofos S.A.

Zdebska, H. (2002). Polish Olympic Academy. Brief history of activity. In IOA (ed.), Reports on special session and seminars 2001 (pp. 454-458). Athens: Eptalofos S.A.

Zukowska, Z. (2005). Fair play club of the Polish Olympic Committee. Warsaw: PKOI.

Zukowska, Z. (2006). Olympische Erziehung in Schule und Verein in Polen. Leipziger Sportwissenschaftliche Beiträge, 47, 35-38.

Zukowska, Z. & Zukowski, R. (eds.) (2000). Edukacja olimpijska w reformujacej die szkole. Warszawa: Estrella.

United Nations Information Centre in cooperation with the International Olympic Truce Centre (2003). United Nations & Olympic Truce. Athens.

Vloet, L. (2005). Olympic education 2004 - The Netherlands. In IOA (ed .), Report on the I.O.A.'s special sessions and seminars 2004 (pp. 137-138). Athens: Eptalofos S.A.

Völz, Ch. (2006). Cross-borader teaching of Olympic education as a subject of physical education teacher training in the Netherlands and Germany. In IOA (ed.), Report on the 13th international seminar on Olympic studies for postgraduate students (pp. 52-66). Athens: Eptalofos S.A.

Wade, St. (2007). Olympic lessons in China's schools. Teaches about the Beijing Olympics reaches deep into China's schools. Financial Times, Wed. Dec. 19th.

Walker, E. (1992). "Jugend trainiert für Olympia" als Teil olympischer Erziehung? Sportunterricht, 41, 215-220.

Waters, D. (2000). Olympism: perspectives from Singapore. In IOA (ed.), Report on the I.O.A.'s special sessions and seminars 1999 (pp. 777-780). Athens: Eptalofos S.A.

Weiss, H-J. (2003). Das Bewerbungskonzept von Frankfurt Rhein Main für die Olympischen Spiele 2012. In R. Singer & J. Wiemeyer (eds.), Olympia wieder in Deutschland! 17. Darmstädter Sport-Forum (pp. 23-42). Darmstadt: IFS & TUD.

Willibald Gebhardt Institut (ed.) (2003). Olympische Erziehung - "olympisch leben". Essen: WGI.

Willimczik, K. (2002). Olympische Pädagogik - zwischen theoretischer Vergessenheit und praktischer Anerkennung. Sportunterricht, 51, 3-8.

Willimczik, K. (2004a). Olympische Pädagogik im Widerstreit der Argumente. Sportwissenschaft, 34, 268-282.

Willimczik, K. (2004b). Auf dem Wege zu einer erziehungswissenschaftlichen olympischen Pädagogik. In NOK (ed.), Olympische Erziehung. Eine Herausforderung an Sportpädagogik und Schulsport (pp. 83 -11). St. Augustin: Academia.

Wong, A. C., Ha, A. S. & Cheung, C. K. (2004). Effects of an Olympic education program on Hong Kong primary school physical education. In: V. Klisouras, S. Kellis & I. Mouratidis (eds.), Proceedings of the 2004 Pre-Olympic Congress (pp. 139-140). Thessaly: Aristotle University of Thessaloniki.

Wyck, v. J. G., Burger, S., Kluka, D. A. & Schalkwyk, v. J. (2007). Sport students' background knowledge of the Olympic Games: the development of a holistic sport event management frame of reference. 2007 North American Society for Sport Management Conference. Abstract book (pp. 292-293). Ft. Lauderdale, Fl.: North

State Committee of the Russian Federation in Physical Culture and Sport, Russian Olympic Committee & Russian State University of Physical Culture, Sport and Tourism (eds.) (2003). Proceedings of the VIIth International Scientific Congress "Modern Olympic Sport and Sport for All", 1-3. Moscow: Sport Academic Press. [in Russian].

Stibbe, G. (1992). Brauchen wir eine Neuorientierung des Schulsports? Sportunterricht 41, 454-490.

Stolyarov, V. (1999). The system of Olympic education and its role in the modern society's process of humanisation. Moscow. Unpublished Paper, presented at the Illrd International Scientific Congress on Modern Olympic Sport, Warsaw.

Stupnicki, R. (ed.) (1999). Proceedings of the IIIrd International Scientific Congress on Modern Olympic Sport. Wychowanie fizyczene i sport, 43 (supplement 1). Warsaw.

Tavares, O. (2003). Esporte, movimento Olimpico e democracia: O atleta como mediador. Unpublisched dissertation, University Gama Filho, Rio de Janeiro.

Tavares, O. (2006). Olympic values in the 21st century: between continuity and change. http://olympicstudies.uab.es/lec/pdf/tavares.pdf

Telama, R., Naul, R., Nupponen, H., Rychtecky, A. & Vuolle, P. (2002). Physical fitness, sporting lifestyles and Olympic ideals: Cross-cultural studies on youth sport in Europe. Schorndorf. Hofmann.

Tinning, R. (2005). Physical education in Australia: an interpretive account. In U. Pühse & G. Gerber (eds.), International comparison in physical education (pp. 50-65). Aachen: Meyer & Meyer.

Thomson, R. W. & Emerson, S. (2005). Physical Education in New Zealand/Aotearoa. In U. Phüse & M. Gerber (eds.), International comparison of physical education (pp. 472-496). Aachen: Meyer & Meyer.

Timmers, R. & Knop, P. de (2000). The Dutch and Olympism. In Steenbergen, J., de Knop, P. & Elling, A.H.F. (eds.), Values and Norms in Sport. (pp. 157-169) Aachen: Meyer & Meyer.

Touba, T. (2000). Olympic education in Africa. In IOA (ed.), Report on the I.O.A.'s special sessions and seminars 1998 (pp. 509-520). Athens: Eptalofos S.A.

Uhle, R. te & Naul, R. (eds.) (2001). Physical education: From central governmental regulation to local school autonomy. Velen: EAdS.

Ullrich, K. (1968). Olympia und die Deutschen. Berlin: Neues Deutschland.

Umiastowska, D. (1999). Styl "ycia, wiedza o olimpizmie i sprawnoÊç, fizyczna szczecifskich ucsniów. Szczecin: Uniwersytet Szczecifski, Rozprawy I Studia T.

Rønholt, H. (2005). Physical education in Denmark. In U. Pühse & M. Gerber (eds.), International comparison of physical education (pp. 206-227). Aachen: Meyer & Meyer.

Rychtecky, A. (2006). Olympic education in the Czech educational system. Leipziger Sportwissenschaftliche Beiträge, 47(2), 39-42.

Rychtecky, A. (2007). Olympic education as a integreal part of the educational system at Czech schools. Acta Universitatis Carolinae - Kinanthropologica, 43(1), 69-83.

Rychtecky, A., Kössl, J. & Dovalil (1999). New tendencies in Olympic education in the Czech Republic., Acta Universitatis Carolinae - Kinanthropologica, 35(1), 69-73.

Rychtecky, A. & Naul, R. (2005). Goal orientation and perception of Olympic ideals in Czech and German youth. Acta Universitatis Carolinae - Kinanthropologica, 41(2), 35-48.

Rychtecky, A. & Naul, R. (2007). Goal orientation and perception of Olympic ideals in European youth. (Paper submitted for the Olympic study reader).

Sanada, H. (2000). The "one school - one program" as Olympic education in the Nagano Olympics. In IOA (eds.), Report on the I.O.A.'s special sessions and seminars 1999 (pp. 541-543). Athens: Eptalofos S.A.

Sanada, H. (2007). The Olympic education at University of Tsukuba in cooperation with Japan Olympic Academy. Unpublished paper, presented at the 9th International Seminar of Olympic Directors at the IOA, IOA, Olympia.

Shields, D. L. & Bredemeier, B. J. (1995). Character development and physical activity. Champaign/ Ill.: Human Kinetics.

Schulz, N. (1992). Sich gegenseitig achten lernen. Möglichkeiten und Grenzen interkultureller Erziehung bei Olympischen Spielen. Sportunterricht, 41, 201-208.

Siedentop, D. (1994). Sport education. Quality PE through positive sport experiences. Champaign/Ill.: Human Kinetics.

Simon, H. (1986). Die Bedingungen für Körperkultur und Sport in den sechziger Jahren und die Entstehung der Spartakiadebewegung in der DDR. In: Theorie und Praxis der Körperkultur, 35, 12-17.

Spears, P. (1987). Educational program in conncetion with the Olympic Winter Games Calgary 1988. In IOA (ed.), Proceedings of the 26th IOA Session (p. 244). Lausanne: IOC.

Stanley, A. P. (1860). The life and correspondence of Thomas Arnold, D. D. (3rd American edition). Boston: Ticknor & Fields.

27th session (pp. 132-141). Lausanne: IOC.

Preuß, H. (1996). Olympische Realität im Bild von Sportstudenten. In N. Müller & M. Messing(eds.), Auf der Suche nach der Olympischen Idee (pp. 93-113). Kassel: Agon.

Preuß, H. (1998). Olympic ideals as seen by German and Austrian P. E. students. In N. Müller (ed.), Coubertin and Olympism. Questions for the future (pp. 281-286). Niedernhausen: Schors.

Preuß, H. (2002). Coubertin und die olympischen Ideale - zehn Jahre Erhebungen unter deutschsprachigen Sportstudenten. In Carl und Liselott Diem-Archiv (ed.), Tempel und Ringe zwischen Hochschule und Olympischer Bewegung (pp. 291-302). Asbach: Rahm.

Prohl, R. (1991). Bildung durch Sport - ein überholter pädagogischer Anspruch? Sportunterricht, 40, 483-490.

Pühse, U. & Gerber, M. (eds.) (2005). International comparison of physical education. Aachen: Meyer & Meyer.

Rahmaninia, F. & Honari, H. (1999). On the knowledge about the Olympic Movement among Iranian college students. Wychowanie fizyczene i sport, 43 (supplement 1), 418-419.

Rail, G. & MacNaughton, Ch. (1995). Olympic educational programmes of the national Olympic academies and ways to their application. In IOA (ed.), 2nd joint international session for directors of national Olympic academies, members of staff of national Olympic committees and international sports federations (pp. 83-100). Athens: IOA

Rawes, I. (1988). The Canadian junior Olympics programme. In IOC & HOC (ed.), Report of the 27th session (p. 187). Athens: IOA.

Remmelkoor, R. (2007). Applying Olympic education through NOAs. In IOC (ed.), Vth World forum on sport, education and culture (pp. 222-228). Lausanne: IOC.

Riebel, W. (1969). Zur Rolle des sportpolitischen und -historischen Wissens bei der Erziehung zu sportlicher Einstellung. Theorie und Praxis der Sportkultur, 18, 253-264.

Rodichenko, V. (2005). Olympic education in Russia. Moscow: Fizkultura i Sport Publishing House.

Rodichenko, V., Kofmann, L., Kontanistov, A, Neverkovich, S., Stolyarov, V. & Shustin, B. (1998). Proceedings of the International Forum "Youth - Science - Olympism". Moscow: Sovietsky Sport.

Rokeach, M. (1973). The nature of human values. New York: Free Press.

Sportverein. Internationale Tagung von 2.-4. November 2007 in Velen. In ÖOA (ed.). Newsletter (1) (pp. 3-4). Wien: ÖOC.

Okade, Y. (2002). The Olympic education through the Winter Olympic Games at Nagano(1998) [in Japanese]. In: R. Naul, Y. Okade & R. te Uhle (eds.), 4th German-Japanese symposium (pp. 17-26). Velen: EAdS.

Okeya, T. (2006). Olympic education in Japan - an approach at the University of Tsukuba. In IOA (ed.), Report of the 13th International semiar on Olympic studies for postgraduate students (pp. 203-214). Athens: Eptalofos S.A.

Oleynik, N. A., Kudinenko, V. N., Labskir, V. M. & Epstein, L. Y. (1999). Olympic education: urgent issues of national and regional programmes. Wychowanie fizyczene i sport, 43 (supplement 1),416-417.

Olympic Museum Lausanne (2006). Angel or demon? The choice of fair play. Lausanne: IOC.

Olympic Solidarity (2000). 2001-2004 Quadrennial plan. Lausanne: IOC.

Olympic Solidarity (2004). Unity of strength. 2005-2008 Quadrennial plan. Lausanne: IOC.

Papandreou, G. (2002). Olympic truce (ekecheiria) and the International Foundation of Olympic Truce. In IOA (ed.), 41st Session for Young Participants (pp. 43-47). Lausanne: IOC.

Parry, J. (1992). Olympic education programmes as ways of promotion through NOC's, NOA's and IF's: In IOA (ed.), 1st Joint International Session for Directors of National Olympic Academies, Members and Staff of National Olympic Committees and International Sport Federations (pp. 66-77). Athens: IOA.

Parry, J. (1998a). Ethical aspects of the Olympic idea. In IOA (ed.), Report on the I.O.A.'s special sessions and seminars 1997 (pp. 233-248). Athens: Eptalofos S.A.

Parry, J. (1998b). Physical education as Olympic education. European Physical Education Review, 4 (2), 153-167.

Parry, J. (2004). Olympism for the 21st century: from local to global, or from global to local? In IOA (ed.), Report on the I.O.A.'s special sessions and seminars 2003 (pp. 381-388). Athens: Eptalofos S.A.

Patok, Ch. (2006). Die Olympische Erziehung in Polen: Geschichtliche Entwicklung und didaktische Grundlagen. Unpublished teacher's degree theses, University of Duisburg-Essen, Essen.

Paul jr., R. (1988). Methods of Olympic education. In IOC & HOC (eds.), Report of the of the 27th session (pp. 172-176). Lausanne: IOC.

Nicholls, J. (1992). The general and the specific in the development and expression of achievement motivation. In G. Roberts (ed.), Motivation in sport and exercise (pp. 31-56). Champaign/ Ill.: Human Kinetics.

Nikolaus, I. (2006). Olympische Erziehung - Anspruch und Herausforderung für Thüringer Schulen. Aus der Sicht der Coubertin Komitees. www.dslv-thueringen.de/ texte/ Heft23.pdf

Nissiotis, N. (1980). Problems of Olympic education. As seen through the work of the International Olympic Academy. In HOC (ed.), Report of the 20th session of the IOA (pp. 41-51). Athens: Atlantis.

Nissiotis, N. (1982). The cultural value of Olympism and the future of the Olympic Games. In HOC (ed.), Report of the 21st session of the IOA (pp. 92-103). Athens: Atlantis.

Nissiotis, N. (1985). Olympism and today's reality. In IOC & O. Szymiczek (ed.), Report of the 24th session (pp. 57-74). Lausanne: IOC.

Nissiotis, N. (1987). Olympism, sport and aesthetics with reference to the work of Pierre de Coubertin. In IOA, HOC & O. Szymiczek (eds.), IOA Report of the 26th session (pp. 83-92). Lausanne: IOC.

NOC*NSF (2002). Experiences in the Netherlands: Sport, School and Olympic Values. Unpublished PowerPoint presentation, NOC*NSF, Papendal.

NOK (Hrsg.) (1988). Mach' mit bei der Schüler-Olympiade. Eine Olympische Woche in der Grundschule. Unterrichtsvorschläge. Niedernhausen: Schors.

NOK (Hrsg.) (2004). Olympia ruft: Mach mit! Athen 2004. Stuttgart: Schürrle.

Nowocién, J. (1999). Olympic education of the youth in Poland - current situation and prospects. Wychowanie fizyczene i sport, 43 (supplement 1), 414-415.

Nowocién, J. (2001). Sport i olimpizm w systemie-dydaktycznwychowawczym wspolczesnej szkoly. Warszawa: AWF (Studia i Monografie nr. 85).

Nowocién, J. (2001). Sport i olimpizm w systemie dydaktycznowychowawczym wspolczesnej szkoly. Warszawa: Wydaw. AWF.

Ööpik, V. (2005). Fifteen years of National Olympic Academia of Estonia. In IOA (ed.), Report on the I.O.A.' special sessions and seminars 2004 (pp. 100-103). Athens: Eptalofos S.A.

Österreichische Olympische Akademie (ÖOA) (ed.) (2008). Erziehung in Schule und

internationalen Olympischen Bewegung in Deutschland. In R. Naul & M. Lämmer (eds.), Willibald Gebhardt - Pionier der Olympischen Bewegung (pp. 11-29). Aachen: Meyer & Meyer.

Naul, R. (2002). History of sport and physical education in Germany, 1800-1945. In R. Naul & K. Hardman (eds.) Sport and physical education in Germany (pp. 15-27). London/New York: Routledge.

Naul, R. (2003). Concepts of physical education in Europe. In K. Hardman (ed.), Physical education: Deconstruction and reconstruction - issues and directions (pp. 35-52): Schorndorf: Hofmann.

Naul, R. (2004). Analyse und Auswertung der Kultur- und Bildungsprogramme der gewählten Candidate Cities für die Ausrichtung der Olympischen Spiele 2000 bis 2010. Unpublished survey for the Leipzig 2012 GmbH, Willibald Gebhardt Institut, Essen.

Naul, R. (2007). Olympische Erziehung. Aachen: Meyer & Meyer.

Naul, R. & Großbröhmer, R. (1996). 40 Jahre Schulsport in Nordrhein-Westfalen: Lehrplantheorie und Unterrichtspraxis. Düsseldorf: Concept Verlag.

Naul, R. & Gustmann, H. (2003). Note Zehn: Olympische Erziehung als Alleinstel lungsmerkmal der Düsseldorfer Bewerbung. Alpheios (4), 29-32.

Naul, R., Hardman, K. & Telama, R. (1998). Sport pedagogy. In ICSSPE (ed.), Vade mecum. Directory of sport science. (pp. 33 -38). Berlin: ICSSPE.

Naul, R., Piéron, M., Telama, R., Almond, L. & Rychtecky, A. (1997). Sporting lifestyle, motor performance, and Olympic ideals of youth in Europe. Resumed Report for the IOC, Essen: ICSP & WGI.

Naul, R., Boetes, B., Geßmann, R., Richter, C. & Grabs, R. (2006). Olympische Werteerziehung in Schule und Sportverein. Manuskript. Essen: WGI.

Navarro, A. (2000). Spanish Olympic Academy - 30th Anniversary (1968-1998). In IOA (ed.), Report on the I.O.A.'s special sessions and seminars 1999 (pp. 534-537). Athens: Eptalofos S.A.

Neuendorff, E. (1928). Methodik des Schulturnens (2. Aufl.). Leipzig: Quelle & Meyer.

Neeb, S. (2000). "Green Games" - the environmental efforts of the International Olympic Committee and the Lillehammer Olympic Organizing Committee. In IOA (ed.), Report on the I.O.A.'s special sessions and seminars 1998 (pp. 159-183). Athens: Eptalofos S.A.

Neverkovich, S. (1988). Methods of Olympic education. In IOC & HOC (eds.), Report

Movement: development and pedagogic consequences. The Sport Journal, 9 (1). http://www.thesportjournal.org/2006JournaI/Vol 9-No1/Mueller.asp

Müller, N. & Spangenberg, M. (1999). Olympic education programmes for schools – an international comparison taking account of teaching, aims, didactic concepts and instructional effect. Acta Universitatis Carolinae - Kinanthropologica, 35 (1), 17-22.

Nationales Olympisches Komitee von Deutschland (NOK) (ed.) (1988). Mach' mit bei der Schüler-Olympiade. Eine olympische Woche in der Grundschule. Unterrichtsvorschläge. Niedernhausen. Schors.

Nationales Olympisches Komitee von Deutschland (NOK) (ed.) (2004). Olympische Erziehung. Herausforderung für Schulsport und Sportpädagogik. St. Augustin: Academia.

Naul, R. (1987). Sporterziehung als Bestandteil einer neuen Allgemeinbildung. In H. Heid & H. G. Herrlitz (eds.), AIlgemeinbildung (10. DGfE-Kongress) (pp. 161-171). 21. Beiheft der Zeitschrift für pädagogik.

Naul, R. (1989). Gymnastics, athletics, games: Sedan celebrations in imperial Germany. In M. Lämmer et al. (eds.), Proceedings of the XII HISPA Congress (pp. 131-136). St. Augustin: Academia.

Naul, R. (1992). Elite Sport in Germany: The 1990s. Journal of the International Council for Health, Physical Education and Recreation, 28 (2), 17-22.

Naul, R. (1997). The National Olympic Games Movement in Germany. In R. Naul (ed.), Contemporary Studies in the National Olympic Games (pp. 95-116), Frankfurt/ M.: Peter Lang.

Naul, R. (1998a). Olympic ideals and Olympic education of youth. In R. Naul, K. Hardman, M. Pieron & B. Skirstad (eds.), Physical Activity and Active Lifestyle of Children and Youth (pp. 29-48). Schorndorf: Hofmann.

Naul, R. (1998b). The impact of the Le Havre congress on physical education in selected European countries. In N. Müller (ed.), Coubertin and Olympism. Questions for the future (pp. 141-153). Niedernhausen: Schors.

Naul, R. (1999a): Nationales Olympia und Deutsche Kampfspiele. In NOK (ed.), Deutschland in der Olympischen Bewegung (pp. 25-35). Melsungen: Bernecker.

Naul, R. (1999b). Olympic education: an elective module within the European master's degree programme in physical education - the European network of sport science in higher education. Acta Universitatis Caralinae - Kinanthropologica, 35(1), 29-32.

Naul, R. (1999c). Willibald Gebhardt - Leben und Werk des Pioniers der

Athens: Eptalofos S.A.

Ministry of Education (1999). Health and physical education in the New Zealand curriculum. Wellington, New Zealand: Learning media.

Ministry of Education (2001). Health and physical education in the New Zealand curriculum. Wellington, New Zealand: Learning media.

Moragas, M. de (2007). The academic world and the Olympic Movement: historical review and perspectives. In IOC (ed.), Vth World forum on sport, education and culture (pp. 180-187). Lausanne: IOC.

Müller, N. (1975). Olympische Erziehung. In F. Thaller & H. Recla (eds.), Signale der Zeit (pp. 133-140). Schorndorf: Hofmann.

Müller, N. (1977). The Olympic idea of Pierre de Coubertin and Carl Diem and its materialisation in the international Olympic academy. In HOC (ed.), Report of the 16th session of the IOA (pp. 94-100). Athens: IOA.

Müller, N. (1990a). What can "Olympic education" mean to us? In Soul Olympic Scientific Congress Organizing Committee (ed.), New horizons of human movements (pp. 291-298). Dankook University Cheonan Campus: Sport Science Institute.

Müller, N. (1990b). Olympism as a school subject. Unpublished paper, presented at the 9th international session for educationists, Olympia, 5-7, July 1990, IOA archive [in German].

Müller, N. (1994). One hundred years of Olympic Congresses, 1894-1994. Niedernhausen: Schors.

Müller, N. (1995). Olympia zwischen Idealität und Realität. Die Internationale Olympische Akademie im Spiegel der Vortrage 1961 - 1994. Niedernhausen: Schors.

Müller, N. (1998a). Olympische Erziehung. In O. Grupe & D. Mieth (eds.), Lexikon der Ethik im Sport (pp. 385-395). Schorndorf: Hofmann.

Müller, N. (1998b). Après un siècle d'Olympisme: regards sur le Congrès du Havre 1897. In Müller, N. (ed.). Coubertin and Olympism. Questions for the Future (pp. 44-54). Niedernhausen: Schors.

Müller, N. (2000). Olympism and Olympic Education. In IOA (ed.): Report on the I.O.A.'s special sessions and seminars 1998 (pp. 455-463). Athens: Eptalofos S.A.

Müller, N. (2004). Olympic education.
http://olympicstudies.uab.es/eng/lec/pdf/muller.pdf

Müller, N. (2006). The Idea of peace as Coubertin's vision for the modern Olympic

London Office (2004). London 2012: An analysis of the contribution of universities to major sporting events. http://www.londonmet.ac.uk/london-office/

Lubychev, E. (2000). Topical problems of theory and practice in Olympic education of children and youth. In IOA (ed.), Report on the I.O.A.'s special sessions and seminars 1999 (pp. 184-192). Athens: Eptalofos S.A.

Lucas, J. A. (1975). Victorian "Muscular Christianity". Prologue to the Olympic Games philosophy. In Olympic Review, No. 97/98, 456-460.

Lucas, J. A. (1976). Victorian "Muscular Christianity". Prologue to the Olympic Games philosophy. In Olympic Review, No. 99/100, 49-52.

Malter, R. (1969). Der "Olympismus" Pierre de Coubertin's. Eine kritische Studie zu Idee und Ideologie der modernen Olympischen Spiele und des Sports. Köln: Barz & Beienburg.

Maass, S. (2007a). Bringing the Olympic values to life. Olympic Review, issue 63, 34-39.

Maass, S. (2007b) The Olympic values. In: Olympic Review, issue 63, 28-33.

MacNaughton, Ch. (2002). Olympic academies in Canada. In IOA (ed.), Report on the I.O.A.'s special sessions and seminars 2001(pp. 608-610). Athens: Eptalofos S.A.

Maeda, M. (1993). The study of Olympic education in Japan. Olympic education and the Olympic Movement after 1945. In A. Gounot, T. Niewerth & G. pfister (eds.), Welt der Spiele. Politische, soziale und pädagogische Aspekte (pp. 153-157). St. Augustin: Academia.

Maes, M. (2001). The volunteers, Olympic ambassadors, ... a forgotten group? In IOA (ed.), Report on the I.O.A.'s special sessions and seminars 2000 (pp. 460-464). Athens: Eptalofos S.A.

Malter, R. (1969). Der "Olympismus" Pierre de Coubertins. Eine kritische Studie zu Idee und Ideologie der modernen Olympischen Spiele und des Sports. Köln : Barz & Beienburg.

Mclntosh, P. C. (1965). Games and gymnastics for two nations in one. In J. G. Dixon, P. C. Mclntosh, A. D. Munrow & R. F. Willetts (eds.), Landmarks in the history of physical education (pp. 177-208). London: Routledge & Kegan Paul.

Mclntosh , P. C. (1968). Physical education in England since 1800. London: G. Bell & Sons Ltd.

Melnikova, N. (2001). The main activities of the central Olympic academy of Russia. In IOA (ed.), Report on the I.O.A.'s special sessions and seminars 2000 (pp. 528-529).

Kultusminister des Landes Nordrhein-Westfalen (1980). Richtlinien und Lehrpläne für den Sport in den Schulen im Lande Nordrhein-Westfalen, I. Frechen: Ritterbach.

Kurowski, A. (1992). Olympia - da weiß ich nix. Sportunterricht, 41, 209-214.

Kurz, D. (1977). Elemente des Schulsports. Grundlagen einer pragmatischen Fachdidaktik. Schorndorf. Hofmann.

Kurz, D. (1987). Vom "Vollzug der Leibesübungen" zur "Handlungsfähigkeit im Sport". In D. Peper & E. Christmann (eds.) (pp. 52-67), Zur Standortbestimmung der Sportpädagogik. Wandlungen didaktischer Grundvorstellungen. Schorndorf: Hofmann.

Kurz, D. (2000). Die pädagogische Grundlegung des Schulsports in Nordrhein-Westfalen. In Aschebrock, H. (Red.), Erziehender Schulsport. Pädagogische Grundlagen der Curriculumrevision in Nordrhein-Westfalen, (pp. 9-55). Bönen: Kettler.

Kutschke, F. (ed.) (2006). Die Ökonomie Olympischer Spiele. Schorndorf: Hofmann.

Kuzin, V. (2001). Olympic education programmes of the central Olympic academy and regional Olympic academies in Russia. In IOA (ed.), Report on the I.O.A.'s special sessions and seminars 2000 (pp. 393-401). Athens: Eptalofos S.A.

Lämmer, M. & Waters, C. (1997). Die Fair-Play-Initiative des deutschen Sports 1986-1996. St. Augustin: Academia.

Landry, F. (1980). The Games of the XXIst Olympiad and the promotion of Olympism in Quebec schools. In IOA (ed.) Report of the international sessions for educationist 1973-1977-1980 (pp. 287-298). Athens: HOC.

Lauterbach, E. (1973). The propagation of Olympic principles in school. In HOC (ed.), Report of the 12th Session of the IOA (pp. 98-107). Athens: IOA.

Lenk, H. (1964). Werte, Ziele, Wirklichkeit der modernen Olympischen Spiele. Schorndorf: Hofmann.

Lennartz, K. (1978). Die VI. Olympischen Spiele Berlin 1916. Köln : Bartz & Beienburg.

Lioumpi, E. & Georgiadis, K. (2007). The promotion of Olympic education at the International Olympic Academy (I.O.A) in Olympia. Unpublished manuscript, presented at the conference Olympic values education in school and clubs, Velen, Nov. 2007, EAdS.

Letenayova, Z. (2004). Conference of the European National Olympic Academies in Slovakia, Bratislava 27-30 March 2003. In IOA (ed.) Report on the I.O.A.'s special sessions and seminars 2003 (pp. 474-477). Athens: Eptalofos S.A.

Kidd, B. (1996). Taking the rhetoric seriously: Proposals for Olympic education. Quest, 48, 82-92.

Kidd, B. (2003). Athletes and human rights. http://olympicstudies.uab.es/lec/pdf/kidd.pdf

Khoo, S., Siew Eng, T., Eng Hoe, W. & Bee E. Ch. (2006). Knowledge, attitudes and behavior of Malaysian teachers, students, teacher trainees and undergraduates towards the Olympic games. http://www.isdy.net/pdf/eng/19.pdf?PHPSESSID=933240a18fa2298ef242cc958e7186e1

Kioumourtzoglou, E., Theodorakis, I., Avgerinos, A., Kellis, I., Papaharisis, V., Hasandra, M., Arvanitaki, N., Gounaridis, S. & Markas, S. (2001). Olympic education: From theory to practise. Athens: Liavani. [In Greek].

Klisouras, V., Kellis, S. & Mouratidis, I. (eds.) (2004). Proceedings of the 2004 Pre-Olympic Congress. Thessaly: Aristotle University of Thessaloniki.

KM NRW (1972). Curriculum Gymnasiale Oberstufe. Sport. Arbeitsmaterialien und Berichte (16). Krefeld: Janssen.

KM NRW (1981). Richtlinien Sport. Band V Gymnasiale Oberstufe. Frechen: Ritterbach.

Knop, P. de, Engstöm, L. M., Skirstad, B. & Weiss, M. R. (eds.) (1996). Worldwide trends in youth sport. Champaign/ Ill.: Human Kinetics.

Koka, A. (2005). School Olympic Games in Estonia. In: IOA (ed.), Report on the I.O.A.'s special sessions and seminars 2004 (pp. 407-416). Athens: Eptalofos S.A.

Kozlova, K. (1999). Principles and ways of engaging youths in the Olympic ideals. Wychowanie fizyczene i sport, 43 (supplement 1), 401-402.

Kroujkov, D. (2001). The activities of the south Russian Olympic academy. In IOA (ed.), Report on the I.O.A.'s special sessions and seminars 2000 (pp. 530-533). Athens: Eptalofos S.A.

Kroujkov, D. A., Akchurin, K. R. & Alexandrov, S. G. (1999). The possibility of using Olympism to strengthen the inter-ethic co-operation in the North Caucasus region. Wychowanie fizyczene i sport, 43 (supplement 1), 404-405.

Krüger, M. (2001). Was ist zeitgemäßer Sportunterricht? In sportpädagogik, 25, H. 4, 38-41.

Kultusminister des Landes Nordrhein-Westfalen (ed.) (1960). Richtlinien und Stoffplan für die Leibeserziehung an Volks-, Real-, Höheren und Berufsbildenden Schulen im Lande NRW. Frankfurt/M.: Limpert.

IOC (1995). Keep the spirit alive. You and the Olympic Games. Lausanne: IOC.

IOC (2004). Olympic Charter. Lausanne: IOC.
http:// multimedia.olympic.org/pdf/en_report_122.pdf

IOC (2007a). Olympic Charter. Lausanne: IOC.
http://multimedia.olympic.org/pdf/en_report_122.pdf

IOC (2007b). Youth Olympic Games. Lausanne: IOC.
http://video.olympic.org/ http/ yog_uk.pdf

IOC (2007c). Vth World forum on sport, education and culture. Lausanne: IOC.(www. olympic.org).

IOC (2007d). Teaching Values. An Olympic education toolkit. Lausanne: IOC.

Järvinen, A. (1999). Olympic education in Finland: the development and tasks of the national Olympic academy. Acta Universitatis Carolinae - Kinanthropologica, 35 (1), 23 -27.

Janssens, J. et al. (eds.). Education through sport. An overview of good practices in Europe. Den Haag: Koninklijke de Swart.

Joeres, U. (1976). Olympische Spiele. Hinweise für ein Thema des Schul(sport)-unterrichts. Praxis der Leibesübungen, 17, 123/124 und 151/152.

Joeres, U. (1988). Tips zum Thema: Olympische Spiele - jetzt wieder ein aktuelles Unterrichtsthema. Lehrhilfen für den Sportunterricht, 37, 45-48.

Kartalis, K. (2002). Integrating the experience of the Sydney 2000 Olympic Games in the Olympic preparation for the Athens 2004 Olympic Games. In IOA (ed.), 41st Session for Young Participants (pp. 132-143). Lausanne: IOC.

Kellis, I. (2001). Presentation of a cultural activity of Olympic education program. In IOA (ed.) Report on the I.O.A.'s special sessions and seminar 2000 (pp. 513-516). Athens: Eptalofos S.A.

Kellis, S. & Mountakis, K. (2005). Physical education in Greece. In U. Pühse & M. Gerber (eds.), International comparison of physical education (pp. 328-344). Aachen: Meyer & Meyer.

Keményy, F. (1897). Die Bedeutung der Olympischen Spiele für die körperliche Erziehung der Jugend. Zeitschrift für das Realschulwesen, 22, 129-141; 195-206.

Khabazian, B. M. (2006). Olympic Movement and Olympic education in Iran. In IOA (ed.), Report of the 13th international seminar on Olympic studies for postgraduate students (pp. 258-269). Athens: Eptalofos S.A.

Henry, P. (1995). Pedagogical thoughts on the Olympic education programmes in the context of national curricula. In IOA (ed .), 2nd joint international session for directors of national Olympic academies, members of staff of national Olympic committees and international sports federations (pp. 76-82). Athens: IOA.

Hinsching, J. (1997). Körperliche Erziehung - Körpererziehung - Turnen - Sport. Schulpolitische Stationen der Entwicklung eines Unterrichtsfaches und Bildungsbereiches. In J. Hinsching & A. Hummel (eds.), Schulsport und Schulsportforschung in Ostdeutschland 1945-1990 (pp. 13-49). Aachen: Meyer & Meyer.

Hirsch, E. (1997). "Olympische Spiele" am Drehberg in Anhalt-Dessau zur Goethezeit. Nikephoros, 10, 265-288.

Höfer, A. (1994). Der Olympische Friede. Anspruch und Wirklichkeit einer Idee. St. Augustin: Academia.

Höfer, A. (2003). Von Baden-Baden nach Berlin: Zur Vorgeschichte des Deutschen Olympischen Instituts. In E. Bertke, H. Kuhn & K. Lennartz (eds.), Olympisch bewegt. Festschrift zum 60. Geburtstag von Prof Dr. Manfred Lämmer (pp.103-116). Köln : Institut für Sportgeschichte und Carl und Liselott Diem-Archiv.

Hojer, E. (1969). Olympia - oder: der Sport zwischen Pädagogik und Ideologie. Köln : Bartz & Beienburg.

Hosseini, S. A. (2004). National Olympic Academy of Iran. In IOA (ed.) Report on the I.O.A.'s special sessions and seminars 2003 (pp. 478-480). Athens: Eptalofos S.A.

Huang, W. (2006). Strategic thinking of Olympic education towards the 2008 Beijing Olympic Games. In IOA (ed.), Report of the 13th international seminar on Olympic studies for postgraduate students (pp. 242-252). Athens: Eptalofos S.A.

Hughes, Th. (1857). Tom Browns' Schooldays. (Nachdruck 1999). Oxford: University Press.

Huhn, K. (1992). Der vergessene Olympier. Das erstaunliche Leben des Dr. Willibald Gebhardt. Berlin: Spotless.

Hummel, A., Erdtel, M. & Adler, K. (2004). Schulsport zwischen Leistungsoptimierung und Entwicklungsförderung. Ergebnisse einer empirischen Untersuchung des Sportunterrichts an sächsischen Schulen. Chemnitz: TU.

Ichimura, S. (1993). A comparative study of the attitude towards Olympic Games between Japanese and Chinese college students. In Deutsches Olympisches Institut (DOI) (ed.), Olympic education. Unpublished conference report, DOI, Berlin.

IOA (2006). International Olympic Academy. Athens: Athanassiadis Bros.

österreichischen Gymnasien, 11, 961-975.

GutsMuths, J. C. F. (1793). Gymnastik für die Jugend. (Faksimile-Nachdruck 1929) Dresden: Limpert.

GutsMuths, J. C. F. (1796). Spiele zur Übung und Erholung des Körpers und des Geistes.(Nachdruck 1959). Berlin: Sportverlag.

GutsMuths, J. C. F. (1804). Gymnastik für die Jugend. (2. Auflage, Faksimile-Nachdruck 1999), Rudolstadt: Hain.

Ha, A. S., Cheung, C. K. & Wong, A. C. (2004). Different teaching approaches of a values-based Olympic education program on the moral development of Hong Kong children. In: V. Klisouras, S. Kellis & I. Mouratidis (eds.), Proceedings of the 2004 Pre-Olympic Congress (pp. 141 -142). Thessaly: Aristotle University of Thessaloniki.

Hai Ren (2001). Olympic education programmes in China: history, analysis, methodology and evaluation. In IOA (ed.), Report on the I.O.A.'s special sessions and seminars 2000 (pp. 402-413). Athens: Eptalofios S.A.

Hai Ren (2007). Games and universities: the case of Beijing. In IOC (ed.), Vth world forum on sport, education and culture (pp. 188-190). Lausanne: IOC.

Hamburg für Spiele 2012 GmbH (2003). Newsletter Febr.: Feuer und Flamme. Extra-Ausgabe für Hamburger Schulen. Hamburg.

Hamer, E. U. (1971). Willibald Gebhardt 1861-1921. Köln : Barz & Beienburg.

Hardman, K. (2002). Council of Europe survey (CDDS). European physical education / sport survey. Report on summary of findings. Strasbourg: Council of Europe.

Hardman, K. (2007). Current situation and prospects for physical education in the European Union. Brussels: EU-Policy Department Structural and Cohesion Policies.

Hardman, K. & Marshall, J. (2000). World-wide survey of the state and status of school physical education. Manchester: University of Manchester.

Hardman, K. & Naul, R. (2002). Sport and physical education in the two Germanies. In R. Naul & K. Hardman (eds.), Sport and Physical Education in Germany (pp. 28-76). London & New York: Routledge, 28-76.

Helland, K. (1994). The educational programme - during the Olympics in Lillehammer-intentions and experiences before, during and after the Olympics. In IOA (ed.), 2nd joint international session for the directors of national Olympic academies, members and staff of national Olympic committees and international sports federations (pp. 102-111). Athens: IOA.

Girginov & J. Parry (eds.), The Olympic Games explained (pp. 216-233). London & New York: Routledge.

Gissis, I., Nikolaidis, D. & Papadopoulos, C. (2004). Olympische Erziehung: Anwendungen und Neigungen in den griechischen Schulen mit den Olympischen Spielen des Jahres 2004 als Richtschnur. Sportunterricht, 53, 47-49.

Gogoll, A., Kurz, D. & Menze-Sonneck, A. (2003). Sportengagements Jugendlicher in Westdeutschland. In W. Schmidt, I. Hartmann-Tews & W.-D. Brettschneider (eds.), Erster Deutscher Kinder- und Jugendsportbericht (pp. 145-165). Schorndorf: Hofmann.

Gomes, M. C. (2002). Olympic education: sameness versus otherness in multicultural approaches. In L. Da Costa, M. Miragaya, M. Gomes, N. Abceu & O. Tavares (eds.), Olympic Studies - current intellectual corssroads (pp. 255-273). Rio de Janeiro: Editoria Gama Filho.

Goncalves, C. (2005). "The role of the trainer/coach in the promotion of fair play" Worldwide ISCA Fair Play Platform "Values and Norms in Sport and Society" Arnhem. http://vincyphysed.com/ projects/values&normsinsports.ppt

Grammatikopoulos, V. (2004). Evaluation of innovative physical education programs: Implementation of Olympic education program. Doctoral dissertation, University of Thessaly, Thessaly.

Grammatikopoulos, V., Papacharisis, V., Koustelios, A., Tsigilis, N. & Theodorakis, Y. (2004). Evalaution of the training program for Greek Olympic education. The International Journal of Educational Management, 18 (1), 66-73.

Grammatikopoulos, V., Tsigilis, N., Koustelios, A. & Theodorakis, Y. (2005). Evaluating the implementation of an Olympic education program in Greece. Review of Education, 51, 427-438.

Grupe, O. (1993). Olympisches Menschenbild und olympische Erziehung. In R. Prohl (ed.), Facetten der Sportpädagogik. Beiträge zur pädagogischen Diskussion des Sports (pp. 31-38). Schorndorf: Hofmann.

Grupe, O. (1997). Olympismus und olympische Erziehung. Abschied von einer großen Idee? In O. Grupe (ed.), Olympischer Sport - Rückblick und Perspektiven (pp. 223-243). Schorndorf. Hofmann.

Guo, G. (2006). Beijing Olympic Games and Olympic education in China. In IOA (ed.), Report on the 13th international seminar of Olympic studies for postgraduate students (pp. 270-277). Athens: Eptalofos A.S.

Guth, J. (1896). Die olympischen Spiele in Athen 1896. Zeitschrift für die

Georgiadis, K. (2004). Sport, School and Olympic Education. In IOA (ed.): Report on the I.O.A's special sessions and seminars 2003 (pp. 367-374). Athens: Eptalofos S.A.

Georgiadis, K. (2006). The Olympic education programme of ATHOC 2004 and the Hellenic Ministry of education. In IOA (ed.), Report of the 45th international session for young participants 2005 (pp. 115-136). Athens: Eptalofos S.A.

Georgiadis, K. (2007a). Defining Olympic education. In IOC (ed.), Vth World forum on sport, education and culture (pp. 210-213). Lausanne: IOC.

Georgiadis, K. (2007b). 45 years of Olympic studies and Olympic education in the International Olympic Academy. In K. Lennartz, S. Wassong & Th. Zawadzki (eds.), New aspects of sport history. The Olympic lectures (pp. 31-34). St. Augustin: Academia.

Gerling, J. (2006). The idea of peace as Coubertin's vision for the modern Olympic movement: development and pedagogic consequences. Information letter of the International Pierre de Coubertin Committee, (1), 31-37.

Geßmann, R. (1987). Die amtlichen Richtlinien für das Schulturnen in Preußen zur Zeit der Weimarer Republik. In R. Geßmann (ed.), Schulische Leibesübungen zur Zeit der Weimarer Republik (pp. 119-160). Köln: Strauß.

Geßmann, R. (1992). Fachdidaktische Ansätze zur olympischen Erziehung in der Schule - Versuch einer Bestandsaufnahme. Sportunterricht, 41, 193-200.

Geßmann, R. (2002). Olympische Erziehung in der Schule. Zentrales und Peripheres. Sportunterricht, 51, 16-20.

Geßmann, R. (2004a). Olympische Erziehung und die nordrhein-westfälischen Richtlinien und Lehrpläne Sport von 1999/2001. In J. Buschmann, K. Lennartz & S. Wassong (eds.), Spiel- Spiele - Olympische Spiele (pp. 67-85). Aachen: Meyer & Meyer.

Geßmann, R. (2004b). Olympisches Menschenbild und schulische Sportdidaktik. In NOK (ed.), Olympische Erziehung. Eine Herausforderung an Sportpädagogik und Schulsport (pp. 131-153). St. Augustin: Academia.

Geßmann, R. & Schulz, N. (1984). Olympische Spiele - ein wichtiges Thema für Schüler. Sportunterricht, 33, 165-174.

Girard-Savoy, N. (2007). Presentation of Olympic solidarity. Unpublished Paper, presented at the 9th international session for directors of national Olympic academies, Olympia, 1-8 June, 2007.

Girginov, V. & Parry, J. (2005). Olympic education - celebrating the Olympics. In: V.

und Sportgeschichte. In M. Reichenbach & H. Schwidtmann (eds.), Sozialistische Erziehung im Schulsport (pp. 88-98). Berlin: Volk & Wissen.

Frankfurter Arbeitsgruppe (1982). Offener Sportunterricht - analysieren und planen. Reinbek: Rowohlt.

Fransisco, M. (2001). Olympic education in Africa. In IOA (ed.), Report on the I.O.A.'s special sessions and seminars 2000 (pp. 414-422). Athens: Eptalofos S.A.

Fransisco, M. (2007). NOAs in developing countries. In IOC (ed.), Vth World forum on sport, education and culture (pp. 217-220). Lausanne: IOC.

Funke, J. (ed.) (1983). Sportunterricht als Körpererfahrung. Reinbek: Rowohlt.

Gabet, F. (2007a). IOC Olympic Values Project (OVEP). In IOC (ed.), Vth World forum on sport, education and culture (pp. 133-136). Lausanne: IOC.

Gabet, F. (2007b). The Olympic museum and its role in Olympic pedagogy. Unpublished Paper, presented at the 9th IOA Session for Directors of National Olympic Academies, Olympia, June 1-8, 2007

Gebhardt, W. (1904). Die olympische Bewegung und die Schule. In: P. Schubert (ed.), Bericht über den I. lnternationalen Kongress für Schulhygiene, III (pp. 109-116). Nürnberg: Schrag.

Geesink, A. (2000). Presentation of the "Mobile Olympic Academy". In IOA (ed.), Report on the I.O.A.'s special sessions and seminars 1999 (pp. 479-481). Athens: Eptalofos S.A.

Gemelli, F., Liubicich, M., Mosca, S., Masella, G., Perotti, M. & Zan, M. (2006). Il "Kit Didattico Multimediale Torino 2006". Manuale 1-6. Torino: TOROC.

Georgiadis, K. (1992). International Olympic Academy: The history of its establishment, aims and activities. In IOA (ed.), 32nd Session of Young Participants (pp. 57-61). Athens: IOA.

Georgiadis, K. (1995) International Olympic academy: the history of its establishment, aims and activities. In IOA (ed.), 2nd joint international session for directors of national Olympic academies, members and staff of national Olympic committees and international sports federations (pp. 15-21). Athens: IOA.

Georgiadis, K. (1998). The Olympic ideal and the IOA. In: IOA (ed.) Report on the I.O.A.'s special sessions and seminors 1997 (pp. 129-139). Athens: Eptalofos S.A.

Georgiadis, K. (2002). lnternational Olympic Academy: reality and vision. In IOA (ed.), Report on the I.O.A's special sessions and seminars 2001 (pp. 506-523). Athens: Eptalofos S.A.

Domingo Santamaria, D. (2000). Using the internet for Olympic education. In: IOA (ed.), Report on the I.O.A.'s special sessions and seminars (pp. 296-311). Athens: Eptalofos S.A.

Doremus, S. (2002). Final report. European project "Sport, Schools and Olympic Values in Europe". Brussels: EC. http://www.eu-sportvalues.net/index-EN.html

Dotsenko, L. (2004). Olympic Academy of Ukraine: structure, methodology and practical results. In IOA (ed.), Report on the I.O.A.'s special sessions and seminars 2003 (pp. 481-482). Athens: Eptalofos S.A.

Drenkow, E. & Marschner, P. (1972). Der Sportunterricht. In G. Neuner u. a. (ed.), Allgemeinbildung - Lehrplanwerk - Unterricht. Berlin: Volk & Wissen, 408-428.

Duda, J. L. (1992). Motivation in sport settings: a goal perspective approach. In: G. Roberts (ed.), Motivation in sport exercise (pp. 57-91). Champaign/Ill.: Human Kinetics.

Duda, J. L. & Whitehead, J. (1998). Measurement of goal perspectives in the physical domain. In J. L. Duda (ed.), Advances in sport and exercise psychology (pp. 21-48). Morgantown/WV: Fitness Information Technology.

Düsseldorf Rhein-Ruhr 2012 GmbH (ed.) (2002). Weißbuch Olympische Erziehung. Düsseldorf: drr 2012.

Durantez, C. (2003). Los Academias Olimpicos Nacionales. Madrid: AOE.

Durantez, C. (2007a). Role of national Olympic academies (NOAs). In IOC (ed.), Vth World forum on sport, education and culture (pp. 214-216). Lausanne: IOC.

Durantez, C. (2007b). Training and preparation of physical education teachers and leadership of the Olympic Movement for teaching of Olympic values. Unpublished Paper, presented at the 9th IOA International Session for Directors of National Olympic Academies, Olympia, June 1-8, 2007.

Eichel, W. (1970). Die olympische Idee und ihre gesellschaftliche Funktion im Kampf um Frieden und Völkerverständigung. Theorie und PraxIs der Körperkultur, 19, 820-826.

Feingold, R., Crum, B., O'Sullivan, M. & Naul, R. (2003). Sport pedagogy. In ICSSPE (ed.) Vademecum. Directory of Sport Science (CD, 3rd edition). Berlin: ICSSPE.

Feingold, R. & Holland-Fiorentino, L. (2005). Physical education in the United States of America. In U. Pühse & M. Gerber (eds.), International comparison of physical education (pp. 698-716). Aachen: Meyer & Meyer.

Forbrig, S. (1976). Zur erzieherischen Nutzung progressiver Traditionen aus der Turn-

learning transferable life skills through sport can help the Olympic ideal become reality. Sport & Exercise Psychology Review, 3, 11-18.

Culpan, I. (2002). An evolving structure with a definitive function. The New Zealand Olympic academy's programmes on Olympic education: Olympism in action. In IOA (ed.), Report on the I.O.A.'s special sessions and seminars 2001 (pp. 539-559). Athens: Eptalofos S.A.

Dabrowska, A. (1999). On the need of Olympic education for students. Wychowanie fizyczene i sport, 43 (supplement 1), 373-374.

Da Costa, L. (2002). Olympic Studies. Current Intellectual Crossroads. Rio de Janeiro: Editoria Gama Filho (CD).

Da Costa, L. (2004). National Olympic Academy of Brazil 2002/2003. In IOA (ed.): Report on the I.O.A's special sessions and seminars 2003 (pp. 483-484). Athens: Eptalofos.

Dahm, G., Schorr, M. & Braun, Ch. (1995). Jugend erlebt Olympia. Olympische Erziehung in der Schule. Saarbrücken: LPM.

De Rose, E. H. & Da Costa, L. P. (2001). The Brazilian Olympic academy. A long-range project that started on 1989. In IOA (ed.), Report on the I.O.A.'s special sessions and seminars 2000. (pp. 465-467). Athens: Eptalolos S.A.

Deisenhofer, E. (2007). Inhaltliche und didaktische Analyse von Materialien zur olympischen Erziehung am Beispiel von Publikationen ausgewählter nationaler olympischer Komitees. Unpublished teacher's degree theses, University of Augsburg, Augsburg.

Diem, C. (1925). Persönlichkeit und Körpererziehung. Berlin: Weidmann.

Diem, C. (1942). Die Olympische Flamme. I-III. Berlin: Deutscher Archiv-Verlag.

Diem, C. (1964). Wesen und Lehre des Sports und der Leibeserziehung (4. Auflage). Berlin: Weidmann.

Diem, C. (1967). Der Olympische Gedanke. Reden und Aufsätze. Schorndorf: Hofmann.

Digel, H. & Grupe, O. (2006). Braucht der neue "DOSB" auch ein neues Leitbild? Olympisches Feuer, 56(1), 15-19.

Dobosz, J. & Wit, A. (2005) The current situation of physical education in Poland. In U. Pühse & M. Gerber (eds.), International comparison of physical education (pp. 534-553). Aachen: Meyer & Meyer.

Cashman, R. (2000). Universities and the Olympics. In IOA (ed.), Report on the I.O.A.'s special sessions and seminars 1999 (pp. 678-680). Athens: Eptalofos S.A.

Cashman, R. (2002). Impact of the Games on Olympic host cities. http://olympicstudies.uab.es/lec/pdf/cashman.pdf

Cashman, R. & Toohey, K. (2002). The contribution of the higher education sector to the Sydney 2000 Olympic Games. Sydney: University of New South Wales.

Cigaretten-Bilderdienst Hamburg-Bahrenfeld (ed.) (1936). Die Olympischen Spiele 1936 in Berlin und Garmisch-Partenkirchen. Bielefeld: E. Grundlach Aktiengesellschaft.

Chua, A. T. (2004). National Olympic Academy of Malaysia — report on activities 200/2003. In IOA (ed.) Report on the I.O.A.'s special sessions and seminars 2003 (pp. 485-487). Athens: Eptalofos S.A.

Cikotiene, I. (2005). Physical education in Lithuania. In U. Pühse & M. Gerber (eds.), International comparison of physical education (pp. 442-459). Aachen: Meyer & Meyer.

Clias, P. H. (1823). An elementary course of gymnastic exercises. London: D. Sidney & Co. Printers, (4th edition 1825).

Comite International Olympique & L'Academie Internationale Olympique (1992). Academie National Olympique. Foundation, Perspectives, Activites. s. n.: COI.

Coubertin, P. de (1888). L'Education en Angleterre. Paris: Librairie Hachette.

Coubertin, P. de (1922). La pedagogie sportive. Paris: Cres.

Coubertin, P. de (1928). Die sportliche Erziehung. Stuttgart: Enke.

Coubertin, P. de (1966). Der Olympische Gedanke. Reden und Aufsätze. Schorndorf: Hofmann.

Coubertin, P. de (2000). Olympism. Selected Writings. Lausanne: IOC. (editing director: Norbert Müller).

Crawford, S. (2000). 2000 Olympic National education Programmes. In: IOA (ed.), Report on the I.O.A.'s special sessions and seminars 1999 (pp. 425-434). Athens: Eptalofos S.A.

Crawford, S. (2002). The Sydney 2000 National Olympic programme. In IOA (ed.), Report on the I.O.A.'s special sessions and seminars 2001 (pp. 498-505). Athens: Eptalofos S.A.

Cross, A. J. & Jones, I. M. (2007). Sport psychology and Olympism: How research on

Pre-Olympic Congress, I (p. 208). Thessaloniki: Aristotle University.

Boetes, B., Naul, R. & Richter, Ch. (2008). Olympische Educatie op school en biy verenigingen. Lichaemelijke Opvoeding, 96(4), 8-10.

Bogula, P. A., Labskir, V. M. & Lubiev, A. I. (1999). Regional and institutional aspects of Olympic education. Wychowanie fizyczene i sport, 43 (supplement 1), 395-396.

Bohnstedt, K. (2005) The implementation of ethical standards and the status of Olympic values in youth high-performance sport as evidenced in coaches' behavior. In IOA (ed.), Report on the I.O.A.'s special sessions and seminars 2004 (pp. 381-394). Athens: Eptalofos S.A.

Bold, M. (2000). Olympic education in Germany. In IOA (ed.), Report on the I.O.A.'s special sessions and seminars 1999 (pp. 37-50). Athens: Eptalofos S.A.

Boulogne, Y.-P. (1975). La vie et l'œuvre pédagogique de Pierre de Coubertin. Ottawa: Leméac.

Brettschneider, W.-D. & Naul, R. (eds.) (2007). Obesity in Europe. Young people's physical activity and sedentary lifestyles. Frankfurt/M.: Peter Lang.

Brownlee, H. (1999). Global initiatives on Olympic education. In IOA (ed.), 39th Session of Young Participants (pp. 72-78). Athens: IOA.

Brownlee, H. (2002). Olympic education programs in the Sydney Olympic Games. In IOA (ed.), 41st Session for Young Participants 2001(pp.119-125). Lausanne: IOC.

Budzisch, M. (1976). Erzieherisch wirksame Kenntnisvermittlung und -aneignung im Sportunterricht und im außerunterrichtlichen Sport. In M. Reichenbach & H. Schwidtmann (eds.), Sozialistische Erziehung im Schulsport (pp. 81-88). Berlin: Volk & Wissen.

Bulatova, M. & Dotsenko, L. (2005). Report on the activities of the Olympic academy of Ukraine in the period 2003-2004. In IOA (ed.), Report on the I.O.A.'s special sessions and seminars 2004 (pp. 153-157). Athens: Eptalofos S.A.

Buss, W., Güldenpfennig, S. & Krüger, A. (eds.) (2006). Zur Neubegründung der Olympischen Idee. Denkanstöße. Wiesbaden: Stumm.

Cahill, J. (2001). Olympic education programs in Australia on the occasion of the Sydney Olympic Games. In IOA (ed.), Report on the I.O.A.'s special sessions and seminars 2000 (pp. 375-386). Athens: Eptalofos S.A.

Carter, J. (2007). Educating young people for clean sport. In IOC (ed.), Vth World forum on sport, education and culture (pp. 161-162). Lausanne: IOC.

and the Olympic Movement. In N. Müller (ed.), Coubertin and Olympism. Questions for the Future (pp.64-71). Niedernhausen: Schors.

Balz, E. & Neumann, P. (2005). Physical education in Germany. In U. Pühse & M. Gerber (eds.), International comparison of physical education (pp. 292-309). Aachen: Meyer & Meyer.

Bamford, T. W. (1960). Thomas Arnold. London: Cresset Press.

Beckers, E. (1987). Durch Rückkehr zur Vernunft? Anmerkungen zur Entwicklung der Sportpädagogik. Sportwissenschaft, 17, 241-257.

Binder, D. (1992). Implementing Olympic curricula in national school programmes. In IOA (ed.), 1st Joint International Session for Directors of National Olympic Academies, Members and Staff of National Olympic Committees and International Sport Federations (pp. 78-87). Athens: IOA

Binder, D. (1995). Bringing the Olympic spirit to life in schools. In IOA (ed.), 2nd joint international session for directors of national Olympic academies, members of staff of national Olympic committees and international sports federations (pp. 65-75). Athens: IOA.

Binder, D. (2000a). Be a champion in life! A book of activities for young people based on the joy of participation and on the important messages of the Olympic idea. An international teachers' resource book for schools. Athens: FOSE.

Binder, D. (2000b). "Olympism" As Cross-cultural text: The Olympic Idea as context for global education — implications for physical and interdisciplinary education. Unpublished Paper, presented at the 2000 Pre-Olympic Congress in Brisbane, Australia.

Binder, D. (2001). "Olympism" revisited as context for global education. Quest, 53(1), 14-34.

Binder, D. (2006). Teaching Olympism in schools: Olympic education as a focus on values education. http://olympicstudies.uab.es/ lec/pdf/binder.pdf

Binder, D. (2007). Teaching values: an Olympic education toolkit. In IOC (ed.), Vth World forum on sport, education and culture (pp. 137-143). Lausanne: IOC.

Binder, D. & Lucas, J. (1995). Keep the spirit alive. You and the Olympic Games. Lausanne: IOC.

Binder, D. & Naul, R. (2004). Transnational applications of Olympism in school programmes: A comparison of North American and European educationals orientations. In V. Klisouras, S. Kellis & I. Mouratidis (eds.), Proceedings of the 2004

引用文献

Adams, C. (2007). Alternative models for education youth through sport: An historical examination of the Olympic youth camp, 1912-2004. In K. Lennartz, S. Wassong & Th. Zawadzki (eds.), New aspects of sport history. The Olympic lectures (pp. 25-30). St. Augustin: Academia.

Adler, K. & Pansa, M. (2004). Olympiabewerbung und Olympische Erziehung aus Perspektive sächsischer Schulsportlehrer/innen. Sportunterricht, 53, 41-46.

Andrecs, H. (1983). Die Olympische Idee und ihre Verwirklichung in der Schule. In H. Andrecs, E. Niedermann & S. Redl (eds.), Sport in unserer Zeit. (1) (pp. 12-22). Wien: Österreichisches Bundesministerium für Unterricht, Kultus und Sport.

Andrecs, H. (1990). Coubertin －Olympismus － Erziehung. Anspruch und Wirklichkeit. Drei vorgegebene Begriffe sollten in einen Zusammenhang gebracht werden. In H. Andrecs & E. Niedermann (eds.), Sport in unserer Zeit. (6) (pp. 23-33). Wien: Österreichisches Bundesministerium für Unterricht, Kultus und Sport.

Andrecs, H. (1999). Gedanken zu Unterrichtsprojekten in Olympischer Erziehung. Acta Universitatis Carolinae － Kinathropologica, 35(1), 41-49.

Andrecs, H. (2000). Olympic academies of central and northern Europe met at Prague/Czech Republic. In IOA (ed.), Report on the I.O.A.'s special sessions and seminars 1999 (pp. 482-483). Athens: Eptalofos S.A.

Andrecs, H. (2007). Aim, objectives and contents of Olympic Pedagogy. Unpublished Paper, presented at the 9th IOA International Session for Directors of National Olympic Academies, Olympia, June 1-8, 2007.

Armytage, W. H. G. (1969). The German Influence on English Education. London/New York: Routledge & Kegan Paul.

Arvaniti, N. (2001). Pedagogical, methodological approach and evaluation of the 'Olympic education' programme. In IOA (ed.), Report on the I.O.A.'s special sessions and seminars 2000 (pp. 443-453).Athens: Eptalofos S.A.

Bäskau, H. (1988). Methods of Olympic education. In IOC & HOC (eds.), Report of the 27th session (pp. 142-149). Lausanne: IOC.

Bäskau, H. (1992). Spartakiade in Czechoslovakia, the former Soviet Union and German Democratic Republic. Journal of Comparative Physical Education, 14(1), 30-46.

Baily, St. (1998). The reverend Robert S. de Courcy Laffan, Baron Pierre de Coubertin

■ま行

■や行

■ら行

■欧文

■た行

■な行

■は行

か行

さ行

索引

あ行

図一覧

［著者紹介］

ローラント・ナウル（Roland Naul）

1948年生まれ。現在、ミュンスター大学シニア・プロフェッサー。ヴィリバルト・ゲップハルト研究所所長。国際オリンピック・アカデミー（IOA）の講師を長年務めている。専門はスポーツ教育学、オリンピック教育、比較体育学など幅広い。
著書も数多く、オリンピック教育に関するものでは、Olympische Erziehung in Schule und Verein: Grundlagen und Materialien（学校・クラブにおけるオリンピック教育－基礎理論と教材：共著）、Die Männer um Willibald Gebhardt. Anfänge der Olympischen Bewegung in Europa（ヴィリバルト・ゲップハルトを取り巻く人々－ヨーロッパのオリンピック・ムーブメントの創始者達）などがある。

［監訳紹介］

筑波大学オリンピック教育プラットフォーム

日本で初めてＩＯＣの公認を受けたオリンピック研究センター（世界に31組織）として、筑波大学に設立された。国内外関係諸機関とともにオリンピック研究・教育を推進している。

つくば国際スポーツアカデミー

日本政府が推進するスポーツおよびオリンピック・パラリンピックムーブメント普及のための「Sport for Tomorrow」プログラムの一環として開設された。世界から選出された学生が、オリンピック・パラリンピック教育をはじめ、最新のスポーツマネジメント、スポーツを通した開発と平和、スポーツ医科学、ティーチング・コーチングと日本文化を幅広く学ぶ修士プログラムである。

［訳者紹介］

市村操一（いちむら そういち）

1939年生まれ。現在、筑波大学名誉教授。東京成徳大学名誉教授。元ドイツ・オリンピック研究所客員教授。専門はスポーツ心理学、スポーツ文化論。

真田 久（さなだ ひさし）

1955年生まれ。現在、筑波大学体育系教授。筑波大学オリンピック教育プラットフォーム事務局長。つくば国際スポーツアカデミー アカデミー長。専門はスポーツ人類学。

清水 諭（しみず さとし）

1960年生まれ。現在、筑波大学体育系教授。スポーツ国際開発学共同専攻 専攻長。専門はスポーツ社会学、身体文化論。

岡出美則（おかで よしのり）

1957年生まれ。現在、筑波大学体育系教授。日本体育科教育学会会長。専門は体育科教育学。

オリンピック教育《きょういく》
©S. Ichimura, H. Sanada, S. Shimizu, and Y. Okade, 2016　　NDC780／x, 285p／21cm

初版第1刷発行——2016年7月10日

著　者——ローラント・ナウル
監訳者——筑波大学《つくばだいがく》オリンピック教育《きょういく》プラットフォーム
つくば国際《こくさい》スポーツアカデミー
発行者——鈴木一行
発行所——株式会社 大修館書店
〒113-8541 東京都文京区湯島2-1-1
電話 03-3868-2651（販売部） 03-3868-2299（編集部）
振替 00190-7-40504
［出版情報］ http://www.taishukan.co.jp

装丁・本文デザイン——石山智博（トランプス）
印刷所——広研印刷
製本所——難波製本

ISBN978-4-469-26796-9　Printed in Japan